岗位实用手册·技能全图解 丛书

保育员

人力资源和社会保障部教材办公室　组织编写

中国劳动社会保障出版社

图书在版编目（CIP）数据

保育员／人力资源和社会保障部教材办公室组织编写. —北京：中国劳动社会保障出版社，2015

（岗位实用手册技能全图解丛书）

ISBN 978-7-5167-2272-5

Ⅰ.①保… Ⅱ.①人… Ⅲ.①幼教人员-岗位培训-教材 Ⅳ.①G615

中国版本图书馆 CIP 数据核字（2016）第006988号

出版发行 中国劳动社会保障出版社
地　　址 北京市惠新东街 1 号
邮政编码 100029
印刷装订 北京市白帆印务有限公司
经　　销 新华书店

开　　本 787 毫米×1092 毫米 16 开本
印　　张 19.25
字　　数 310 千字
版　　次 2016 年 1 月第 1 版
印　　次 2024 年 1 月第 10 次印刷
定　　价 38.00 元

营销中心电话：400-606-6496
出版社网址：http://www.class.com.cn

责任编辑 施顺喆
责任校对 朱 岩
责任设计 小 邱

ISBN 978-7-5167-2272-5

编审委员会

袁晓烈　陈　里　孙立宏

编写人员

主　　编　袁晓烈

执行主编　陈　里

编　　者　赵全梅　陈　里　阎晓霞　姚小风
张天骄　徐　滕　姜　娣　王　琴
张　心　刘　阳　刘　剑　韩　斌
徐全忠　张　博　王一强　王佳锐
王淑敏

内容简介

本书是关于保育员岗位技能培训的指导手册，是保育员进行自我培训、提升服务技能的指导用书。

本书根据《国家职业技能标准·保育员》对初、中、高三个级别保育员均需掌握的知识与技能要求进行了总结，梳理了保育员的工作内容，列明了各工作事项所需掌握的知识要点和技能要点，理论性与实操性兼具，能有效帮助保育员提升岗位技能。

岗位实用手册包括18项岗位内容，105个知识点，其主要内容包括：保育员岗位标准、卫生清洁工作、卫生消毒工作、意外伤害防范、幼儿入园准备、幼儿健康观察、组织幼儿就餐、组织幼儿饮水、指导幼儿盥洗、组织幼儿如厕、组织幼儿午睡、幼儿离园管理、常用物品保管、配班活动准备、配班活动过程配合、参与家长工作、工作记录与总结、保育员自我提升与管理等。

本书适合保育一线从业人员、管理人员使用，也可作为保育员岗位培训教材。

前言

《国务院关于加强职业培训促进就业的意见》（国发〔2010〕36号）明确提出当前和今后一个时期，职业培训工作的主要任务是：坚持技能为本、终身培训的原则，大规模开展就业技能培训和岗位技能培训。长期以来，在岗职业人作为一个非常大的群体却受到了忽视，他们不只是要参加鉴定考试培训，在日常的工作中也需要对岗位知识进行查询和掌握，需要对现阶段的工作技能进行梳理和规范。因此，人力资源和社会保障部教材办公室组织相关职业专家及一线优秀工作人员开发了一套服务于不同职业在岗人员知识和技能“双查询”的职业工具书，即《岗位实用手册·技能全图解丛书》，以供在岗职业人在实际工作中进行查询、翻找、规范、整理、总结职业核心知识和技能之用。

本着在岗职业人在实际工作中能够实现对知识和技能“双查询”的功能的目的，本套丛书采用了创新的图书编排形式，将整本书分为“岗位实用手册”和“技能全图解”两大部分，同时两部分分别从封面和封底各独立成一本书，从封面阅读是岗位实用手册，从封底阅读是技能全图解。

本套丛书具有以下三大特点。

1. 围绕“职业技能提升”核心，将工作岗位与工作事项紧密结合

丛书围绕“职业技能提升”这一核心，将各个职业与其工作事项紧密结合，从职业人的每个工作大项出发，细化为多个工作小项，直击职业人的工作执行重点，是读者进行自我充电、提升职业技能的指导用书。

2. “一书两用”，从封面阅读，帮您快速获得业务基础知识与操作规范

丛书从封面阅读的部分，针对上述每个工作小项，从工作步骤、基础知识、操作要点、规范要求、执行方法、服务技巧、实践范例等方面进行详细讲解，以方便读者针对每个工作事项、每个操作问题对号入座，不仅让读者知道自己要干什么，还让读者知道怎么干，从而全面打造自身的细节执行力。

3. “一书两用”，从封底阅读，助您拆解关键任务、快速掌握职业技能

丛书从封底阅读的部分，主要针对职业人的日常工作事项，运用“图解 + 图说”的方式，拆解每一项技能的操作步骤、明确每一个步骤的执行规格、陈述每一种规格的落实结果，使得本书就像一本细化易查、简单易用的技能字典一样，以便读者随时查阅、参考、运用，大大节省职业技能提升的自我培训时间，从而提高自身的工作效能。

人力资源和社会保障部教材办公室

目录

Contents

目录
Contents

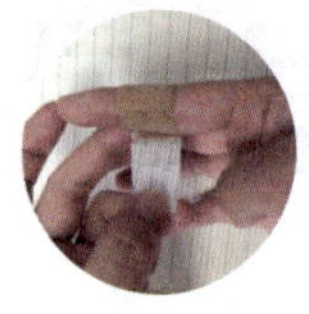

目录
Contents

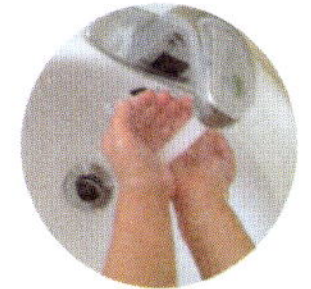

目录
Contents

保育员

目录

Contents

目录
Contents

保育员

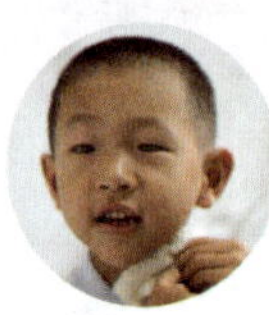

岗位内容一　保育员岗位标准

知识 1 保育员职业道德

1. 保育员职业道德概述

保育员是指在幼儿园、托儿所、社会福利机构及其他学前教育机构中，对幼儿进行保健、养育并协助教师对幼儿进行教育的人员。保育员在幼儿的发展中扮演着照顾者、教育者等多种角色，对幼儿的身心健康、行为习惯及个性、情感等各方面均有重大影响。

鉴于保育员对幼儿的这种巨大、深远的影响，保育员必须具备良好的职业道德。所谓保育员的职业道德，即保育员在一定的职业道德知识、情感、意志、信念支配下自觉遵循的行为准则和规范。

2. 保育员职业道德的基本内容

保育员职业道德的基本内容如图 1—1 所示。

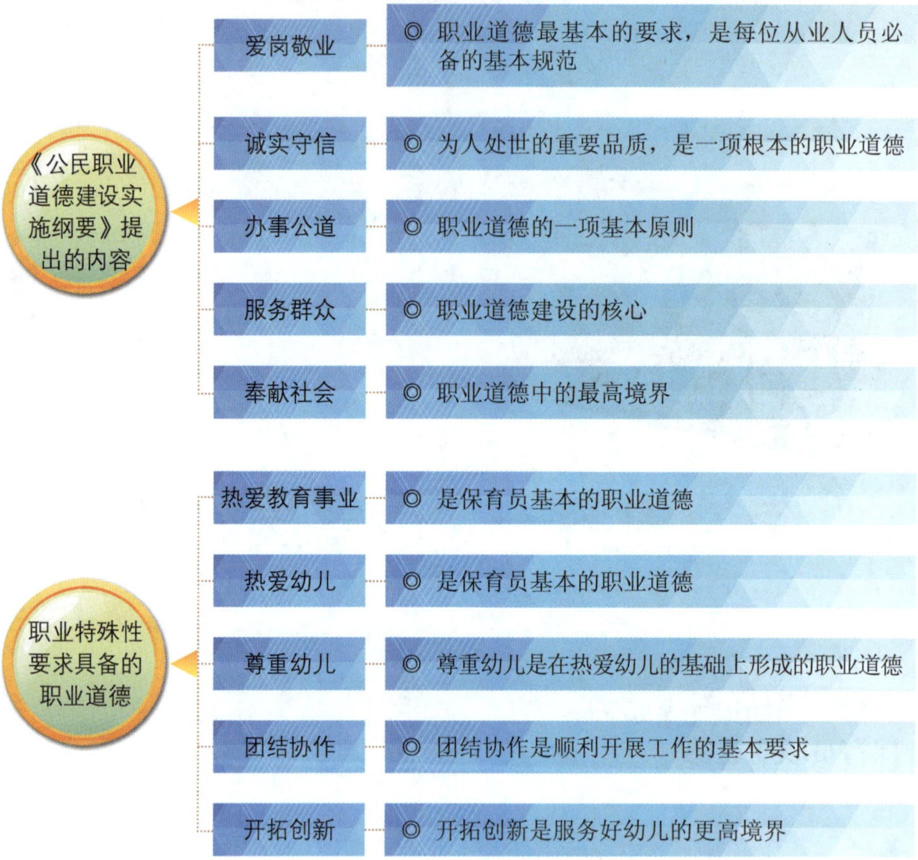

《公民职业道德建设实施纲要》提出的内容

- 爱岗敬业：◎ 职业道德最基本的要求，是每位从业人员必备的基本规范
- 诚实守信：◎ 为人处世的重要品质，是一项根本的职业道德
- 办事公道：◎ 职业道德的一项基本原则
- 服务群众：◎ 职业道德建设的核心
- 奉献社会：◎ 职业道德中的最高境界

职业特殊性要求具备的职业道德

- 热爱教育事业：◎ 是保育员基本的职业道德
- 热爱幼儿：◎ 是保育员基本的职业道德
- 尊重幼儿：◎ 尊重幼儿是在热爱幼儿的基础上形成的职业道德
- 团结协作：◎ 团结协作是顺利开展工作的基本要求
- 开拓创新：◎ 开拓创新是服务好幼儿的更高境界

图 1—1 保育员职业道德的基本内容

3. 保育员职业道德的提高途径

保育员良好的职业道德是其在长期的职业活动中日积月累形成的，是按照职业道德规范要求有意识的培养和锻炼的结果。任何一个保育人员职业道德的提高，一方面靠学前教育机构的教育培训，另一方面就取决于自己的主观努力，即自我修养。这两个方面是缺一不可的，而且后者更加重要。因此，保育员应不断培养和训练自己良好的职业行为习惯，并将职业道德准则和规范落实到实际的职业活动中，做到知行统一，从而形成高尚的职业道德品质和先进的职业道德意识。

具体来说，保育员可从以下四条途径提升职业道德，如图 1—2 所示。

职业道德提升途径

1 ◎ 加强学习，培养正确的人生观、职业道德观

2 ◎ 身体力行，养成良好的职业道德行为习惯

3 ◎ 严于律己，落实全面的职业道德规范

4 ◎ 将心比心，营造良好的职业道德氛围

图 1—2　保育员提升职业道德的四条途径

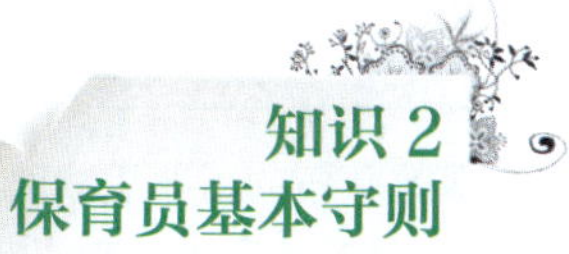

知识 2 保育员基本守则

保育员应遵守基本职业守则，确保保育工作的规范性，具体内容见表 1—1。

表 1—1　保育员基本守则

基本守则	守则内容分解		守则内容解释
1. 爱岗敬业、热爱婴幼儿	爱岗敬业	热爱学前教育事业	正确认识学前教育的重要性，增强对学前教育事业的感情，从而全身心地投入到保育工作中
		热爱保育员工作	认识到保育工作的重要性，对保育工作充满高度的责任感、自豪感和光荣感，做到真正热爱本职行业
	热爱婴幼儿	公平、公正地对待每一位幼儿	公平、公正地对待每一位幼儿，对他们一视同仁，这是对保育员的第一要求
		尊重与严格要求相结合	每个幼儿都是一个独立的个体，应给予认可和尊重；同时应严格要求幼儿，帮助其改正不良习惯，促进其德、智、体、美、劳全面发展
2. 为人师表、遵纪守法	为人师表	良好的道德品质	保育员的道德品质会对幼儿的道德品质产生潜移默化、深远的影响
		言行一致，以身作则	保育员应诚实守信，言行一致，以身作则，为幼儿树立良好的榜样
	遵纪守法	遵守职业纪律	职业纪律是保育员从事教育劳动过程中应遵守的规章、条例、守则等
		增强法制意识	保育员应学习相关的法律法规，掌握与自身密切相关的法规知识，从而更好地履行自己的义务，维护自己的权益

续表

基本守则	守则内容分解		守则内容解释
3. 忠于职责，身心健康	忠于职责	遵守职业道德	保育员只有具备较高的职业道德水平，方可提供高质量的保育服务
		履行职业责任	保育员职业责任，就是保育员必须承担的职责和义务
	身心健康	身体健康	保育员必须身体健康，并定期进行体检
		心理健康	保育员应重视自身的心理素质培养，保持积极向上的状态
4. 积极进取、开拓创新	积极进取	学习基本理论知识	保育员应学习学前教育学、学前心理学、学前卫生学等基本理论知识，并树立终生学习的理念，不断提升自我
		增强教育意识和实践能力	保育员应认识到自己是幼儿园保教队伍的重要组成部分，应配合好教师的教学工作，引导幼儿健康发展
	开拓创新	有创新意识	现代社会知识更新快，因此保育员必须刻苦钻研业务，拥有创新意识，适应社会的发展及知识更替的要求
		有创新能力	一个拥有创新意识的保育员必须具备相应的创新能力，能创新性地探索解决问题的新途径、新方法
5. 尊重家长，热情服务	尊重家长	善于听取家长的意见和建议	保育员应善于听取家长的意见和建议，将良好的意见和建议运用到实际保育工作中去，与家长一起做好幼儿教育
		平等、公平对待每一位家长	尽管每位家长的文化水平、道德修养、社会职业等不尽相同，保育员也应平等、公平地对待每一位家长
	热情服务	对家长进行育儿指导	保育员应合理运用自己在育儿教育中的专业知识，为家长提供适宜的育儿指导及教育建议
		组织和指导幼儿在园生活	保育员应从幼儿的学习、饮食、交往等各个环节中，尽心尽力组织和指导幼儿的在园生活
6. 文明礼貌，团结协作	文明礼貌	仪表端庄	保育员应时刻注意自己的仪表，确保仪表简洁、大方、庄重，符合职业特点
		举止得体	保育员的行为、动作、表情等应端庄、得体
	团结协作	平等尊重	保育员应平等、尊重、宽容的对待其他保育员及教师，与其建立良好的同事关系
		合理竞争	保育员应做到公平、合理竞争，以切实提高自我保育水平为基础，杜绝使用不合理的竞争手段

知识 3
保育员法律法规基础知识

保育员应掌握一些与保育工作相关的法律法规，做到知法、懂法、守法，从而更好地履行自己的职责。具体来说，保育员应主要学习并掌握以下法律法规。

1.《中华人民共和国未成年人保护法》

《中华人民共和国未成年人保护法》分总则、家庭保护、学校保护、社会保护、司法保护、法律责任、附则（7 章 72 条），自 2007 年 6 月 1 日起施行。

该法所称未成年人是指未满十八周岁的公民，由此可见 3～6 岁处于学前教育阶段的幼儿属于未成年人这一需要保护的特殊群体。幼儿作为未成年群体的组成，适用于《中华人民共和国未成年人保护法》所有条款。而《中华人民共和国未成年人保护法》中有 9 条内容直指幼儿园、托儿所等学前教育机构的相关法律保护。

保育员作为学前教育机构的从业人员，应了解以下法律条款，如图 1—3 所示。

法律条款

◎ 第二十一条　学校、幼儿园、托儿所的教职员工应当尊重未成年人的人格尊严，不得对未成年人实施体罚、变相体罚或者其他侮辱人格尊严的行为。

◎ 第二十二条　学校、幼儿园、托儿所应当建立安全制度，加强对未成年人的安全教育，采取措施保障未成年人的人身安全。
学校、幼儿园、托儿所不得在危及未成年人人身安全、健康的校舍和其他设施、场所中进行教育教学活动。
学校、幼儿园安排未成年人参加集会、文化娱乐、社会实践等集体活动，应当有利于未成年人的健康成长，防止发生人身安全事故。

◎ 第二十三条　教育行政等部门和学校、幼儿园、托儿所应当根据需要，制定应对各种灾害、传染性疾病、食物中毒、意外伤害等突发事件的预案，配备相应设施并进行必要的演练，增强未成年人的自我保护意识和能力。

◎ 第二十六条　幼儿园应当做好保育、教育工作，促进幼儿在体质、智力、品德等方面和谐发展。

图 1—3　保育员应了解的法律条款

各级人民政府和有关部门应该积极发展托幼事业，加强教师和保育员的培训，提高教育和保育质量。《中华人民共和国未成年人保护法》第四十五条规定："地方各级人民政府应当积极发展托幼事业，办好托儿所、幼儿园，支持社会组织和个人依法兴办哺乳室、托儿所、幼儿园。各级人民政府和有关部门应当采取多种形式，培养和训练幼儿园、托儿所的保教人员，提高其职业道德素质和业务能力。"

学前教育机构及其教职工有侵犯幼儿权利的，将承担相应法律责任。《中华人民共和国未成年人保护法》第六十三条规定："学校、幼儿园、托儿所侵害未成年人合法权益的，由教育行政部门或者其他有关部门责令改正；情节严重的，对直接负责的主管人员和其他直接责任人员依法给予处分。学校、幼儿园、托儿所教职员工对未成年人实施体罚、变相体罚或者其他侮辱人格行为的，由其所在单位或者上级机关责令改正；情节严重的，依法给予处分。"

2.《中华人民共和国教育法》

《中华人民共和国教育法》（以下简称《教育法》）是我国教育工作的根本大法，是依法治教的根本大法。该法自 1995 年 9 月 1 日起施行，共包含 10 个章节 84 条内容。

《教育法》适用于在中华人民共和国境内的各级各类教育，因此学前教育也适用于该法。保育员通过了解《教育法》，并以《教育法》中的相关知识做指引，就能够科学、合理地开展保育工作。具体内容如下：

《教育法》第一条规定："为了发展教育事业，提高全民族的素质，促进社会主义物质文明和精神文明建设，根据宪法，制定本法。"基于该条款，保育员应明确自己的保育目的，要以提高幼儿的素质为出发点和归宿。

《教育法》第五条规定："教育必须为社会主义现代化建设服务，必须与生产劳动相结合，培养德、智、体等方面全面发展的社会主义事业的建设者和接班人。"基于该条款，保育员应认识到自己的工作任务及工作方向，要有意识地配合教师将幼儿培养成德智体全面发展的优秀孩子。

《教育法》第十七条规定："国家实行学前教育、初等教育、中等教育、高等教育的学校教育制度。"由此可见，国家对学前教育的重视程度，保育员

应认清自己在教育系统中的重要作用，不能妄自菲薄。

3.《中华人民共和国劳动法》

《中华人民共和国劳动法》（以下简称《劳动法》）于1995年1月1日起施行，该法共有13章107条，分别从总则、促进就业、劳动合同和集体合同、工作时间和休息休假、工资、劳动安全卫生、女职工和未成年工特殊保护、职业培训、社会保险和福利、劳动争议、监督检查、法律责任、附则方面进行了规定。

《劳动法》第三条规定："劳动者享有平等就业和选择职业的权利、取得劳动报酬的权利、休息休假的权利、获得劳动安全卫生保护的权利、接受职业技能培训的权利、享受社会保险和福利的权利、提请劳动争议处理的权利以及法律规定的其他劳动权利。劳动者应当完成劳动任务，提高职业技能，执行劳动安全卫生规程，遵守劳动纪律和职业道德。"保育员作为劳动者，也具有以上的权利及职责。

4.《女职工劳动保护特别规定》

《女职工劳动保护特别规定》于2012年4月28日起施行。在现实生活中，保育员大多为女性，应了解《女职工劳动保护特别规定》的相关条款，维护自己的合法权益。具体来说，保育员应主要掌握以下五条与自己息息相关的条款，如图1—4所示。

◎ 第五条　用人单位不得因女职工怀孕、生育、哺乳降低其工资、予以辞退、与其解除劳动或者聘用合同。

◎ 第六条　女职工在孕期不能适应原劳动的，用人单位应当根据医疗机构的证明，予以减轻劳动量或者安排其他能够适应的劳动。
对怀孕7个月以上的女职工，用人单位不得延长劳动时间或者安排夜班劳动，并应当在劳动时间内安排一定的休息时间。
怀孕女职工在劳动时间内进行产前检查，所需时间计入劳动时间。

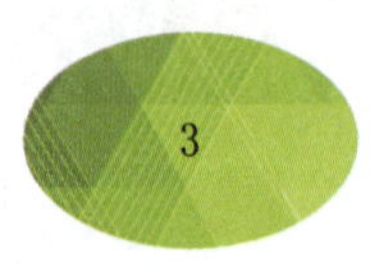

◎ 第七条　女职工生育享受98天产假，其中产前可以休假15天；难产的，增加产假15天；生育多胞胎的，每多生育1个婴儿，增加产假15天。
女职工怀孕未满4个月流产的，享受15天产假；怀孕满4个月流产的，享受42天产假。

4

◎ 第八条　女职工产假期间的生育津贴，对已经参加生育保险的，按照用人单位上年度职工月平均工资的标准由生育保险基金支付；对未参加生育保险的，按照女职工产假前工资的标准由用人单位支付。
女职工生育或者流产的医疗费用，按照生育保险规定的项目和标准，对已经参加生育保险的，由生育保险基金支付；对未参加生育保险的，由用人单位支付。

◎ 第九条　对哺乳未满1周岁婴儿的女职工，用人单位不得延长劳动时间或者安排夜班劳动。

图1—4　与保育员息息相关的条款

5.《儿童权利公约》

《儿童权利公约》(Convention on the Rights of the Child)由1989年11月20日第44届联合国大会第25号决议通过。该公约旨为世界各国儿童创建良好的成长环境。《儿童权利公约》指出，缔约方应确保儿童均享受《公约》中规定的各项权利，不因儿童、其父母或法定监护人的种族、肤色、性别、语言、宗教、政治身份、出身、财产或残疾等不同而受到任何歧视。缔约方为确保儿童的福祉，应采取一切适当的立法和行政措施。1992年3月2日，中国常驻联合国大使向联合国递交了中国的批准书，从而使中国成为该公约的第110个批准国。该公约于1992年4月2日对中国生效。

四项基本原则　《儿童权利公约》建立在以下四项基本原则之上，具体见表1—2。

表 1—2　　四项基本原则

四项基本原则	原则解释
无歧视原则	每个儿童都平等地享有公约所规定的全部权利，不应因其本人及其父母的种族、肤色、性别、语言、宗教、政治观点、民族、财产状况和身体状况等受到任何歧视
儿童最大利益原则	涉及儿童的一切行为，必须首先考虑儿童的最大利益
尊重儿童基本权利的原则	涉及儿童的任何事情，必须以尊重儿童的基本权利为出发点和落脚点
尊重儿童观点意见原则	在处理有关儿童的问题上，应尽最大努力来听取和接纳儿童自己的想法和意见

儿童四项基本权利　《儿童权利公约》中关于儿童的基本权利有很多种，如姓名权、国籍权、受教育权、健康权、医疗保健权、隐私权、表达权等，其中最基本的是生存权、受保护权、发展权、参与权，具体见表 1—3。

表 1—3　　儿童四项基本权利

四项基本权利	权利解释
生存权	每个儿童都有其固有的生命权和健康权，包括有权接受最高标准的医疗保健服务
受保护权	不受危害自身发展的、被保护的权利，包括保护儿童免受歧视、剥削、酷刑、虐待或疏忽照料，以及对失去家庭的儿童和难民儿童的基本保证
发展权	儿童有权接受正规和非正规的教育，以及享有促进其身体、心理等发展的生活条件
参与权	参与家庭、文化和社会生活的权利，有权对影响他们的一切事项发表自己的意见

6.《幼儿园教育指导纲要（试行）》

为推进幼儿园实施素质教育，全面提高幼儿园教育质量，教育部颁发了《幼儿园教育指导纲要（试行）》（以下简称《纲要》），该《纲要》自 2001 年 9 月起试行。

保育员应认真学习《纲要》中的每一个部分、每一条内容，完全理解《纲要》中规定的幼儿教育五大领域的内容精髓，时刻与自己的保育工作对照，不断反思、改进自己的保育工作；同时，保育员应积极配合学前教育机构的教师，将保育与教育相结合，促进幼儿健康发展。《纲要》中规定的幼儿教育五大领域见表 1—4。

表 1—4　幼儿教育五大领域

教育内容	指导要求
健康	◆ 保育员必须把保护幼儿的生命和促进幼儿的健康放在工作的首位。树立正确的健康观念，在重视幼儿身体健康的同时，要高度重视幼儿的心理健康 ◆ 在鼓励幼儿自理、自立、充分参与活动的同时，充分考虑幼儿生长发育规律，不得以任何名义安排幼儿进行有损健康的比赛、表演或训练等
语言	◆ 积极为幼儿创设一个想说、敢说、喜欢说、有机会说并能得到积极应答的环境 ◆ 认识幼儿语言的个别化特点，多与幼儿进行个别交流、鼓励幼儿之间的自由交谈 ◆ 对有语言障碍的幼儿要给予特别关注，积极地帮助他们提高语言能力
社会	◆ 社会学习是一个漫长的积累过程，幼儿园需与家庭和社会密切合作，协调一致，共同促进幼儿良好社会性品质的形成
科学	◆ 将幼儿科学启蒙与现实生活联系在一起，重在激发幼儿的认识兴趣和探究欲望
艺术	◆ 重视幼儿在活动过程中的情感体验和态度倾向，激发幼儿感受美、表现美的情趣，丰富他们的审美经验，使之体验自由表达和创造的快乐 ◆ 给予适时、适当的艺术指导，支持幼儿富有个性和创造性的表达

根据《纲要》规定，保育员在保育工作中，应充分考虑幼儿的特点，将各项内容有机联系，相互渗透，注重综合性、趣味性、活动性，寓教育于生活、游戏之中。

7.《幼儿园工作规程》

《幼儿园工作规程》(以下简称《规程》) 自 1996 年 6 月 1 日起施行，该规程的贯彻执行，推动了幼儿园的全面改革，提高了幼儿园的科学管理水平，大大提升了幼儿园的保育和教育质量。促使幼儿园管理逐步走上了正轨。

该规程共分为十章六十二条，主要对如图 1—5 所示的八大方面内容予以规范。

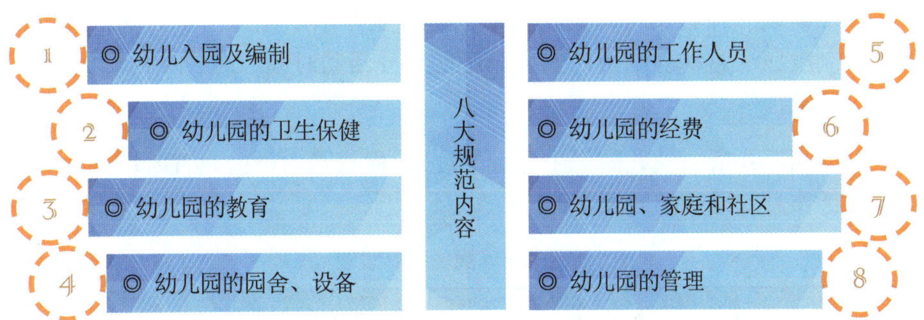

图 1—5 《幼儿园工作规程》的八大规范内容

保育员应对《规程》第六章幼儿园的工作人员中关于保育员任职条件及职责的内容予以重点学习，重点掌握。具体来说，保育员应重点掌握《规程》的第三十五条、第三十八条，内容如下：

第三十五条　幼儿园工作人员应拥护党的基本路线，热爱幼儿教育事业，爱护幼儿，努力学习专业知识和技能，提高文化和专业水平，品德良好、为人师表，忠于职责。身体健康。

第三十八条　幼儿园保育员除符合本规程第三十五条规定外，还应具备初中毕业以上学历，并受过幼儿保育职业培训。

幼儿园保育员的主要职责如下：

（一）负责本班房舍、设备、环境的清洁卫生工作。

（二）在教师指导下，管理幼儿生活，并配合本班教师组织教育活动。

（三）在医务人员和本班教师指导下，严格执行幼儿园安全、卫生保健制度。

（四）妥善保管幼儿衣物和本班的设备、审具。

8.《托儿所、幼儿园卫生保健制度》

《托儿所、幼儿园卫生保健制度》第一部分是关于生活制度的内容，第二部门是关于婴幼儿饮食的内容，这与保育员的保育工作息息相关，对保育提

出了科学的指导意见，促使幼儿作息安排、幼儿饮食管理与喂养等更加科学化、合理化。

生活制度 保育员可根据幼儿不同年龄及季节，制订出一日生活作息制度，该制度应注意动静结合，要有充足的户外活动时间，对各项内容的执行，要提出质量指标。

根据《托儿所、幼儿园卫生保健制度》，保育员对学前教育阶段的幼儿的一天生活作息安排可参照表 1—5。

表 1—5 幼儿一天作息安排参照表

年龄	饮食		一日安排活动时间（h）	睡眠			
	次数	间隔时间（h）		昼间次数	昼间持续时间（h）	夜间持续时间（h）	共计时间（h）
3～6 周	4	4	6～7	1	2～2.5	10	12～12.5

饮食管理 保育员平时要多观察幼儿饮食就餐情况，及时对不合理处提出自己的意见。保育员应做到按时开饭，保证幼儿进餐时间不少于 20～30 min，保证幼儿吃饱每餐饭，同时因定期计算幼儿进食量、营养量，保证幼儿的进食量，保证幼儿蛋白质摄入量占应供给量的 80%以上。

科学喂养 幼儿按三餐一点定食谱（整托幼儿睡前再加一次点心），食谱应多样化，注重营养，少让孩子吃甜食，对体弱的幼儿要特别关注其饮食情况。

饮食卫生 保育员要配合食堂搞好幼儿进食卫生，在给幼儿分饭配菜前，要用肥皂把手洗干净，并督促幼儿用肥皂、流动水洗。开饭前，保育员要用肥皂水或碱水将饭桌揩洗干净，吃水果前要帮助幼儿将水果削皮后再让其食用。平时，保育员要注意培养幼儿不偏食，不吃零食的良好饮食习惯。

岗位内容二
卫生管理：清洁工作

知识 4
识别整顿环境安全隐患因素

环境污染是影响健康的重要因素，幼儿对环境危害更加敏感。因此保育员应了解环境中的安全隐患，做到准确识别，及时整顿，确保幼儿的身体健康及正常的生活活动。对于生活在学前教育机构的幼儿来说，最主要的安全隐患有空气污染、噪声污染、水污染等。

1. 空气污染

空气污染物对呼吸系统影响最直接和明显，可抑制幼儿肺发育和损伤肺功能。当前中国空气污染非常严重，如雾霾天经常发生。作为保育员应积极掌握空气污染的知识信息，密切关注本地空气质量，发现情况异常时，主动向园领导汇报具体情况，以便学前教育机构采取积极有效的措施，避免空气污染对幼儿身体健康的损害。

为减少空气污染，保育员可适当地在早期教育机构养殖一些吊兰等绿色植物，但必须以安全为前提。同时，保育员应每日收听或查询天气预报，并经常观察空气污染情况，当发现空气污染严重时，应减少或停止幼儿不宜室外锻炼、活动，尽量减少户外停留时间。

2. 噪声污染

幼儿处于发育阶段，各组织器官比较娇嫩、脆弱，噪声对他们的危害会很严重。因此保育员在日常工作中，应注意控制自己语音、喇叭、音响的声音等，当幼儿玩耍中发出强烈噪声时应及时劝阻，减少噪声对幼儿的伤害。

3. 水污染

幼儿在学前教育机构时间长，饮水质量将直接影响其身体健康。常见的引起幼儿饮水污染的原因有两种，一种是饮水设施 / 饮用水污染，另一种是水源污染，具体见表 2—1。

表 2—1　　学前教育机构水污染

种类		整顿措施
饮水设施 / 饮用水污染	饮水设施污染	按照饮水设施说明书要求定期清洗饮水设施
	饮用水污染	观察饮用水是否浑浊、有无颜色，有无异味或异物等，异常时及时更换
水源污染	死亡有机质污染	发现水源污染，应及时向园长反映，尽快采取应对措施（如购买桶装水、矿泉水、安装净水设备等，向有关部门报告等），避免因饮水不卫生而损害幼儿身体健康
	有机和无机化学药品污染	
	磷污染	
	石油化工洗涤剂污染	
	重金属污染	
	酸类污染	
	悬浮物污染	

4. 食品污染

食品中混进了对人体健康有害或有毒的物质，这种现象称为食品污染。幼儿在食用了污染的食品后，很可能会出现腹泻、中毒等症状。保育员在日常喂食幼儿时，应利用视觉、嗅觉、触觉、味觉来查验食品初期腐败变质。如某食品出现黄色、紫色、褐色、橙色、红色和黑色的片状斑点或全部变色，则有可能已被污染，此时应重点查验，甚至停止食用。

知识 5
制定 / 修订清洁卫生管理制度

学前教育机构的清洁卫生管理制度是保育员进行日常清洁卫生工作的主要依据。为做好清洁卫生工作，保育员应了解清洁卫生管理制度的制定依据、修改步骤等，用制度指导工作，及时发现制度不完善之处并向有关人员反映，制度需修订时积极配合有关人员予以完善。

1. 制定清洁卫生管理制度

制度制定依据　清洁卫生管理制度制定的主要依据有三个，具体如图 2—1 所示。

相关法律法规文件	幼儿身心发展需要	学前教育机构实际情况
◎《幼儿园工作规程》《托儿所幼儿园卫生保健管理办法》《中华人民共和国传染病防治法》等法律法规是制定学前教育机构清洁卫生管理制度的理论依据	◎ 促进幼儿身体、心理健康发展是学前教育机构制定清洁卫生管理制度的主要目的	◎ 学前教育机构制定清洁卫生管理制度时，要充分考虑学前教育机构的实际情况，确保制度的可操作性

图 2—1　制定清洁卫生管理制度的依据

制度制定原则 学前教育机构在制定清洁卫生管理制度时，需遵循以下四大原则，具体如图 2—2 所示。

可行性	◎ 制度的内容科学合理，各项条款可落实，能满足实际需要
全面性	◎ 全面考虑学前教育机构中各个活动室、各个环节和各位工作人员的具体情况，事无巨细，确保每时每处的清洁卫生
适用性	◎ 满足学前教育机构实际需要，对学前教育机构的清洁卫生工作起规范作用
灵活性	◎ 制度要考虑不同年龄幼儿、不同部门、不同季节、不同天气等的要求，确保制度不过于死板

图 2—2 制度制定原则

制度制定框架 清洁卫生管理制度的框架结构通常包括制度名称、总则、正文、附则、附件这五大部分。具体清洁卫生管理制度的框架如图 2—3 所示。

清洁卫生管理制度框架设计

名称	◎ 制度标题要清晰、简洁、醒目 ◎ 标题构成：学前教育机构名称（可略）+清洁卫生管理制度
总则	◎ 包括制度制定的目的、制度所依据的法律法规或内部制度文件、适用范围、遵循的原则、重要术语定义、权责描述及其他与本制度制定有关的说明
正文	◎ 制度的主体部分，主要包括对学前教育机构的清洁卫生工作及工作人员的规范描述 ◎ 按工作人员的行为要求或者具体事项流程分章、分条、分项
附则	◎ 包括施行要求和注意事项、生效条件、实施日期及解释权或修订权、发布单位、审批单位或人员、未尽事项等
附件	◎ 主要涉及制度执行中需用到的表单、文件、流程和制度等

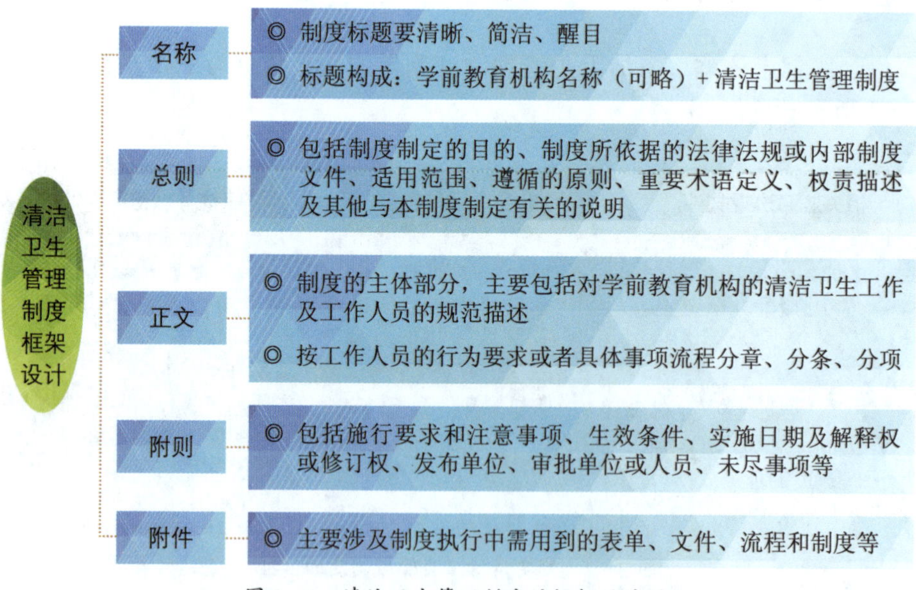

图 2—3 清洁卫生管理制度的框架设计图

2. 修订清洁卫生管理制度

学前教育机构的清洁卫生管理制度不是一成不变的。随着国家相关法律法规的健全、现实问题的突显等，保育员会发现现有的清洁卫生管理制度有不完善之处，需进行进一步修订。学前教育机构可参照如图 2—4 所示的步骤，适时地对清洁卫生管理制度进行修订，保育员应予以积极配合。

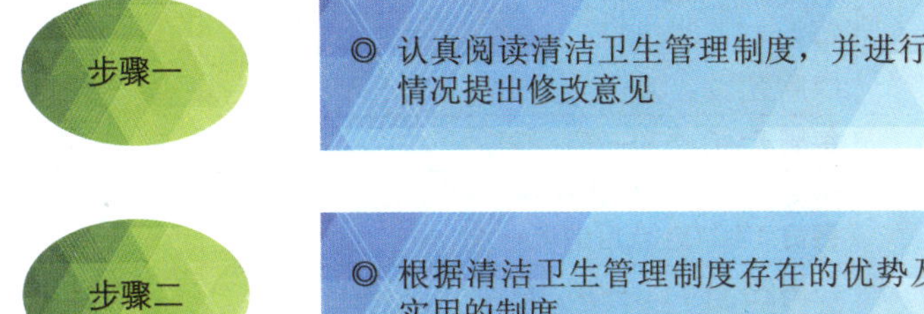

图 2—4　制度修订步骤图

3. 清洁卫生管理制度示例

以下是 ×× 幼儿园的清洁卫生管理制度示例。

<table>
<tr><td>制度名称</td><td colspan="5">×× 幼儿园清洁卫生管理制度</td></tr>
<tr><td>制度版本</td><td></td><td>受控状态</td><td>□ 受控　□ 非受控</td><td>制度编号</td><td></td></tr>
<tr><td colspan="6">第 1 条　目的
为规范本幼儿园的清洁卫生工作，为幼儿营造良好的生活环境，依据国家法律法规对幼儿园卫生保健的管理规定，特制定本制度。
第 2 条　适用范围
本制度适用于本幼儿园。
第 3 条　环境卫生
本园工作人员及家长应按照下表所示的分工及要求做好清洁消毒工作，确保环境卫生。</td></tr>
</table>

续表

环境卫生工作表

清洁消毒工作	清洁消毒范畴	执行安排	执行人
清扫	室内外	小扫除：每天 7：00—7：15 大扫除：月末最后一个工作日的 18：00—19：00	工作人员（分片包干）
通风	活动室	每天 07：40—17：00	保育员
	卧室	每天 07：40—11：00 每天 14：30—17：00	
紫外线消毒	活动室	每周五 12：00—13：00	
	卧室	每周五 10：00—11：00	
	活动室、卧室	传染病流行季节或班中有传染病发生时 每日 17：00 点后消毒一次	
暴晒消毒	图书、毛绒玩具	每周五 11：00—16：00	
	被褥	每月最后一个周五 11：00—16：00 日光暴晒一次，紫外线灯消毒一次	
消毒液消毒	抹布	每日用 100 mg/L 的消毒液清洗消毒，悬挂晾干	
	桌面	每餐前用清水擦拭，然后 100 mg/L 的消毒液消毒，4 min 后再用清水擦拭干净	
	门把手、水龙头	用蘸有清水抹布先擦拭，再用蘸有 100 mg/L 的消毒液的抹布擦拭，而后用蘸有清水抹布擦拭	
	厕所	随时冲洗，每日用 100 mg/L 的消毒液消毒一次	
	塑料玩教具	每周五用 100 mg/L 的消毒液浸泡 10 min 后清水刷洗	
	梳子	每周五用 100 mg/L 的消毒液浸泡 4 min 后清水刷洗	
	拖鞋	每周五用 100 mg/L 的消毒液浸泡 4 min 后清水刷洗	
消毒柜消毒	毛巾	每日洗净后放热力消毒柜消毒，后晾晒	
	水杯、碗、勺、盘子	每日先在一池中清水清洗，再在二池中用洗涤剂清洗，再在三池中用 100 mg/L 的消毒液浸泡 4 min，而后在四池中用流动水清洗彻底干净后，放消毒柜内消毒	炊事员
清洗	床单被罩	每月最后一个周五清洗一次	幼儿家长
垃圾清理	垃圾筐	每日两次，每天下班前彻底清理	保育员

续表

<table>
<tr><td colspan="6">第 4 条　幼儿个人卫生
1. 幼儿日常生活用品专人专用，做好消毒工作。
2. 幼儿每人一巾一杯，饭后要漱口。
3. 幼儿饭前便后用肥皂和流动水洗手，经常保持清洁。
4. 幼儿定期洗头和洗澡，春季至少每周洗澡一次，夏季每天洗澡一次。
5. 幼儿每周剪手指甲和脚趾甲各一次。
第 5 条　工作人员个人卫生
1. 工作人员保持仪表整洁，勤洗头洗澡，勤剪指甲，带班时间不留披肩发。
2. 工作人员到岗后和晨检后，先打肥皂用流动水洗手，再做其他工作。
3. 工作人员为幼儿分饭前，需用肥皂和流动水洗手。
第 6 条　本制度由园长审批后生效，每年定期修订一次。
第 7 条　本制度自______年___月___日起执行。</td></tr>
<tr><td>编制部门</td><td></td><td>审批人员</td><td></td><td>审批日期</td><td></td></tr>
</table>

知识 6 室内开窗通风工作

经常开窗通风可保持室内空气新鲜流通，减少病毒细菌滋生，满足幼儿对氧气的需要，促进新陈代谢，对幼儿整个身体的生长发育都是有利的。

1. 常用通风方式

学前教育机构常用的通风方式有两种，即自然通风和人工通风，具体如图 2—5 所示。

2. 通风要点

通风场所　幼儿教室、午睡室、专用活动室、办公室、厕所等幼儿、教职工聚集场所应每天定时通风与换气。

通风次数及时间　保育员可根据季节和天气的不同，确定通风换气次数及时间，具体见表 2—2。

图 2—5　常用通风方式

表 2—2　　通风次数及时间安排表

安排依据		
季节	春、秋	◎ 室外温度与室内温度相近时，且无大风、大雨等异常天气，可全天开窗通风 ◎ 当室外温度与室内温度相差较大时，应在幼儿不在该场所时，进行通风
	夏	◎ 使用空调的房间每半日通风一次，每次 10～15 min，室内温度以不超过 28℃为宜 ◎ 没有配备空调的房间，一般执行全天通风制度
	冬	◎ 取暖设备比较完善，室内温度较高，可整日开一扇小窗户 ◎ 取暖效果不佳的，室外温度 0～10℃时，每天开窗通风 3～5 次，每次 30 min；室外温度低于 0℃时，半日通风一次，每次 10～15 min，室内温度不低于 18～20℃为宜
天气	刮大风	及时关闭窗户，避免灰尘、污染物进入室内
	下雨	及时关闭窗户，雨停后，尽可能多开窗户，便于新鲜空气入室

通风注意事项　为预防各种传染病的发生，为全体幼儿提供良好的生活和学习环境，保育员在通风时，应注意以下五个要点，如图 2—6 所示。

通风五大注意事项

◎ 幼儿睡眠时间通风，应避免空气对流

◎ 只要条件允许，盥洗室可全天开窗通风

◎ 冬季卧室的通风应在幼儿午睡前一小时停止，避免卧室温度太低而引发幼儿感冒等

◎ 室外空气质量较差时，如雾霾天，应避免开窗通风

◎ 传染病易发时期，应加强通风次数和时间

图 2—6　通风五大注意事项

知识 7 活动室的清洁工作

活动室是幼儿在园生活的主要场所之一，其卫生状况直接影响幼儿的健康和幼儿园的教育工作，因此，保育员应做好活动室的清洁工作，力求卫生无死角。

1. 活动室清洁准备

清洁活动室前，保育员应按照表 2—3 所示的清单准备清洁用品。

表 2—3　活动室清洁用品清单

清洁用品	清洁用品明细
抹布	活动室专用干抹布、半干抹布、湿抹布各 1 块
拖把	干拖把、湿拖把各 1 把
其他	鸡毛掸子、水盆、水桶、洗涤剂、酒精、棉棒、清洁衣物、橡胶手套等

2. 活动室清洁顺序

活动室清洁一般按照从上到下、从左到右、从里到外的顺序进行清洁。具体工作程序如图 2—7 所示。

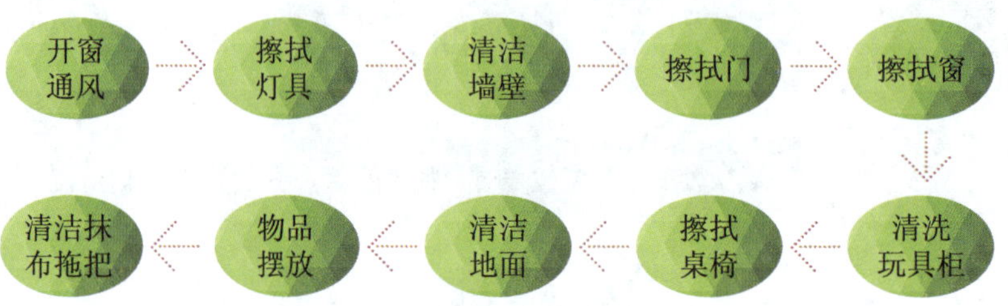

图 2—7 活动室清洁工作程序

3. 活动室清洁效果及标准

活动室应保持干净、整齐，便于幼儿开展活动。具体活动室的清洁效果如图 2—8 所示。

图 2—8 活动室清洁效果

保育员进行活动室清洁时，应严格按照图 2—9 所示的标准进行。

① 六柜（书包柜、区角柜、电视柜、消毒柜、茶杯柜、储物柜）表面无灰尘、无杂物；书包柜上的书籍和文具摆放整齐。

② 地面要求整洁、无垃圾、无污渍、不潮湿，以免幼儿滑倒。

③ 墙面无灰尘、无污垢、无涂抹、无蛛网。

④ 墙上附属物（开关插座、安全线路、电扇、灯具、张贴物等）无积灰；张贴物和悬挂物无过时、松动、脱落现象。

⑤ 门、窗、玻璃无污迹、无积灰；窗户明亮，光线充足。

⑥ 桌子、凳子摆放整齐，桌面、凳面无污垢。

⑦ 电器（空调、电视机、VCD 机、电子琴）表面无积灰、无杂物。

⑧ 区角玩具清洁，塑料玩具每周清洗消毒。

⑨ 垃圾桶桶身干净，桶内垃圾及时倾倒。

图 2—9　活动室清洁标准

4. 活动室清洁技能

为做好活动室的清洁工作，保育员应掌握一些简单、实用的清洁技能。

扫地操作技能

① 扫地时一般是按照由里向外的顺序清扫，这样有利于垃圾集中、整理、清理。

② 扫地时一定要将扫帚轻轻压住，以免尘土飞扬。

③ 清扫后，应及时将垃圾收起。

拖地操作技能

① 拖地时，先将家具和物品挪开，把家具和物品下面的地面拖干净，然后再拖其他位置的地面。

② 用半干的干净拖把从房间的里面向门口倒退着拖，同时注意不断清洗拖把，保持拖把的清洁。

③ 拖地时，要压住拖把，从左向右横拖，到两头时不要抬起拖把，可将拖把用力一转，这样可利于将脏污带走，达到不留卫生死角的目的。

④ 拖地结束后，将拖把放到固定位置。保育员应为不同房间准备专门的固定拖把，拖把用完清洗后要放回标有标识的固定位置，不可混用。

知识 8 幼儿卧室清洁工作

幼儿卧室是幼儿在园休息的场所，保育员应做好清洁工作，确保其干净、舒爽、安静。

1. 幼儿卧室清洁准备

清洁幼儿卧室前，保育员应按照表 2—4 所示的清单准备清洁用品。

表 2—4　幼儿卧室清洁用品清单

清洁用品	清洁用品明细
抹布	卧室专用干抹布、半干抹布、湿抹布各 1 块
拖把	干拖把、湿拖把各 1 把
其他	水盆、水桶、刷子、洗涤剂、酒精、棉棒、清洁衣物、橡胶手套等

2. 幼儿卧室清洁顺序

幼儿卧室清洁工作程序如图 2—10 所示。

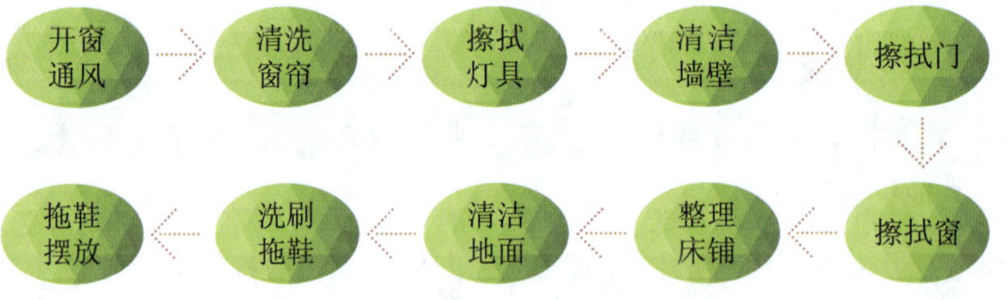

图 2—10　幼儿卧室清洁工作程序

3. 幼儿卧室清洁标准

保育员进行幼儿卧室清洁时，应严格按照图 2—11 所示的标准进行。

（1）卧室清洁、无杂物，床下无积尘、无垃圾。

（2）床位摆放协调、统一。

（3）床上用品摆放整齐，无杂物。

（4）鞋柜无积尘，鞋子干净且摆放整齐、有序。

图 2—11 幼儿卧室清洁标准

4. 幼儿卧室清洁技能

为做好幼儿卧室的清洁工作，保育员应掌握一些简单、实用的清洁技能。

清洗窗帘技能

① 将窗帘小心取下，先全面浸泡，再用洗涤剂重点清洗有污渍处。

② 进行手洗或机洗。

③ 洗干净的窗帘应放在太阳下暴晒，晾干后原位悬挂。

整理床铺技能

① 幼儿卧室的床应用半干的抹布按照从上到下的顺序进行擦拭，先床头、再床栏、再床框、最后床腿等处。

② 床头、床栏、床框、床腿等处都要认真擦拭，做到无灰尘、无死角。

③ 将床单、褥子铺平并清扫铺面。

④ 将被子叠放整齐，并整齐摆放。

⑤ 定期对床的垫被进行抽查，查看有无异物和垃圾，并做到及时清理。对个别幼儿经常出现类似状况的，要有意识地、有针对性地引导和提示幼儿，帮助幼儿养成不随意乱丢垃圾的习惯。

洗刷拖鞋

① 将洗涤剂放入事先准备好的温水中，用力搅拌，使洗涤剂更好地溶解，然后将鞋子放到水里泡一会儿，如图 2—12 所示。

② 用刷子反复地刷几遍，然后用清水冲洗干净，如上图 2—13 所示。

③ 用 1∶100 的 84 消毒液浸泡 30 min 进行消毒，而后清洗干净在阳光下暴晒。

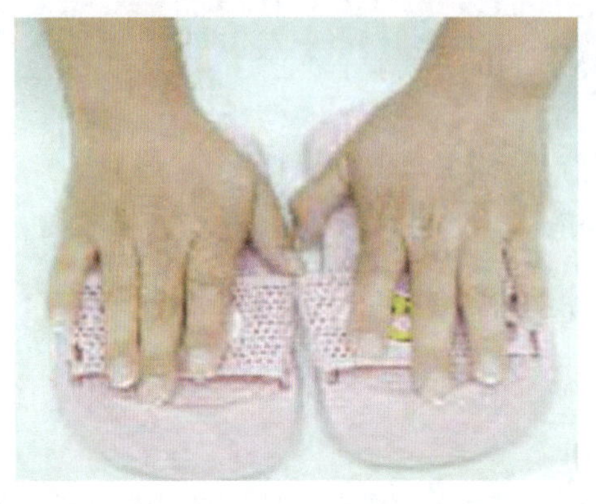

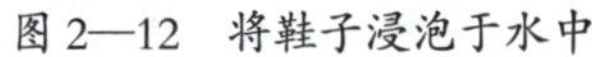

图 2—12　将鞋子浸泡于水中

图 2—13　刷洗鞋子

④ 将干爽的拖鞋收放到鞋柜里或鞋架上。

知识 9 盥洗室的清洁工作

盥洗室是幼儿使用频率较高的地方。盥洗室的清洁工作主要包括地面、墙面、门窗、天花板、隔墙、淋浴房、卫生洁具及其他室内设施的清洁。盥洗室的清洁可分为每日常规清洁和周期性大清洁两种。盥洗室的清洁，一般每日至少一次，周期性清洁可根据具体情况而定，可每星期、每半月、每月安排一次。

1. 盥洗室清洁准备

清洁盥洗室前，保育员应按照表 2—5 所示的清单准备清洁用品。

表 2—5　　盥洗室清洁用品清单

清洁用品	清洁用品明细
抹布	盥洗室专用干抹布、湿抹布各 1 块
拖把	干拖把、湿拖把各 1 把
其他	水盆、水桶、刷子、洗涤剂、洁厕剂、橡胶手套等

2. 盥洗室清洁顺序

盥洗室清洁工作程序如图 2—14 所示。

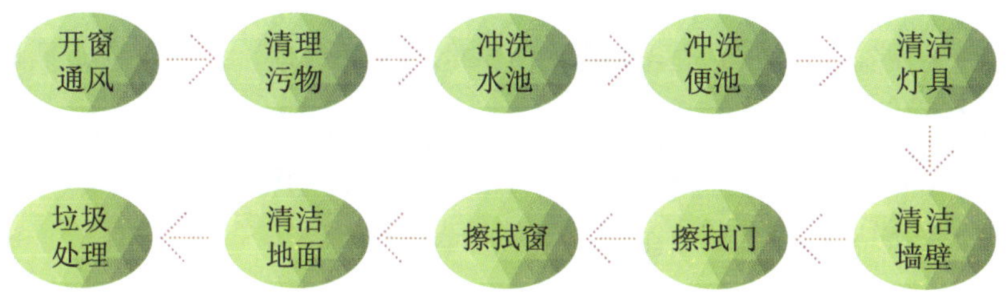

图 2—14　盥洗室清洁工作程序

3. 盥洗室清洁标准

保育员进行盥洗室清洁时，应严格按照图 2—15 所示的标准进行。

① 天花板、墙角、灯具目视无污渍、灰尘、蜘蛛网。

② 地面无污渍、无积水、无杂物。

③ 水池整洁干净，下水管处无污物。

④ 坐便器、小便器等卫生洁具洁净，无黄渍、无臭味。

⑤ 香皂、洗手液、卫生纸等摆放及时。

⑥ 清洁卫生工具干净整洁，摆放有序。

图 2—15　盥洗室清洁标准

4. 盥洗室清洁技能

为做好盥洗室的清洁工作，保育员应掌握一些简单、实用的清洁技能。

盥洗盆的清洁

① 清洁盥洗盆时，可以用百洁布加上洗洁精及少许去污粉刷洗，最后用清水冲洗干净即可。刷洗时为了增强摩擦效果，可以用泡沫海绵或丝瓜络蘸上洗衣粉进行擦洗。当白色的盥洗盆呈现黄色时，可先将盥洗盆排水口塞好，倒进漂白水浸泡约 2 min，然后再用清水反复洗刷，即可使白色的盥洗盆恢复

如初。

② 清洗大理石盆台时，对于顽固污渍，可用双氧水的混合液（比例为1∶4）擦拭；对于一般污渍，则可以用一般的皂液、清洁剂清洁，而后用清水冲净，用干毛巾拭干即可。

③ 盥洗盆的保洁要注意盥洗盆活塞处的污垢清理，保育员应定期进行盥洗盆排水管的污垢清除工作。

便器的清洁 常见的便器主要有蹲式坐便器、坐式坐便器、小便器，不同的便器其清洁要点也有所不同，具体见表2—6。

表2—6 各类便器清洁要点说明表

种类	保洁要点
蹲式坐便器	◎ 开启冲水阀将坐便器内的脏污冲洗干净 ◎ 用带柄尼龙刷蘸洁厕水刷洗坐便器的内壁和蹲位台面，注意入水口和出水口的清刷 ◎ 用清水将坐便器内部冲洗干净 ◎ 用干净的拖把将蹲位台面的水迹擦干
坐式坐便器	◎ 开启冲水阀将坐便器内的脏污冲洗 ◎ 在坐便器内倒入规定数量的洁厕水，浸泡一定时间，以利发挥其最佳的效用 ◎ 用带柄尼龙刷刷洗坐便器，将污渍刷洗干净后，再按冲水阀将坐便器冲洗干净 ◎ 内侧清洁干净后，用湿抹布蘸万能清洁剂擦洗水箱座沿、盖子外侧、座底等，再用清水擦洗干净 ◎ 用干抹布擦干水迹
小便器	◎ 用带柄尼龙刷蘸洁厕水刷洗小便器的内壁、凹槽及出水口，并放水冲洗干净 ◎ 用湿抹布擦洗冲水阀和外壁，再用干抹布擦干水迹

知识10 幼儿撒饭后的清洁

幼儿使用小勺或筷子进餐时，都要用到手指、手腕等手部小肌肉群，并

要将手对餐具的控制动作与眼睛和嘴巴协调起来。当幼儿受到外部刺激或坐姿不正确时，难免会出现动作不协调，从而就免不了出现撒饭现象。

一般来说，幼儿撒饭后，保育员应按照如图 2—16 所示的步骤进行清洁处理。

1. 用干净毛巾、卫生纸等擦拭幼儿脸上及衣服上的污渍，污渍比较多时为幼儿换干净衣服。

2. 捡起桌子上、凳子上残留的饭菜，而后扔进垃圾筐。

3. 用干净的抹布将桌子、凳子擦干净。

4. 将地面残留的饭菜用抹布扫到一起，收拾干净。

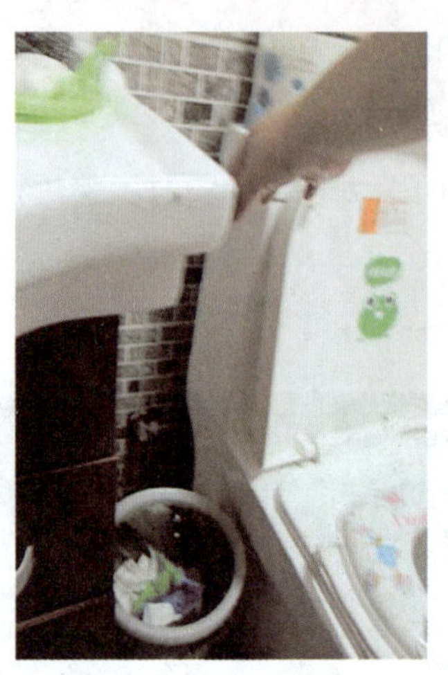

5. 将从地面收拾起来的残留饭菜倒入垃圾筐。

6. 清洗抹布及双手后，稳定幼儿情绪，为幼儿重新盛饭，指导幼儿正确进食，避免再次撒饭。

图 2—16　幼儿撒饭后的清洁步骤

幼儿撒饭后，保育员一定不要大声训斥，避免伤害其自尊心，预防其对进食产生排斥心理。一些年龄较小的幼儿，在撒饭后不懂得及时离开，如果饭菜很热，很容易发生烫伤。因此，面对还无法采取自我保护措施的幼儿，保育员一定要多多留意，一旦发现有撒饭现象，及时将幼儿带离餐桌，而后做好清洁工作。

面对经常撒饭的幼儿，保育员应循循善诱，如通过一些游戏锻炼其自主进食能力，并注意培养其正确的进餐姿势和良好的进餐习惯，促使其慢慢地做到不撒饭。

知识 11 幼儿呕吐物的清洁

幼儿发生呕吐现象时，保育员应及时清理幼儿的呕吐物，将污染的衣服、床单、被子及时更换，以免继续刺激幼儿，确保幼儿个人卫生和环境卫生。

1. 幼儿呕吐物清洁步骤

幼儿呕吐物的清洁步骤如图 2—17 所示。

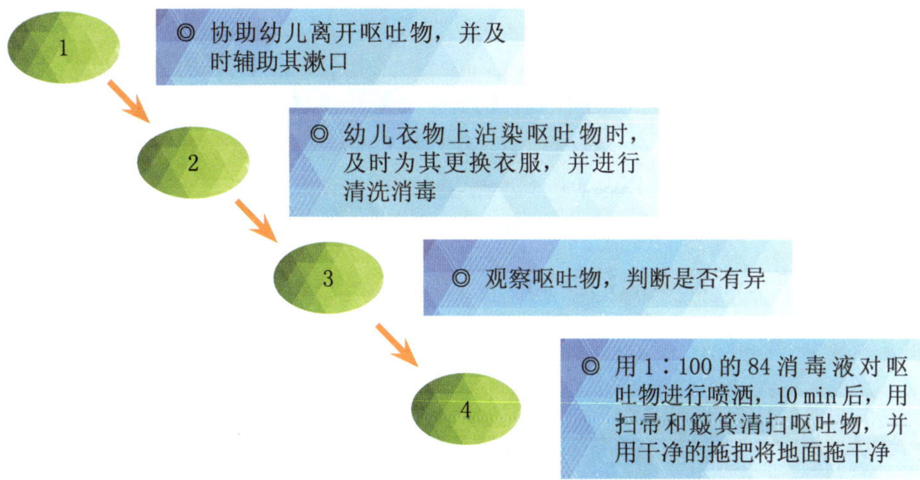

图 2—17　幼儿呕吐物的清洁步骤

2. 幼儿呕吐物清洁注意事项

幼儿呕吐时，保育员应注意以下五大事项：

① 幼儿呕吐时，保育员应守护在其身边，给予安慰。如果幼儿属于卧床状态，保育员应将其扶起，保持坐立姿势，并将头侧向一边，以免呕吐物呛入气管。

② 幼儿呕吐后，保育员应提醒幼儿用温开水漱口，清洁口腔，去除臭味，并视情况为其安排洗手、洗澡。

③ 保育员应及时询问幼儿身体情况，了解幼儿呕吐的原因，以便就医或通知家长。

④ 幼儿出现较严重的呕吐现象时，保育员应及时与家长取得联系，必要情况下请家长送幼儿就医。

⑤ 幼儿出现集体性呕吐后，保育员应及时向园长报告，有中毒迹象的及时就医。

⑥ 保育员要教育幼儿当胃部不舒服，想吐时，及时到卫生间去呕吐。

知识 12 幼儿排泄物的清洁

幼儿因紧张、腹泻等原因，会出现将大便拉到裤子里的情况。为防止排泄物污染幼儿身体及环境，保育员应及时清理幼儿裤子里的排泄物，保持其个人卫生和班级环境卫生。

1. 幼儿排泄物清洁步骤

幼儿排泄物的清洁步骤如图 2—18 所示。

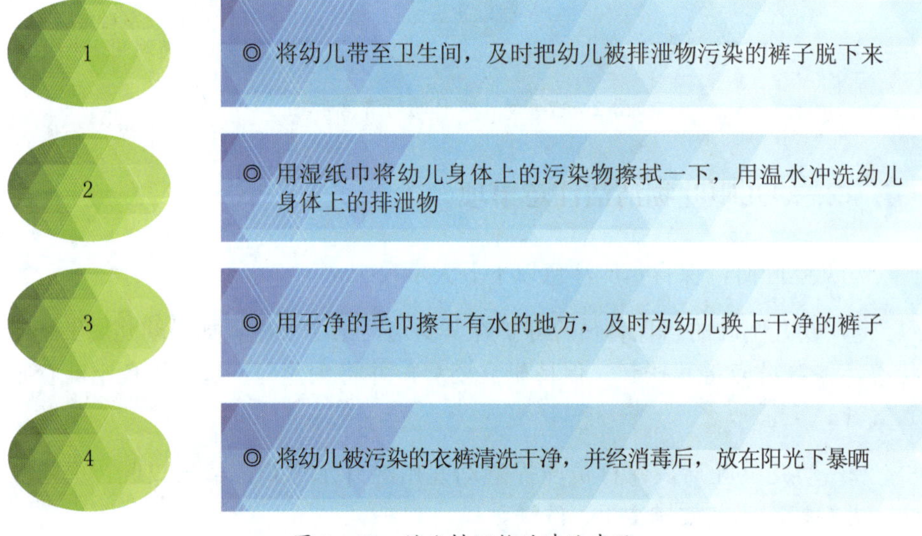

图 2—18　幼儿排泄物的清洁步骤

2. 幼儿排泄物清洁注意事项

清洁幼儿排泄物时，保育员应注意以下五大事项：

① 对待婴幼儿不能自控小便的行为时，不要责怪，更不要露出厌恶的表情，以免导致幼儿心理恐惧。

② 清洗幼儿屁股时，应从前往后洗。

③ 被排泄物污染的裤子应及时清洗干净。保育员先用肥皂对裤子被污染处进行重点搓洗；然后全裤子清洗；再用 1∶100 的 84 消毒液将裤子浸泡消毒 10～15 min；刷洗干净后将裤子放在阳光下晾干。

④ 幼儿腹泻时，及时与家长取得联系，必要情况下请家长送幼儿就医。

⑤ 保育员可适时教育幼儿及时去厕所，并训练幼儿掌握穿脱裤子的方法。

知识 13　室内装修污染净化

为了美化教育园舍、扩充教育园舍等，学前教育机构难免会进行室内装修。室内装修肯定会对室内环境产生污染，而这种污染对于正在生产发育阶段的幼儿有很大影响。室内环境污染，幼儿一般会表现出咳嗽、打喷嚏、免疫力下降等；严重的、长期的室内环境污染可能会诱发幼儿哮喘病，甚至诱发白血病。因此，为了给幼儿营造良好的、健康的生活学习环境，学前教育机构应积极做好室内装修污染的净化工作。

室内污染主要是由甲醛、苯、氨气、挥发性有机物、与颗粒物或颗粒有机物有关的有机物等有害物质造成的，因此保育员采取净化措施时可从污染源着手。

1. 室内装修污染净化措施

通风法　通过室内空气的流通，可以降低室内空气中有害物质的含量，从而减少此类物质对幼儿身体的危害。在天气条件允许的情况下，保育员应实行全天通风或延长通风时间。

花草养殖法　一些花草能吸附部分有害物质，因此保育员可有选择地在室内养殖能吸附甲醛、净化室内空气的花草，如吊兰、虎尾兰、驱蚊草等。常见的具有净化空气作用的花草如图 2—19 所示。

吊兰
一盆吊兰在 8～10 m^2 的房间内就相当于一台空气净化器，它可在 24 h 内杀死房间里大部分的甲醛、一氧化碳、过氧化氮等

虎尾兰
一盆虎尾兰可吸收 10 m^2 左右房间内 80% 以上的多种有害气体，两盆虎尾兰基本上可使一般居室内空气完全净化。虎尾兰白天还可以释放出大量的氧气

芦荟
在 24 h 照明的条件下，可以消灭 1 m^3 空气中所含的 90% 的甲醛

仙人掌
白天关闭气孔，防止水分蒸发。夜间打开气孔，吸收二氧化碳，释放氧气

常春藤
一盆常春藤能消灭 8～10 m^2 的房间内 90% 的苯，能对付从室外带回来的细菌和其他有害物质，吸尘效果超过吸尘器

龙舌兰
在 10 m^2 左右的房间内，可消灭约 70% 的苯、50% 的甲醛和 24% 的三氯乙烯

图 2—19　常见的具有净化空气作用的花草

保育员在园舍摆放花草时，一定要做到三忌，即忌香、忌敏、忌毒，如图 2—20 所示。

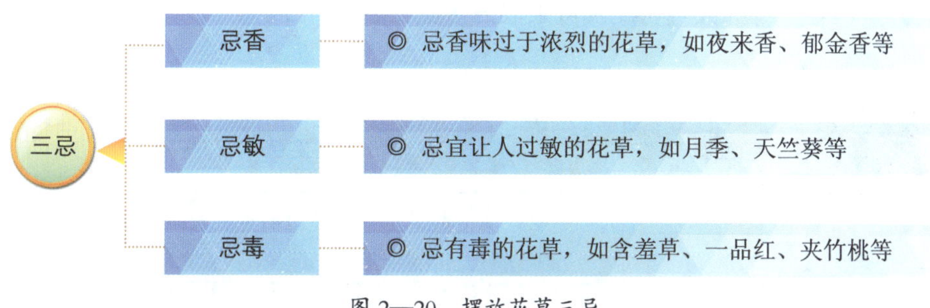

图 2—20　摆放花草三忌

活性炭　活性炭是黑色粉末状或颗粒状的无定形碳，含有大量微孔，其发达的空隙结构使其具有很大的表面积，能与空气中的有毒有害气体充分接触，具有强吸附能力，可用于吸附新园舍空气中的甲醛、苯系物、氨气及氡等有毒有害气体，快速清除装修异味。

活性炭存在一个饱和问题，即活性炭吸附的污染物质越多，其吸附能力越差，以致失去吸附净化能力。因此，保育员在使用活性炭过程中，应定期将其放在太阳下暴晒，使其在一定程度上恢复活性，延长使用寿命。

净化器 净化器种类较多，主要有活性炭吸附、臭氧分解、化学分解等。净化器需要持续耗电，一旦关闭电源，污染物质浓度必然会持续升高。

2. 室内装修污染净化注意事项

① 园舍装修后，学前教育机构应请专门机构检测，检测合格后，方可投入使用。

② 放置花草、活性炭时，应充分考虑安全性、美观性。

③ 保育员可适当延长幼儿户外活动时间，减少装修后的园舍的使用时间。

知识 14 特殊天气下室内清洁

当出现特殊天气时（如干燥、阴雨连绵、大风雷电等），保育员应根据天气情况，采取有效措施，防止特殊天气对幼儿的生活和学习环境产生不良影响。具体各种特殊天气状况及可采取的措施见表 2—7。

表 2—7 特殊天气状况及对应措施表

特殊天气状况	措施	措施要点
空气干燥	使用加湿器	◎ 不能直接将自来水加入加湿器，应使用纯净水或凉白开水 ◎ 加湿器应每天换水，而且最好一周清洗一次，以防水中的微生物散布到空气中，再进入幼儿的呼吸道中 ◎ 室内的湿度应控制在一个合理的范围内，即 40%～60%，建议使用具有自动恒湿功能的加湿器，从而有效避免湿度过高或不足的问题；如果加湿器不具有自动恒温功能，则保育员可在室内放一支湿度计，以随时掌握湿度并通过开启、关闭加湿器进行调解 ◎ 加湿器应放在幼儿够不到的稳定平面上，做好电器安全工作
	开窗通风	合理选择通风时间，最好是上午 10 时和下午 3 时前后

续表

特殊天气状况	措施	措施要点
空气干燥	养些花草	养一些盆栽的花草（根直接泡在水里的），如富贵竹
	搭块湿毛巾	在暖气上或空调边上搭块湿毛巾，水蒸发使室内湿度上升
	地面洒水或放置盆装水	◎ 每次洒水不宜太多，一面造成地面湿滑，导致幼儿摔倒 ◎ 盆装水放置位置应远离幼儿的活动区域
阴雨连绵	人工通风	采用人工通风方式（如打开电风扇、换气扇），进行室内外空气交换
	使用半干拖把	在清洁地面时注意不要使用太湿的拖把，保持地面干爽
	去除霉味	◎ 使用空气净化器，既可以净化空气，又防止病菌的污染 ◎ 利用干燥剂、活性炭、竹炭除湿，此类物品注意放在幼儿接触不到的地方，防止幼儿误食 ◎ 可以开启空调的除湿功能，此项工作宜在幼儿不在室内的情况下进行
大风	及时关窗	◎ 准确判断风向，及时将大风直吹的窗户关闭，以防止扬尘等污染
	清洁设施物品	◎ 大风过后，及时清洁窗台、桌面、玩具橱窗等室内设施、物品

岗位内容三
卫生管理：消毒工作

知识 15 常见传染病的消毒

传染病消毒是用物理或化学方法消灭停留在不同的传播媒介物上的病原体，从而切断传播途径，阻止和控制传染的发生。

1. 消毒种类

常见传染病消毒的种类主要有两种，即预防性消毒和病源地消毒，具体如图 3—1 所示。

消毒种类

预防性消毒

◎ 为了预防传染病的发生，并非已经发生传染病

◎ 消毒的对象为有可能被病原体污染的东西和场所

◎ 一般每天进行 1～2 次消毒

病源地消毒

◎ 对有传染源存在的地区进行消毒，分为即时消毒和终末消毒两种

◎ 即时消毒指当有传染病发生时，在患儿尚未离开园所前，应随时对其所在班级和污染物进行消毒

◎ 患儿离开园所后，对被污染的场所及一切物品实行最后一次彻底的消毒

图 3—1　消毒种类

2. 常见传染病的一般消毒方法

物理消毒方法　常见的物理消毒方法见表 3—1。

表 3—1　　常见的物理消毒方法

消毒方法		方法说明
机械消毒		应用肥皂刷洗，流水冲净，可消除手上绝大部分甚至全部细菌
热力消毒	火烧	适用于经济价值小的污染物
	煮沸	◎ 煮锅内的水应将物品全部淹没 ◎ 物品煮沸消毒时，不可超过容积 3/4，注意留空隙，以利对流 ◎ 水煮沸后开始计时，一般持续煮沸 15 ~ 20 min ◎ 适用于餐饮具、毛巾、餐巾、服装、床单等耐湿物品
	流动蒸汽	◎ 流动蒸汽相对湿度 80% ~ 100%，温度近 100℃，利用水蒸汽进行消毒 ◎ 常用的流动蒸汽消毒设备有蒸汽消毒柜、蒸汽消毒车等 ◎ 适用于餐饮具及餐桶、菜盆等

续表

消毒方法		方法说明
热力消毒	高压蒸汽	◎ 高压蒸汽灭菌通常压力为 98.066 kPa，温度 121～126℃ ◎ 此方法 15～20 min 即能彻底杀灭细菌芽孢 ◎ 适用于耐热、耐潮物品
	干热灭菌	◎ 干热空气传导差，物体受热较慢，需 160～170℃，1～2 h 才能灭菌 ◎ 适用于不能带水分的玻璃容器、金属器械等
辐射消毒	非电离辐射	◎ 如紫外线、红外线和微波，学前教育机构应用最多的是紫外线 ◎ 紫外线辐射能量低，穿透力弱，仅能杀灭直接照射到的微生物，因此消毒时必须使消毒物品暴露于紫外线 ◎ 适用于对室内空气及一般物品表面的消毒
	电离辐射	◎ 如阴极射线 ◎ 电离辐射设备昂贵，对物品及人体有一定伤害，故少用

化学消毒方法 用含有效的“优氯净”及“过氧乙酸”等的消毒溶液，擦拭或喷洒室内各种物品的表面，当污染物中含有大量有机物时，可相应加大化学消毒剂量，并按产品说明使用。常用的化学消毒方法如图 3—2 所示。

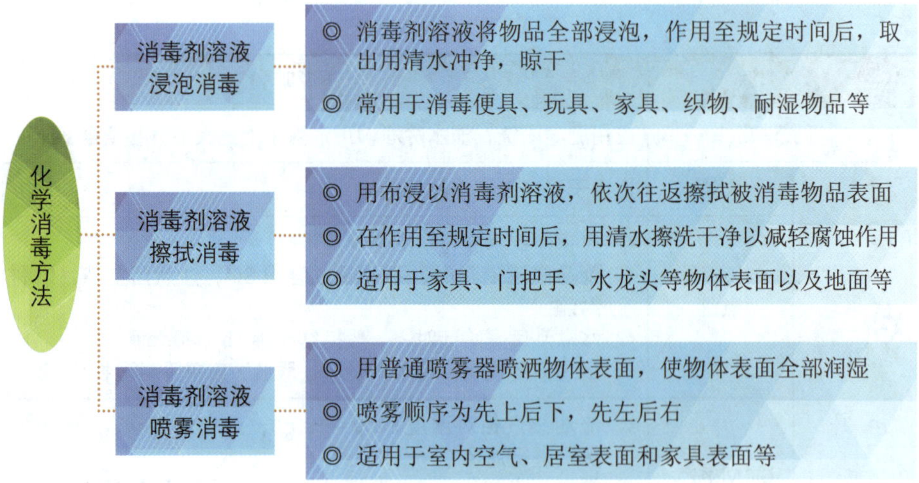

化学消毒方法

消毒剂溶液浸泡消毒
◎ 消毒剂溶液将物品全部浸泡，作用至规定时间后，取出用清水冲净，晾干
◎ 常用于消毒便具、玩具、家具、织物、耐湿物品等

消毒剂溶液擦拭消毒
◎ 用布浸以消毒剂溶液，依次往返擦拭被消毒物品表面
◎ 在作用至规定时间后，用清水擦洗干净以减轻腐蚀作用
◎ 适用于家具、门把手、水龙头等物体表面以及地面等

消毒剂溶液喷雾消毒
◎ 用普通喷雾器喷洒物体表面，使物体表面全部润湿
◎ 喷雾顺序为先上后下，先左后右
◎ 适用于室内空气、居室表面和家具表面等

图 3—2 化学消毒方法

3. 常见传染病的具体消毒方法

常见呼吸道传染病的消毒　随着季节的变化，幼儿很容易患流行性感冒、病毒性腮腺炎等呼吸道传染病，在呼吸道传染病的多发季节，保育员应做好消毒工作，防止传染病的扩散。

对于呼吸道传染病的消毒，保育员首先要做到的就是开窗通风；其次应迅速采用紫外线等或药物对室内空气进行消毒；最后一个针对不同类型的呼吸道传染病进行有针对性的处理和消毒。具体常见的呼吸道传染病类型及消毒措施见表 3—2。

表 3—2　　常见的呼吸道传染病类型及消毒措施

常见呼吸道传染病	消毒措施
流行性感冒	◎ 将患儿及时隔离 ◎ 及时、彻底地开窗，通风换气 15 min 以上 ◎ 对空气进行消毒
水痘	◎ 将患儿及时隔离 ◎ 开窗通风 3 h 以上 ◎ 对活动室、寝室里的空气和物品进行消毒 ◎ 被子暴晒，家具、玩具及图书采用擦拭和暴晒的方法消毒 ◎ 衣物、被单、褥单及其他物品采用煮沸或消毒剂浸泡的方法消毒
病毒性腮腺炎	◎ 将患儿及时隔离 ◎ 活动室、寝室里开窗通风 15 min 以上 ◎ 对空气进行消毒 ◎ 患儿的餐具、毛巾要单独煮沸消毒，衣物、被褥要日晒消毒 ◎ 配合保健医生督促接触班的幼儿口服板蓝根，预防腮腺炎
猩红热	◎ 发现后，立即安排患儿隔离治疗，自发病日起隔离 10 天 ◎ 室内开窗通风，每天不少于 3 次，每次 15 min 以上 ◎ 对一切患儿的用具、排泄物等进行消毒 ◎ 配合保健医生督促接触班的幼儿服用磺胺类药物，预防猩红热

常见消化道传染病的消毒　消化道传染病发生后，保育员应按照如图 3—3 所示的顺序进行消毒处理。

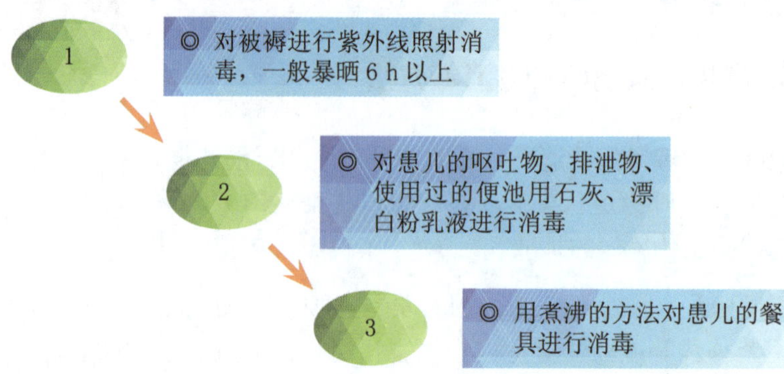

图 3—3　消化道传染病消毒处理顺序

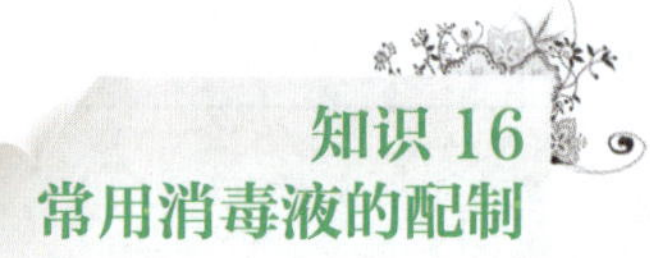

知识 16 常用消毒液的配制

保育员需掌握一些常用的消毒液的配制要求及技巧。

1. 84 消毒液的配制

准备工作　配制 84 消毒液，保育员应做好以下两项准备工作，如图 3—4 所示。

准备工具物品

◎ 准备好 84 消毒液、量杯、水、水盆等

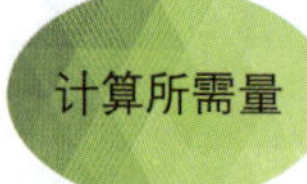

◎ 一般来说，1∶100 的 84 消毒液用于拖把、厕所、排泄物、痰盂等的消毒；1∶200 的 84 消毒液用于毛巾、玩具、桌面、地面、墙面、扶手、水龙头等的消毒

◎ 计算公式：　所需药量 = 欲配制浓度 × 欲配制数量
加水量 = 欲配制数量－所需原药量

图 3—4　配制 84 消毒液的两大准备工作

配制工作　保育员可参照图 3—5 所示的步骤配制 84 消毒液。

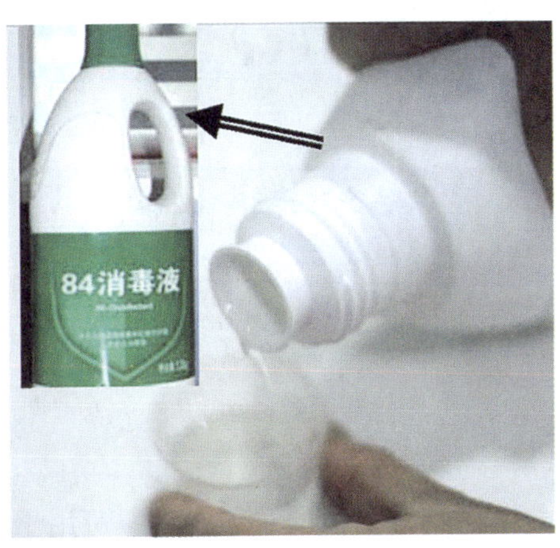

1. 用量杯量取一定量的84消毒液原液。

2. 用大号量杯量取一定量的水倒入水桶内，可在水面所达到的位置做记号，以便下次直接取用。

3. 将原液倒入水中并混合搅拌均匀。

4. 84消毒液配制完成后，放置在幼儿接触不到的地方待用。

图3—5　84消毒液的配制步骤

2. 漂白粉乳液的配制

一般配制成0.2%～1%的漂白粉澄清液。漂白粉乳液的配制步骤如图3—6所示。

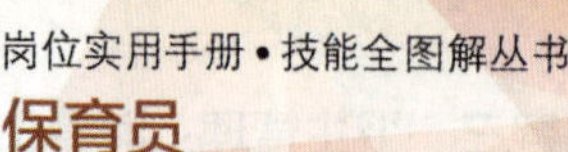

1 将所需漂白粉量计算好并称出

2 用大号量杯量取一定量的水

3 将漂白粉倒入大桶中，将团块捣碎

4 加入少量水调成浆，再倒入其余水充分搅拌

图 3—6 漂白粉乳液的配制步骤

3. 石灰乳的配制

10%～20% 的石灰乳对于大多数病原微生物具有较强的杀灭作用，可用于对肠道传染病患儿的呕吐物、粪便进行消毒处理。消毒过程为 1 份呕吐物或排泄物加 2 份石灰乳搅拌，4 h 后再倒入厕所坑里。石灰乳使用时应现配现用，不宜久储。

4. 过氧乙酸的配制

过氧乙酸的配制比例一般为 0.1%～0.2%。其配制计算公式如下所示：

所需原溶液量 = 欲配制浓度 × 欲配制溶液量 / 原溶液浓度

加水量 = 欲配制溶液量－所需原溶液量

为保证使用时过氧乙酸的浓度，应随用随配。过氧乙酸对金属性物品具有腐蚀性，对纺织品有损坏和漂白作用，故一般用来对塑料制品、温度计等进行消毒。

知识 17 活动场所与设施消毒

活动场所是幼儿在学前教育机构主要游戏场地，幼儿一天在活动场所的停留时间最长。为确保活动场所和设施的清洁、卫生，保育员应做好以下消毒工作。

1. 活动场所的消毒

活动场所的消毒方式主要有四种，即开窗通风、紫外线灯照射、消毒液擦拭及消毒液喷洒，具体如图 3—7 所示。一般情况下，活动场所应至少每周进行一次紫外线照射或消毒液消毒，在传染病流行季节应每天至少消毒 1 次，消毒时间最好选在每天上午或下午幼儿离园以后。消毒后，应及时开窗通风，待消毒气味散去后方可让幼儿进入。

开窗通风
使用空气和日光进行杀毒，是最简便、经济、安全的一种消毒方式

紫外线灯照射
在确认室内无人时，关闭门窗，开启紫外线灯杀毒 30 min。紫外线灯消毒时一定要在室外门口显眼处贴“紫外线消毒，禁止进入”指示牌

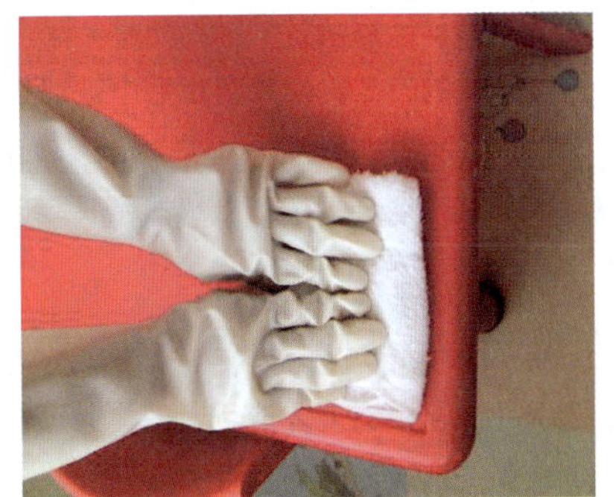

消毒液擦拭
对于门把手、水龙头、桌椅等可以先用清水擦拭干净，再用 1∶200 的 84 消毒液擦拭一遍，并在 15～30 min 后，再用清水擦拭干净

消毒液喷洒
用 1∶200 的 84 消毒液对过道、楼道、活动室等进行喷洒消毒，一次 1 h，消毒时关上门窗，消毒后打开门窗

图 3—7　室内活动场所消毒的消毒方式

2. 活动设施的消毒

对活动设施进行消毒前，保育员应先清扫户外场地，并对活动设施的各个部位进行擦洗，检查有无安全隐患。擦洗干净后，保育员用 1∶200 的 84 消毒液对各部位进行均匀喷洒，或用蘸消毒液的抹布进行均匀擦拭，待消毒液滞留 15～30 min，最后用清水擦拭一遍。

知识 18 日常用品玩具教具消毒

保育员应做好幼儿日常用品、玩具、教具的消毒工作，以确保幼儿健康快乐的生活、学习、游戏。

1. 日常用具消毒

幼儿日常用具主要包括毛巾、水杯、餐具、床上用品等，其消毒工作要点见表 3—3。

表 3—3　日常用具消毒工作要点

日常用具	消毒工作要点
毛巾	◎ 用肥皂水浸泡搓洗，搓洗干净后放入 1∶200 的 84 消毒液中浸泡 5～10 min，而后用清水冲洗干净后放在阳光下暴晒 ◎ 消毒过程也可以采取放在消毒柜里消毒的方式，但要防止毛巾被烤焦 ◎ 在传染病流行季节要求每天清洗消毒一次
水杯	◎ 专人专用，每天必须消毒，每日在幼儿入园后必须放好已经消毒过的口杯 ◎ 用清水冲洗干净，然后放入消毒柜或高压蒸汽车中消毒
餐具	◎ 每餐后餐具要求在食堂专用洗碗池清洗 ◎ 先用洗涤剂将油腻洗净，再用清水冲洗再消毒后才能用，餐具必须餐餐进行消毒 ◎ 用消毒柜高温消毒 30 min，没有消毒柜的煮沸消毒 15～20 min
床上用品	◎ 天气晴好时，将幼儿床上用品暴晒在阳光下，日晒消毒 2～4 h ◎ 如遇雨季，可将被褥打开用紫外线灯均匀照射 30 min ◎ 床单、被罩可每月清洗一次，枕套可两周清洗一次，清洗干净后可用开水烫、暴晒

续表

日常用具	消毒工作要点
体温计	◎ 一用一消毒，可用 75% 的酒精消毒
抹布、拖把、簸箕、扫把	◎ 每日中午先将抹布、拖把、簸箕、扫把清洗干净，然后用 84 消毒液浸泡 30 min 消毒 ◎ 抹布放在水盆中消毒，拖把、簸箕、扫把放在水桶中消毒，水盆、水桶应有消毒标志 ◎ 抹布、拖把、簸箕、扫把若被污染，随时消毒

2. 玩教具消毒

玩教具是学前教育机构必备的物品，也是幼儿直接接触最多的物品，幼儿一般喜欢用手来抓取玩教具，甚至有的喜欢用嘴去咬玩教具，因此如果这些玩教具清洁消毒不彻底，就很容易引起幼儿生病现象。为保证幼儿能健康、愉快地游戏、学习，保育员应认真做好玩教具消毒工作。

掌握玩教具消毒要点　保育员要根据不同的玩教具选用不同的消毒方式，具体如图 3—8 所示。

玩具类型	消毒要点
橡胶、塑料玩具	一周一次，清洗干净后用 1∶200 的 84 消毒液浸泡 10 min 后冲洗干净，再在阳光下晾晒
毛绒、布质玩具	1 月一次，可用软毛刷、丝毛洗涤剂将玩具表面刷洗干净，然后放在日光下暴晒 2 h
木制的和不易生锈的金属玩具	一周一次，可用开水浸烫
电动、电子玩教具	一周一次，用酒精棉球擦拭
图书	阳光充足，微风或无风天气，可将图书打开放在阳光下暴晒 2~4 h；如遇阴雨天气，可将书摊开放在紫外线灯下照射 30 min

图 3—8　幼儿玩教具消毒的要点

做好玩教具消毒记录 保育员应做好每日玩教具消毒记录工作，以防止因各种原因造成的遗漏，具体消毒记录表可设计成表3—4所示的样式。

表3—4 玩教具消毒记录表

日期	玩教具名称	清洗	消毒水浸泡消毒	暴晒	消毒人签名	检查人	备注
		□	□	□			
		□	□	□			
		□	□	□			
		□	□	□			
说明	清洗栏、消毒水浸泡消毒栏、暴晒栏，完成对应工作，在“□”内划“√”						

岗位内容四
生活管理：意外伤害防范

知识 19
发现并排除活动场地安全隐患

3～6 岁的幼儿，大多都比较好奇，好动，但本身对危险并没有多大的认知，自我保护能力不足，动作控制能力差，因此保育员在开展各项教育活动时，一定要将安全工作放在首位，尽早发现并排除活动场地的安全隐患，以防意外伤害事故的发生。

保育员应对活动场地存在的安全隐患进行仔细检查及排除，具体见表 4—1。

表 4—1　活动场地安全隐患检查表

检查时间：　　　　检查人：　　　　检查地点：

分类	序号	隐患项目	是否	排除措施	备注
活动前	1	检查活动场地是否平整、开阔	□是　□否	整理或者换场地	
	2	检查活动场地地面是否有积水、积雪等	□是　□否	打扫干净	
	3	检查活动场地是否已打扫干净，如有小石头、砖头、木棍、突出的钉子或棱角、掉落的玩具等杂物	□是　□否	捡起、归类放好	
	4	检查活动场地是否有危险物品，如碎玻璃、蛇、狗等	□是　□否	打扫或者换场地	
	5	检查活动场地的座椅、摆放物品等是否不稳定，容易一碰就移动或翻滚	□是　□否	清理场地，移至墙角，减少障碍物	
	6	检查高处活动场地是否未加护栏，护栏是否不结实、高低间隔是否不合理	□是　□否	禁止高处活动，以后增加护栏	
活动中	7	保证前、中、后的幼儿都在视线内，随时查看幼儿是否有私自离开活动场所情形	□是　□否	及时发现、及时制止并教育	
	8	检查幼儿在活动过程中，是否有将异物扔到场地或私设障碍物的行为	□是　□否	及时发现、及时制止并教育	
活动后	9	活动结束后应清理活动场地，而后检查活动场地是否有未清理或遗失的物品	□是　□否	清理	
	10	检查活动场地是否有破坏的设施	□是　□否	修复、报告	

知识 20 发现并排除活动材料安全隐患

学前教育阶段的幼儿每天几乎和玩具等活动材料形影不离，而一些活动材料因为设计不合理，或制造工艺不合标准，或本身不适合幼儿单独使用而

存在一些容易伤害幼儿的安全隐患。保育员应熟知各种各样活动材料可能存在的安全隐患，以便做到及时发现与排除。

1. 机械伤害

在活动材料对幼儿的诸多伤害类型中，机械伤害是最常见的一种，常见的有跌伤、割伤、勒伤、夹伤、击伤、刺伤、咽下和吞入异物窒息伤害等，具体见表 4—2。

表 4—2　　常见机械伤害类型与排除措施表

机械伤害类型	机械伤害原因	排除措施
跌伤	大型活动材料安全性及稳定性差，而幼儿手比成人小，力量也小，容易摔下产生跌伤	增加防护，教育幼儿正确、有序地使用
割伤	玩具边缘太薄太锋利，可能引起幼儿皮肤割伤；使用后的剪刀等未及时收好导致割伤	将锋利边缘磨平、包起或者不使用；将使用后的剪刀等及时收起、放好
勒伤	绳索类的活动材料容易产生勒伤	教育幼儿正确使用，时刻观察有无异常，及时处理异常
夹伤	玩具中活动部件的间隔，如果幼儿的手指能插入，很可能造成幼儿手指被夹伤的危险	对小龄幼儿不建议给予此类玩具，对大龄幼儿酌情给予并时刻注意观察
击伤	弹射玩具发射的力量过大，如击中幼儿眼睛，就会产生严重后果	除非特殊活动项目并采取必要的安全措施，否则不允许幼儿使用此类活动材料
刺伤	玩具的尖锐点、细长金属玩具端点都容易刺伤幼儿皮肤甚至眼睛	将尖锐点等包住、磨平，看管好幼儿，禁止幼儿持玩具打闹
咽下和吞入异物	毛绒玩具的眼睛、鼻子，衣服上的纽扣，玩具汽车的车灯、轮子及紧固螺丝、螺帽等，圆形小珠子，存在咽下和吸入异物的隐患	检查玩具的完整性及禁锢性，教育幼儿不能随意吞食玩具，注意玩具的适用年龄，如不将圆形小珠子给小龄幼儿玩耍
窒息伤害	活动材料软性塑料薄膜太薄，如幼儿紧贴嘴和鼻，则会引起窒息危险	使用前，全部拆掉

2. 身体健康伤害

一些幼儿活动材料因本身质量不达标，存在一些容易伤害幼儿身体健康的隐患，对于此种活动材料，保育员应把好采购关，杜绝其进入学前教育机构。具体隐患如图 4—1 所示。

采用喷漆工艺的活动材料，若幼儿放在口中吮吸或啃咬，容易引起铅中毒，损害大脑及其他神经系统

一些毛绒玩具是用黑心棉做填充物，从而含有甲醛等有害化学物质，容易造成幼儿流泪、起红斑甚至诱发其他传染病

活动材料产生的噪声会使幼儿烦躁，甚至会伤害幼儿的感官和神经系统

图 4—1　影响幼儿身体健康的隐患

知识 21 发现并排除设备设施安全隐患

保育员应定期对学前教育机构的设备设施进行一次彻底的扫描，确保其

符合相关安全标准要求，及时发现并排除设备设施的安全隐患。

1. 学前教育机构的主要设备设施

学前教育机构的主要设备设施如图 4—2 所示。

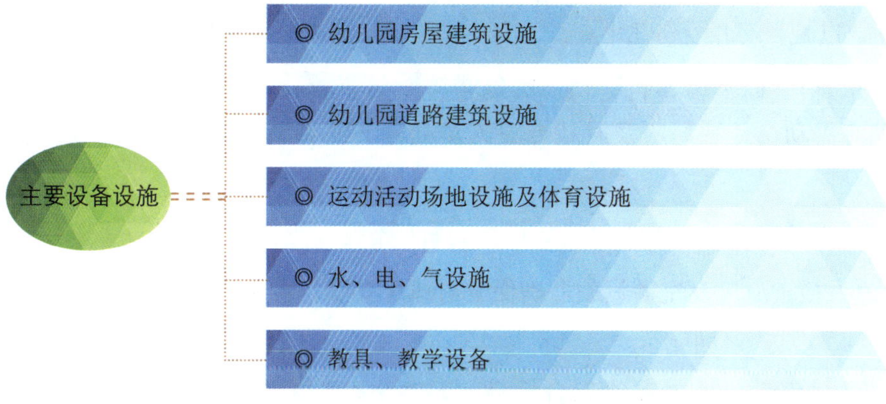

图 4—2　学前教育机构的主要设备设施

2. 设备设施安全隐患识别与排除

保育员应掌握以下常识，以便及时识别及排除学前教育机构的设备设施隐患，防止幼儿伤害事件发生。

设备设施安全隐患识别时机　保育员应随时随地观察学前教育机构的设备设施安全情况，特别是在如图 4—3 所示的 4 个时点更应注重设备设施安全隐患的识别工作。

图 4—3　设备设施安全隐患识别时机

设备设施安全隐患识别与排除工作内容　保育员应尽心尽责查找学前教育机构设备设施可能存在的安全隐患，并采取合理的排除措施，消除这种安

全隐患或者减少隐患对幼儿可能带来的危害。

① 检查学前教育机构的院落、房屋、墙面、天花板等建筑设施是否有损坏、开裂、倾斜、变形等情形，如有，及时维修；如果该建筑设施符合危房鉴定标准，则立即停止使用。

② 检查所有柱、墙、门及家具，确保所有柱、墙、门及家具采用圆角或斜角，以减少幼儿受伤几率。

③ 检查门、窗是否腐朽，玻璃是否牢固、完好，如门、窗存在腐朽，玻璃有晃动、残缺，应及时找专业人员处理，并将该区域锁好，禁止幼儿进入。

④ 检查供水、排水系统是否通畅，如有不畅，找专业人员处理。

⑤ 检查通风及空调设施，确保室内通风良好；若无空调应有换气装置，以保持室内空气对流。

⑥ 检查防火设施是否符合规范，灭火设备可否正常使用，如不符合规范、不能正常使用，应及时更换。

⑦ 检查电源线路、开关、插座是否有损坏，安装是否不科学。对陈旧老化、超负荷的电源线路，必须有计划地逐步更换；一时难以更换的，必须在确保安全的条件下，采取特别的防护措施，否则，必须暂停使用。开关、插座应尽量选择具有儿童保护功能的，并将其尽量安装到幼儿摸不到的地方。

⑧ 检查楼道是否有逃生方向的指示标志，所有道路是否通畅不被阻挡，楼梯扶手等是否固定不易松动或倾倒，游戏空间与四周围墙、花台、路肩保持安全距离，如不符合上述标准，应及时张贴相关指示标志、清理道路、修理松动扶手、重新划定游戏空间等。

知识 22
发现并排除体育器材安全隐患

学前教育机构的体育器材（如滑梯、秋千、摇马、攀爬墙、各种球等）大都造型新颖、色彩鲜艳、玩法有趣，幼儿在活动时很容易兴奋忘形而发生意外伤害事故。因此，保育员应定期对体育器材进行安全自查，对发现的问

题和安全隐患及时采取措施给予解决，做到检查与整改相结合，尽最大努力把不安全事故消灭在萌芽状态。

具体来说，保育员应采取图 4—4 所示的措施以便及时发现并排除体育器材安全隐患。

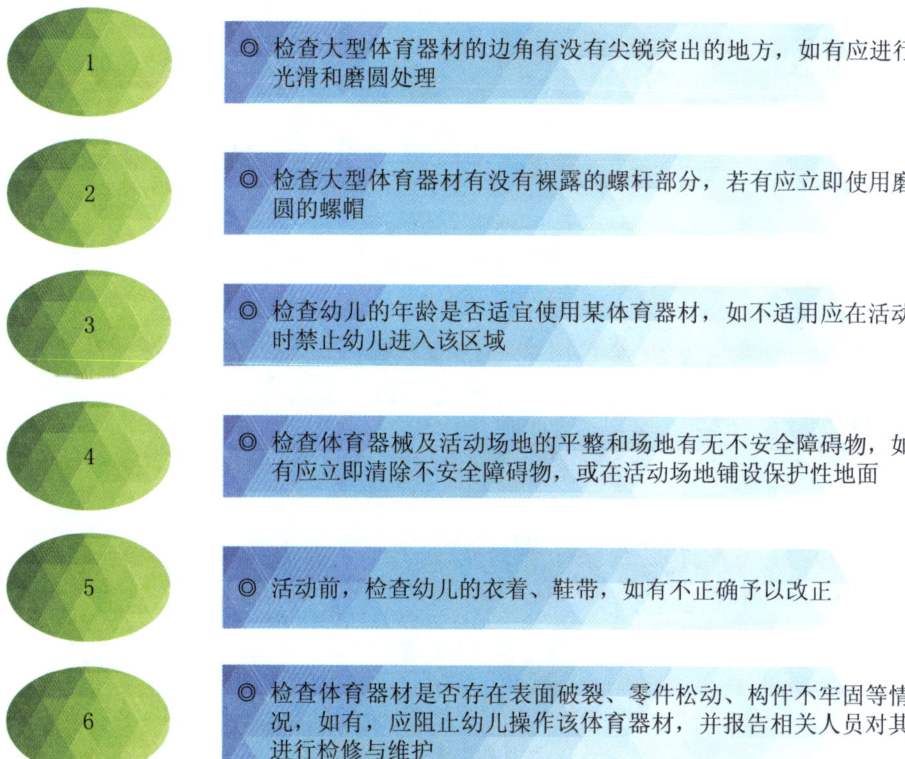

图 4—4　发现并排除体育器材安全隐患的措施

知识 23
生活中的安全隐患与安全监护

幼儿在学前教育机构的生活学习中，会存在一些“看得见”的危险，还有更多“看不见”的不安全因素。因此保育员应更加细致地照料幼儿生活，防范各种生活中的安全隐患。

1. 饮水安全隐患

幼儿在学前教育机构能否喝到安全、放心、足够的水，是衡量保育员工作效果的重要标准之一。幼儿喝的水大多是开水或温水，而幼儿又活泼好动，稍不留意，可能会发生烫伤事件。为防范幼儿饮水安全隐患，保育员应做好以下教育工作，具体如图 4—5 所示。

1 ◎ 培养幼儿饮水的好习惯，为幼儿讲解喝水对身体的好处

2 ◎ 教育幼儿开水太烫不能喝，要喝温开水

3 ◎ 教育幼儿喝水时要统一排队、打水、喝水，做到不拥挤、不打闹

4 ◎ 教育幼儿喝水时要一口一口地慢慢喝，不要着急，不要说笑，不要打闹

5 ◎ 发现幼儿打水或喝水过程中，有扰乱秩序者，应及时制止并进行教育，避免意外伤害事故的发生

6 ◎ 对较小的自理能力差的幼儿，应帮助其打水，防止打水过程中出现烫伤

图 4—5 防范饮水安全隐患的措施

2. 进餐安全隐患

进餐存在的主要安全隐患 进餐看似是一件非常简单的事情，但是对于幼儿来说，一旦疏于管理，也会发生意想不到的事情。因此保育员必须有一双善于观察与发现的眼睛，时时刻刻把幼儿进餐时的安全放在第一位，一旦发现不安全因素，及时给予杜绝。幼儿进餐中主要存在的安全隐患如图 4—6 所示。

图 4—6　幼儿进餐主要安全隐患

进餐安全监护

① 保育员应做好饮食卫生工作，同时不要把太烫的食物放到幼儿的餐桌上。如果是吃鱼，要特别注意，防止鱼刺卡到幼儿。

② 保育员应教育幼儿采取正确的进餐坐姿，不要将两脚伸得太开，防止绊倒别人。有的幼儿边吃饭，边拿着筷子与其他幼儿打闹，这样万一戳到其他幼儿的眼睛，后果将非常严重，保育员应及时制止。

③ 保育员应培养幼儿按时、专心吃饭，养成细嚼慢咽的良好习惯，但是同时保育员也应掌握合理限度，循序渐进，否则很可能适得其反，伤害幼儿的身心健康。如有的幼儿因身体不适或平时吃饭速度就较慢等，在进食过程中不能按时吃完碗里的饭，如果保育员强行要求幼儿快速吃饭，一律不准剩饭等，那么幼儿很可能出现胃肠不适，甚至厌食等问题。

3. 午睡安全隐患

幼儿午睡时，容易发生吞食异物、被子踢掉、从床上摔落、异物堵住鼻孔导致窒息或因病惊厥抽风等，这就要求保育员需做好午睡安全工作。具体来说，幼儿午睡时，保育员可从以下四个方面来防范安全隐患，如图 4—7 所示。

1	◎ 排除环境中存在的危险，如排查蚊香是否点在易燃、幼儿易接触到的地方；床上方有无异物
2	◎ 排除幼儿携带异物上床，因为有的幼儿喜欢携带小纸团、小珠子、果核等玩耍，容易造成意外
3	◎ 保育员不得“开小差”，应加强午睡巡检，及时发现和处理幼儿窒息、跌落等意外事件
4	◎ 幼儿起床后，保育员应有序指导幼儿先穿衣服，再穿裤子，最后穿鞋子，然后再解小便、喝水

图 4—7 午睡安全隐患防范措施

4. 穿衣安全隐患

保育员应自觉做到不带胸针、不留长指甲、不带珠子类等容易扎伤幼儿或导致幼儿误吞的饰品。保育员也应尽量劝告家长，不要给幼儿佩戴一些容易碎裂的装饰，衣服尽量简洁，不要有太多的装饰品。同时保育员应勤检查幼儿衣服上的扣子、装饰品，勤观察幼儿的举动，防止幼儿将一些异物放入口、鼻、耳，导致意外事故发生。

5. 如厕安全隐患

上卫生间、洗手时，幼儿弄湿衣服、掉落便池、滑倒在地、磕破头皮等意外经常发生。为确保幼儿安全，保育员应重点做好以下四大事项，如图 4—8 所示。

措施 1	◎ 勤打扫，保持卫生间地面干燥，没有积水及障碍物
措施 2	◎ 与幼儿一起制定如厕规则，并张贴标识图案
措施 3	◎ 教育幼儿如厕时，要做到有序、不要推挤
措施 4	◎ 加强卫生间的巡视并及时帮助与提醒幼儿正确如厕

图 4—8 幼儿如厕安全措施

6. 活动安全隐患

幼儿活动中存在非常多的安全隐患，一些是由活动场地、活动器材等造成的，但也有很大一部分是由于幼儿自身的安全意识缺乏、身体自控能力差导致的。因此，保育员可主要从以下五方面做好活动安全隐患的防范工作。

① 防止异物入体。保育员应教育幼儿不随便把东西如小石头、花生粒、瓜子、小纸团等放入口腔、鼻、耳中，以免发生意外。

② 防止跌落伤害。保育员应教育幼儿登高的危险性，让其明白不可从高处随便跳下。

③ 防止扎伤危害。保育员要告诫幼儿，不能把铅笔、筷子、冰棍、玻璃瓶或尖锐的东西拿在手里或含在嘴里到处跑，因为这样容易扎伤自己。

④ 防止窒息危害。保育员要告诫幼儿不要把塑料袋当做面具往头上套，以免引起窒息而死亡。同时，保育员应将活动场地的塑料袋收好，避免将塑料袋乱放。

⑤ 防止中毒意外。在野外旅行散步时，保育员应教育幼儿不能随便采摘花果，抓捕昆虫，更不能放入口中，否则可能引起腹泻、中毒等意外事故发生。

⑥ 保育员应教育幼儿活动时，不能快速奔跑、打闹，这样容易摔倒受伤或撞上别人。

7. 用药安全隐患

保育员应加强药品的管理，每班都应该有一张“幼儿服药登记表”，表格内容可包括姓名、服药情况、特殊说明等。“幼儿服药登记表”每天早晨由需服药的家长亲自填写并签名，然后保育员再把药袋放在规定的、幼儿碰不到的地方，并按时按量辅助幼儿服药。

8. 接送安全隐患

保育员应严禁幼儿私自离开学前教育机构，保育员应熟悉每个幼儿经常

接送的家长，每天下班后，将幼儿逐个送到家长手中。对于不是经常接送的家长，必须进行严格验证，不得在人员身份不清楚的情况下将幼儿送出学前教育机构。

知识 24 及时处理幼儿的轻微外伤

学前教育机构，幼儿较多，难免会出现一些磕磕碰碰的小伤，因此，保育员应掌握幼儿轻伤的处理技巧，以减少感染发生的机会，控制伤情恶化，安抚幼儿情绪等。幼儿伤情较重时，保育员应及时告知家长，并就医。常见的幼儿轻伤主要有皮肤擦伤、划伤、切伤、鼻出血、蚊虫叮咬等。

1. 皮肤擦伤处理

擦伤是指幼儿因摔倒等擦破的伤口，仅仅是表皮受伤，所以伤势比较轻微，保育员及时、合理处理即可。对于很浅、面积较小的伤口，保育员在清理干净伤口的情况下，用碘油、酒精涂抹伤口周围的皮肤，然后用干净消毒纱布包扎好即可。

2. 划伤、切伤的处理

幼儿在使用剪刀、小刀等文具，或触摸尖锐物体时，都有可能会划破手。幼儿出现轻微划伤、切伤时，保育员应按照如图 4—9 所示的步骤进行处理。

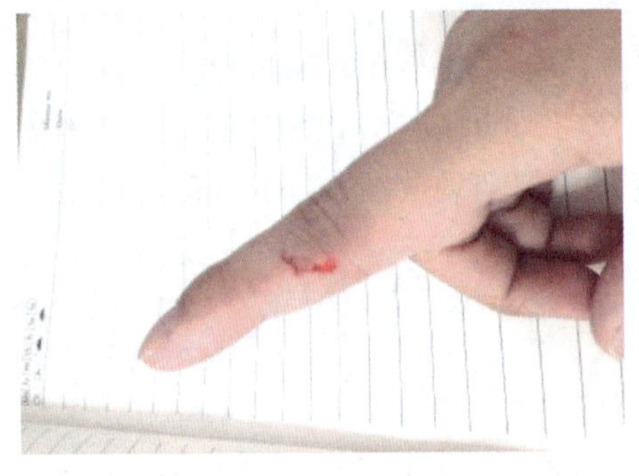

1. 出现轻微划伤或切伤。

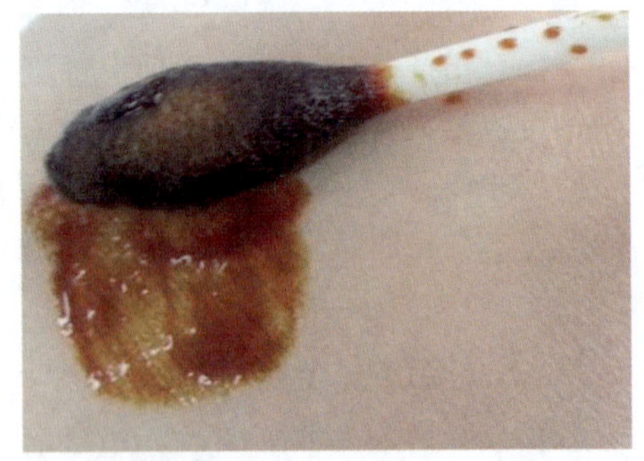

2. 冲洗干净伤口后，用碘伏棉棒擦伤口。

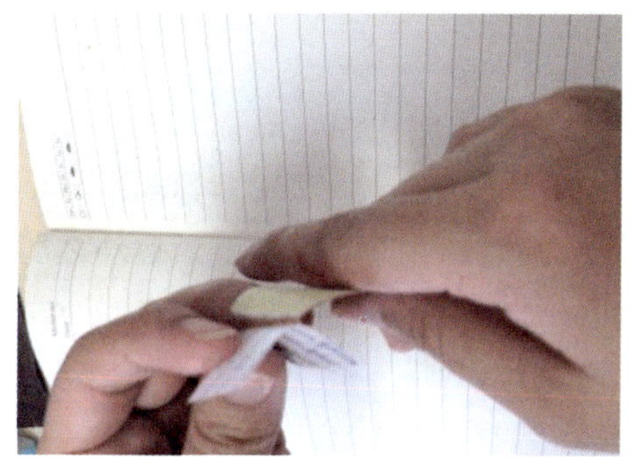

3. 晾干伤口后，撕开创可贴一段，将中间布对准伤口贴好。

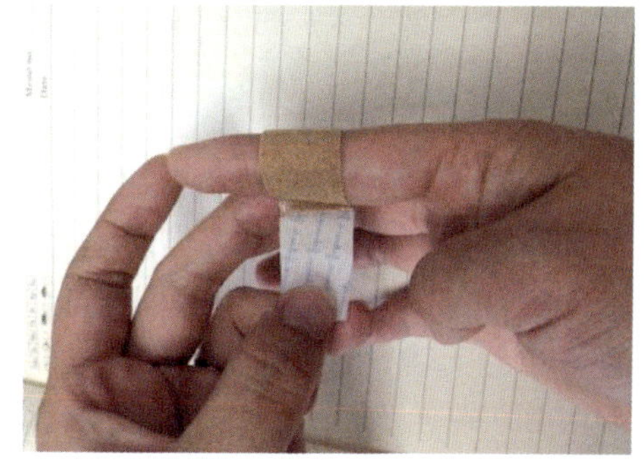

4. 撕开另一端，边撕开边贴好。

图 4—9　幼儿轻微划伤、切伤的处理步骤

3. 挤伤的处理

幼儿的安全意识薄弱，手指细小且娇嫩，容易被门、抽屉等挤伤，伤势不严重时，保育员可做以下处理。

① 如果没有破损，可用冷水冲洗，再进行冷敷，以减轻幼儿的疼痛感。

② 如果有轻微出血，应先清洗消毒再进行适当的包扎。

4. 被蚊虫咬伤

被蚊虫叮咬后，可用冰块或凉水冷敷，也可涂点牙膏、食醋、柠檬汁、大蒜、洋葱等止痒，此时保育员应叮嘱幼儿不要抓挠伤口，防止感染或留疤。

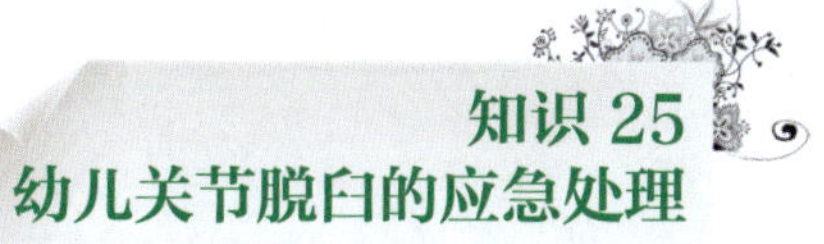

知识 25
幼儿关节脱臼的应急处理

关节脱臼是指构成关节的上下两个骨端失去了正常的位置，发生了错位。幼儿在游戏或生活过程中有牵拉动作，且突然喊疼痛，拒绝别人移动他的肘部，不肯用患侧手拿取物品或上举活动时，保育员应考虑幼儿是否是关

节脱臼了。

确诊幼儿关节脱臼后，保育员应采取以下四方面措施：

复位 复位以手法复位为主，下面以肘关节脱臼为例，来讲述手法复位的具体操作要领。保育员将幼儿患侧肘部弯曲成90度，用一手紧握幼儿肘部，防止肩关节转动，并以四指托在肘下，拇指放在肘窝部向后压；另一手紧握患侧手腕，连续前后左右转动前臂，并轻轻向后推，同时注意仔细听，当听到"咯哒"一声，即可停止。随后让幼儿将脱臼的手举高，幼儿不感到疼痛，表示脱臼已经复位。

保育员如果对复位手法掌握不够熟练，那就不要随意复位，以免加重病情，此时应尽快带幼儿去医院处理。

固定 复位后，保育员将幼儿患肢用三角毛巾或绷带固定在胸前舒服的位置上，固定时间为2～3周或遵医嘱。

送医 脱臼有可能存在骨折现象，遇到这种情况，保育员应及早送幼儿到医院治疗，并通知幼儿家长。

功能锻炼 固定期间，保育员应循序渐进地指导幼儿进行关节周围肌肉的舒缩活动和患肢其他关节的主动运动，以促进幼儿血液循环、消除肿胀。避免肌肉萎缩和关节僵硬。

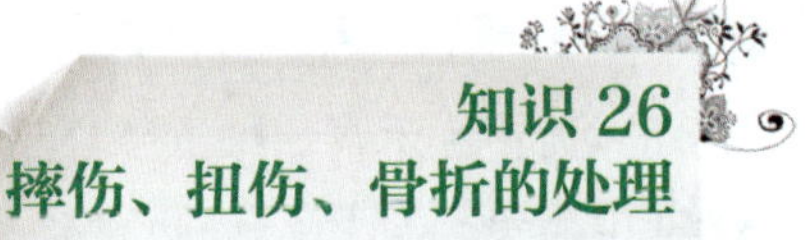

知识26 摔伤、扭伤、骨折的处理

幼儿身体的平衡性差，骨骼正处于生长发育阶段，一旦跌摔之后，很容易产生摔伤、扭伤甚至骨折。因此保育员应掌握一些摔伤、扭伤、骨折的急救措施，以第一时间保护好幼儿身体，控制好伤情，伤情严重的随后应积极就医。

1. 摔伤处理

如果幼儿不小心摔伤，因根据摔伤部位及伤情进行处理。以下图4—10是三种常见摔伤的处理措施，供保育员参考。

常见摔伤	处理措施
嘴唇摔伤	◎ 如果伤得不严重，要检查牙齿是否松动、移位或断裂，其次要检查嘴唇周围的皮肤，并采用轻压或将冰块放在伤处的方法，以减少肿胀 ◎ 有出血应压住幼儿的伤口使流血停止 ◎ 严重嘴唇摔伤要及时带幼儿去医院进行缝合
四肢摔伤	◎ 洗净自己的双手，将幼儿伤口周围用清水洗干净，再用酒精或双氧水消毒，消毒后用药棉、纱布把伤口周围擦干，再用干净的纱布包扎或用创可贴包裹伤口，注意不要包扎得太紧，以让伤口透气 ◎ 伤口处有玻璃渣、金属屑等异物时，不要去触碰、压迫和拔出，可将两侧创缘挤拢，用消毒纱布、绷带包扎后，立即去医院处理
头部摔伤	◎ 幼儿摔伤后，不要马上去摇或大力抱幼儿，一定要冷静，先排除“颅脑外伤”的可能。如幼儿出现一段时间意识丧失、呕吐等，应马上到医院急诊科处理 ◎ 在排除“颅脑外伤”的情况下，确定为“皮外伤”，可按照如下步骤进行处理： （1）用“冰块”包毛巾（没有冰块的，可以用冻成块的肉块代替），对红肿的地方进行“冰敷”。每敷 10 s，停 5 s，再敷；如此反复 15 min 以上 （2）24 h 后，就可以采用热毛巾“热敷”，以加快淤血吸收，“热敷”可多进行几天

图 4—10　三种常见摔伤的处理措施

2. 扭伤处理

幼儿奔跑过程中很容易发生扭伤，常见的扭伤部位包括脚踝、小腿、膝盖、腰部、手臂等。如果扭伤后处理不及时或处理失当，将大大增加扭伤部位的恢复时间。幼儿扭伤处理的要点如图 4—11 所示。

1 ◎ 立即让幼儿停止活动，避免扭伤部位再受伤

2 ◎ 用冷毛巾或冰块敷患处，以利消肿、止痛、缓解肌肉痉挛

3 ◎ 手足扭伤，应将患肢抬高，以利患处消肿

4 ◎ 若幼儿活动患肢疼痛加重或皮下出现瘀斑，可能发生骨折，应立即搬运就医

5 ◎ 搬运就医时最好用夹板或木棍固定受伤部位，而后再搬运就医

图 4—11　幼儿扭伤处理要点

3. 骨折处理

幼儿跌摔后，如果疼痛感剧烈，肢体出现变形等，那可能出现骨折了。面对出现骨折的幼儿，保育员一定要冷静，按照固定受伤部位，避免骨折加剧的原则进行初步处理，然后再采取合适的搬运方式，将幼儿搬运到医院或救护车上进行救治。

幼儿骨折初步处理　根据幼儿骨折部位的不同，其处理方式也不同，具体见表 4—3。

表 4—3　幼儿骨折初步处理方式

骨折部位	处理方式
颈椎骨折	将伤者头颈和躯干保持直线，并用棉布、衣物等垫于伤者颈部、头两侧，然后将木板放于头至臀下，用绷带与布条将伤者头部、肩部、胸部、臀部都固定在木板上
锁骨骨折	以“8”字绷带固定
股骨骨折	◎ 健肢固定法：用绷带或三角巾将双下肢绑在一起，在膝关节、踝关节及两腿之间的空隙处加棉垫 ◎ 躯干固定法：用长夹板从脚跟至腋下，短夹板从脚跟至大腿根部，分别置于患腿的外、内侧，用绷带或三角巾捆绑固定

续表

骨折部位	处理方式
肱骨骨折	用 2～3 块夹板固定患肢，并用三角巾、布带将其悬吊于颈部
前臂骨折	一块木板放前臂上，一块放前臂后（长度超过肘关节），后用三角巾、布带将其托起
小腿骨折	两块木板放在小腿的内侧和外侧，关节处垫软物，用三角巾或布带“8”字形扎牢

骨折幼儿搬运

① 幼儿大腿、小腿和脊椎骨折时，一般应就地固定，不要随便移动伤者。

② 搬运伤者时至少有 4 个人，两人托臀和双下肢，另两人分别托头、腰部位，置伤者于担架或门板上。具体如图 4—12 所示。

③ 不要一个人抬头部、一个人抬脚，这种两人搬运伤者的方式，很容易造成颈椎骨折的伤势加重，甚至会危及生命。

图 4—12　搬运伤者动作指导图

知识 27　异物入体事故的应急处理

幼儿异物入体最常见的是异物进入口、鼻、耳、眼，具体应急处理措施如下所示：

1. 异物入眼的处理

幼儿眼内异物最为多见的是小沙粒、小飞虫等。异物入眼后，幼儿常感到眼睛不适，眼睛疼痛，睁不开眼，流泪不止，有的幼儿会不自觉地用脏手揉搓，这样很容易导致眼角膜的损伤。为防止不合理处理对幼儿眼睛的伤害，保育员应按照以下要点处理异物入眼：

① 让幼儿轻轻闭上眼睛，切不可用脏手揉搓眼睛，以免损伤眼角膜。

② 保育员清洁双手后，才能为幼儿处理入眼异物。

③ 异物粘在眼结膜表面时，可用干净柔软的手绢或棉签轻轻拭去；或让幼儿眨眼、流泪，利用泪水将异物带出。

④ 若异物嵌入眼睑结膜囊内，则需要翻开眼皮方能拭去，其动作要领如图 4—13 所示。

⑤ 若采用各种方法仍不能取出异物，幼儿仍感到非常不舒适，则应立刻通知幼儿家长并带幼儿去医院检查。

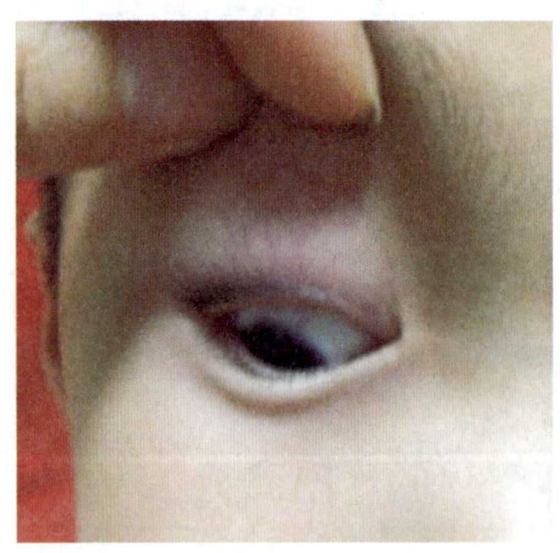

翻上眼皮
让幼儿眼睛向下看，用拇指和食指捏住眼皮，轻轻向上翻，找到异物后，用干净的棉签、纱布或手帕轻轻擦去

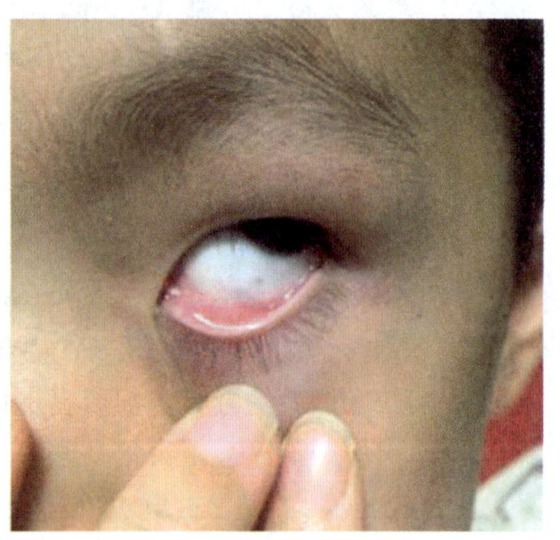

翻下眼皮
让幼儿眼睛向上看，用拇指和食指捏住眼皮，轻轻向下拉，找到异物后，用干净的棉签、纱布或手帕轻轻擦去

图 4—13　翻开眼皮的动作要领图

 2. 异物入外耳道的处理

外耳道异物多由幼儿自行放入，或由他人放入，可引起耳鸣或局部感染等。外耳道异物一般分为两种，一种是非生物异物，如小石块、纽扣、豆类等；另一种是生物异物，如小昆虫等。保育员应根据进入幼儿外耳道异物的种类，采取合适的方法取出该异物，如采取的方法无效，应立即去医院处理。

外耳道异物的处理方法如图 4—14 所示。

小虫等异物	非生物性异物
◎ 可用强光接近幼儿的外耳道，或吹入香烟的烟雾将小虫诱引出来 ◎ 如上述方法不奏效，可使幼儿患耳朝上侧卧，耳内滴入数滴食用油，将虫子黏住或杀死，再用温水将其冲出	◎ 采取倾斜头、单脚跳跃的动作，将小豆子、小石头等小物品跳出来

◎ 切不可用小棍捅、用镊子夹，否则易损伤幼儿的外耳道及鼓膜，或者使异物更不容易取出；豆类等植物性异物忌用水灌冲，因为其遇水后膨胀，更不易取出，甚至引发感染

图 4—14　外耳道异物的处理方法

3. 鼻腔异物的处理

幼儿常把豆子、小珠子、纽扣、花生米、橡皮等较小的异物塞入鼻中，这可能会引起鼻塞、流涕、打喷嚏，若异物长期存留在鼻腔，鼻腔黏膜溃烂感染，会发生鼻炎，甚至引起气管异物。因此保育员应仔细观察，及时取出异物。

具体方法为：如幼儿将异物塞入一侧鼻孔，则让幼儿深吸一口气，用手堵住无异物的一侧鼻子，用力擤鼻子，异物即可排出；也可刺激幼儿的鼻黏膜，使其打喷嚏，使异物喷出。如上述方法均不奏效，应立即送至医院处理，切不可擅自用镊子夹取异物，否则会将异物捅向鼻子深处，甚至落入气管，危及生命。

4. 咽部异物的处理

咽部异物以鱼刺、骨头渣、瓜子壳、枣核等较为多见。咽部异物最好是让幼儿张大嘴，用手电筒照射，然后用镊子取出，切不可采用大口吞饭以求将异物咽下的方法，否则会使异物越扎越深，若扎破大血管，十分危险。保育员若不能轻易地将咽部异物取出，应立即带幼儿上医院处理。

5. 气管异物的处理

幼儿在吃花生、瓜子等零食或口含其他小物品时，如仍在跳、跑或嬉笑打闹，容易将异物吸入气管。异物进入气管后，幼儿常有剧烈的刺激性呛咳、呕吐、面色青紫、呼吸困难等症状出现，一旦发生此情况，保育员应进行及时急救。

异物进入咽部的处理方法为将幼儿倒提起来拍背；或让其趴卧在自己腿上，头部向下倾斜，轻拍其后背；或站在患儿身后，搂住他的腰，用右手大拇指的背顶住上腹部，左手重叠于右手之上，间断地向上、后方用力推压，使膈肌挤压肺，产生气流，将气管异物冲出。若仍不能取出，保育员应立即将其送往医院处理。

知识 28 食物中毒事故的应急处理

食物中毒的主要症状是上吐、下泻、腹痛、发烧，严重者可因脱水、休克、循环衰竭而危及生命。因此一旦发生幼儿食物中毒，保育员一定要冷静地分析发病的原因，针对引起中毒的食物以及服用的时间长短，及时采取如下应急措施。

催吐　如幼儿食用中毒食物时间在 1～2 h 内，可使用催吐的方法，具体如图 4—15 所示。

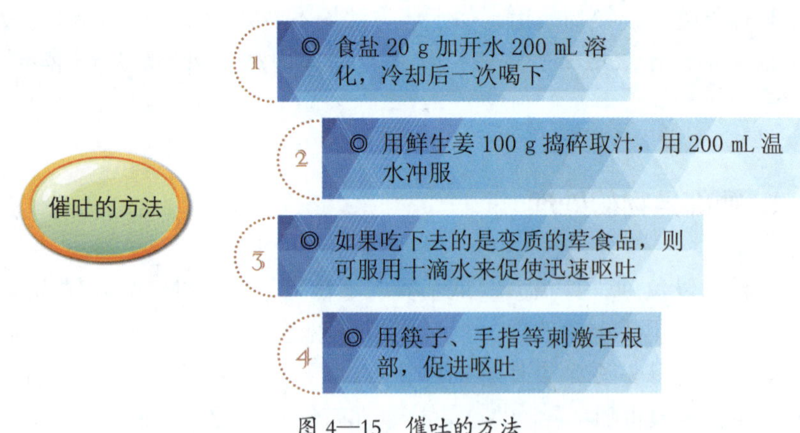

图 4—15　催吐的方法

导泻　如果幼儿食用中毒食物时间较长，超过 2～3 h，而且精神较好，则可服用一些泻药，促使中毒食物尽快排出体外。因幼儿体质弱，泻药服用的量应根据医嘱，按照一般幼儿服用剂量比例酌减。也可采取多喝温开水，促进新陈代谢，使有毒的物质快速排出体外。

解毒　如果是吃了变质的鱼、虾、蟹等引起的食物中毒，可取食醋 100 mL 加水 200 mL，稀释后一次服下；或采用紫苏 30 g、生甘草 10 g 一次煎服。若是误食了变质的饮料或防腐剂，最好的急救方法是用鲜牛奶或其他含蛋白的饮料灌服。

送医　如果幼儿中毒情况严重，除采取上述急救措施外，保育员应马上向急救中心 120 呼救，送幼儿到医院进行洗胃、导泻、灌肠。此时，保育员应特别要注意保存导致中毒的食物，提供给医院检疫，如果身边没有食物样本，也可保留患儿的呕吐物和排泄物，以便医院确认中毒物质，快速对症下药，降低中毒对幼儿的伤害。

知识 29　幼儿惊厥事故的应急处理

发烧、脱水、低血糖、脑补病变、缺钙、中毒等都可能造成幼儿惊厥。幼儿惊厥的典型症状是突然发作，意识丧失，头向后仰，眼球凝视，呼吸细弱且不规则，口唇青紫，口吐白沫，四肢和单侧或双侧面部抽动，持续的时间可由 1～2 min 到十几分钟甚至几十分钟不等。

幼儿惊厥后，保育员千万不可惊惶失措，不可大声呼叫或用力摇晃、拍打幼儿。对此，保育员应采取以下措施。

① 让患儿侧卧，便于及时排出分泌物，防止异物入气管。同时，松开衣领、裤带，保持血液循环的畅通。

② 患儿如果在床上等高处发生惊厥，不要紧搂患儿，可轻按患儿抽动的上下肢，避免患儿从床上等高处摔下。

③ 将毛巾或手绢拧成麻花状放于患儿上下牙之间，以免患儿咬伤舌头。但如果患儿牙关紧闭，无法塞入毛巾，不可硬撬。

④ 随时擦去痰涕。

⑤ 用针刺或用大拇指掐患儿人中穴（即唇沟的上三分之一处），如图4—16所示。

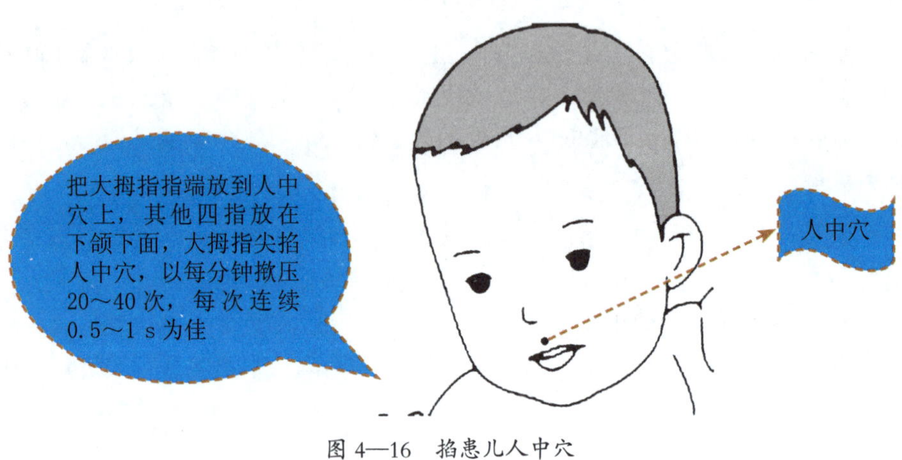

图4—16 掐患儿人中穴

⑥ 在急救的同时，做好送医院的准备，患儿惊厥稳定后，必须去医院检查治疗。患儿发烧时，切忌包裹得过严过厚。

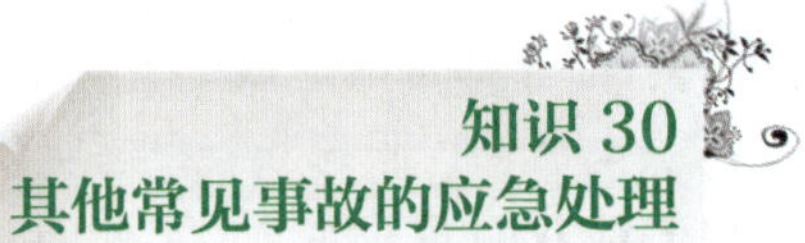

知识30 其他常见事故的应急处理

1. 烧烫伤应急处理

在日常生活中，幼儿容易被热饭、热水烫伤，或玩火烧伤，因此，保育员应掌握烧烫伤的应急处理措施，减少烧烫伤对幼儿的伤害。烧烫伤的正确处理措施如下所示：

轻微烧烫伤处理 如果幼儿仅仅是皮肤发红、肿胀，或局部有小水泡为轻微烧烫伤，可按以下程序进行处理，如图4—17所示。

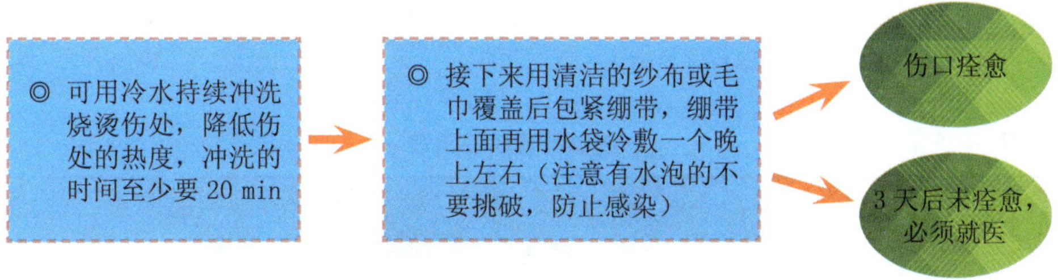

图 4—17　幼儿轻微烧烫伤处理步骤

严重烧烫伤处理

① 迅速用冷水持续冲洗烧烫伤处 20 min，冲洗时及时联系医院。

② 马上脱去幼儿衣服，此时要注意不能胡乱撕扯衣服，以防止衣服对烧烫伤部位的损害。正确做法是：将局部充分泡湿后，再小心翼翼地除去衣物，必要时用剪子剪开衣服，保留黏住伤口的部分。

③ 及时送临近医院作进一步处理，如果烧烫伤面积较大，应及时送往设有烧烫伤科的医院治疗。

2. 溺水应急处理

如果发生了幼儿溺水，保育员必须抓住时机，现场急救，并抓紧联系急救中心或最近的医院，以免错过最佳抢救时机。

迅速救上岸　若幼儿溺水，保育员宜从背部将其头部托起，使其面部露出水面，后将其拖上岸。

清除口鼻里的堵塞物　幼儿被救上岸后，应使幼儿头朝下，并撬开其牙齿，用手指清除口腔和鼻腔内杂物，再用手掌迅速连续击打其肩后背部，让其呼吸道畅通。

倒水　将落水的幼儿俯卧置于肩部，使其头朝下，足朝上，保育员作跑动姿态，倾出其呼吸道内积水。注意倒水时间不宜过长，以免延误心肺复苏时间。

心肺复苏　对呼吸及心跳微弱或心跳刚刚停止的溺水者，应正确实行人工呼吸和胸外心脏按压来进行抢救。抢救工作最好能有两个人来进行，一人进行人工呼吸，另一人进行胸外心脏按压。如果只有一个人的话，两项工作就要轮流进行，即每人工呼吸一次就要胸外心脏按压 3～5 次。心肺复苏方法的实施要点见表 4—4。

表 4—4　　心肺复苏方法说明表

方法	方法说明	图示
人工呼吸法	◆ 将溺水幼儿仰面平放，背部垫起 100～150 mm，一手托其下颚，一只手捏紧其鼻子 ◆ 先深吸一口气，然后紧贴溺水幼儿的嘴大口吹气，后立即离开溺水幼儿的嘴，松开其鼻子，使其自己呼吸 ◆ 按以上步骤依次反复操作，有节律地每分钟做 14～16 次，吹气排气间隔为 1∶2，直到恢复呼吸为止 ◆ 若溺水幼儿牙关紧闭，可采取口对鼻的方法进行	
胸外心脏挤压法	◆ 让溺水幼儿仰卧在硬板上或平地上，头低于心脏水平 ◆ 一手掌根部按压在溺水幼儿胸骨正中的中下 1/3 处，另一手掌交叉重叠在该手的手背上，保持两手掌根部平行，手指伸直或手指交叉，但不要接触胸壁 ◆ 两个肢肘挺直，垂直地向脊椎部位按压，随即突然放松，但手掌跟部不要抬离开皮肤 ◆ 有节奏地按压，每分钟连续操作 60 次	

3. 触电应急处理

有幼儿发生触电后，保育员应迅速使幼儿脱离电源，脱离电源后如幼儿出现心跳、呼吸停止，应立即进行人工呼吸和胸外心脏按压，并及时送往最近的医院抢救。脱离电源的方法应视触电类型不同而有所差别，具体如图 4—18 所示。

高压触电脱离方法

◎ 触电幼儿触及高压带电设备，保育员应迅速切断相关的开关、刀闸或其他短路设备，或用适合该电压等级的绝缘工具（绝缘手套、绝缘鞋、绝缘棒）等，将触电者与带电设备脱离

◎ 触电幼儿未脱离高压电源前，保育员不得直接用手接触触电者

低压触电脱离方法

◎ 拉：如拉开电源开关、刀闸，拔除电源插头等

◎ 剪：用带有绝缘手柄的绝缘工具剪断电源线

◎ 砍：用干燥手柄的斧头、铁镐、锄头砍断电线

◎ 挑：用干燥的木棒、竹竿等挑开触电者身上的导线

◎ 垫：用绝缘材料垫在触电者身下，使之脱离电源

◎ 拽：戴绝缘手套或将手用干燥衣物等包扎，拉开触电幼儿

图 4—18　脱离电源的方法

4. 中暑应急处理

幼儿在炎热的环境下活动过度，或者在一般天气情况下保暖过度，都可能发生中暑。幼儿中暑的症状一般为头疼、头晕、耳鸣、眼花、烦躁不安、口渴甚至昏迷，必须及时处理。幼儿中暑的应急处理主要有六大要点，具体见表 4—5。

表 4—5　幼儿中暑应急处理要点

要点	要点说明
搬移	迅速将幼儿撤离高温环境，抬到走廊、树荫下、空调房等通风、阴凉地方，解开衣扣、平卧休息
降温	用 50% 酒精、白酒、冰水或冷水擦拭幼儿的全身，或用冷帕子敷幼儿的额头，或用扇子、电风扇吹风等进行物理降温，注意降温方式要温和，避免骤降，当体温降到 38℃以下时，停止降温
补水	在意识清醒的情况下，应让其多次饮淡盐水，情况好转后，可让其喝绿豆粥、冬瓜汤、鲜果汁等
促醒	若幼儿已失去知觉，也可以掐幼儿的人中穴、内关穴以及合谷穴
喝药	让幼儿口服十滴水、藿香正气水等药物，还可以在幼儿的额部、颞部涂抹清凉油、风油精等药物
送医	对于重症中暑幼儿，需立即送医院诊治，运送途中要注意做好物理降温工作

5. 被蛇咬伤处理

保育员带幼儿外出郊游时，如不慎幼儿被毒蛇咬伤，应立即采取以下急救措施。

① 被蛇咬伤后，蛇毒可迅速进入体内，所以应尽早阻断静脉血向心脏回流。简单的办法是用鞋带、裤带、绷带或布条等绑扎伤口的近心端约 3～5 cm 处，每 15 min 放松 1 min。

② 立即用凉开水、泉水、肥皂水或 1∶5 000 的高锰酸钾溶液冲洗伤口及周围皮肤，以洗掉伤口外表毒液。伤口若有毒牙遗留，应迅速取出。

③ 将小刀或碎璃片等其他尖锐物用火消毒一下，以牙痕为中心作十字切开，深至皮下，然后用手从肢体的近心端向伤口方向及伤口周围反复挤压，促使毒液从切开的伤口排出体外，边挤压边用清水冲洗伤口。

④ 如果随身带有茶杯可对伤口作拔火罐处理，先在茶杯内点燃一小团纸，然后迅速将杯口扣在伤口上，利用杯内产生的负压吸出毒液。用嘴允吸伤口排毒的，允吸者的口腔、嘴唇必须无破损、无龋齿，否则有中毒的危险，吸出的毒液随即吐掉，吸后要用清水漱口。

⑤ 尽快用担架、车辆送往医院作进一步的治疗。

6. 擦伤、割伤出血处理

以下是对擦伤、割伤出血的两种最常用的止血方法，保育员应掌握。

加压包扎止血法 伤口覆盖无菌敷料后，再用纱布、棉花、毛巾、衣服等折叠成相应大小的垫，置于无菌敷料上面，然后再用绷带、三角巾等紧紧包扎，适用于小动脉以及静脉或毛细血管出血。

指压止血法 用手指压迫出血的血管上端，即近心端，使血管闭合阻断血流达到止血目的。适用于头面颈部及四肢的动脉出血急救，具体如图 4—19 所示。

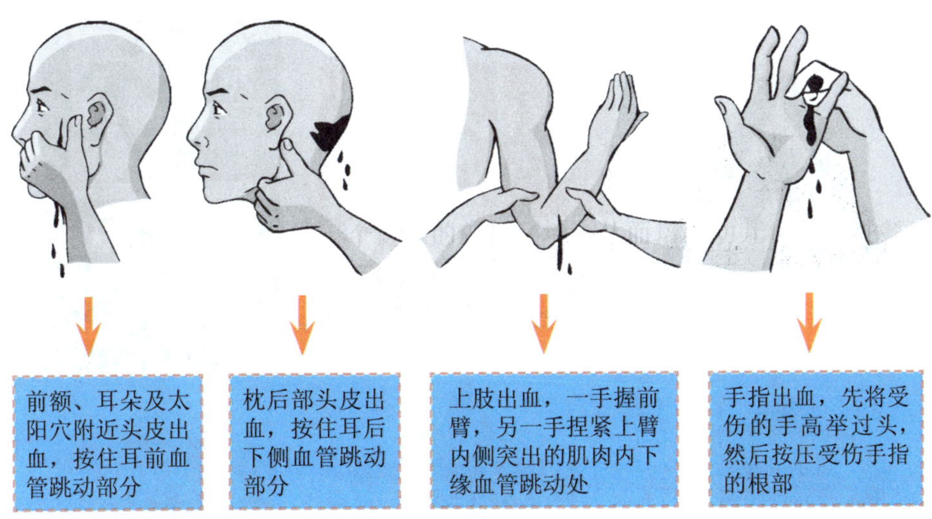

图 4—19　指压止血法示意图

知识 31 组织幼儿开展安全常识教育

为促使幼儿了解和掌握一些基本的安全常识，保育员应认真向幼儿讲解和宣传安全常识，开展安全常识教育，具体如下：

1. 防火安全常识教育

① 教育幼儿不玩火，不靠近火源；教育幼儿遇到点燃的烟头和小火苗要踩灭它，教育幼儿着火了要赶紧离开并向大人呼救。

② 引导幼儿了解消防栓、灭火器的用途，让其知道学前教育机构的安全通道出口。

③ 教育幼儿掌握基本的消防标志，并养成到公共场所注意观察消防标志和疏散方向的习惯。以下是典型的消防标志，如图 4—20 所示。

④ 教育幼儿知道火警电话 119，懂得如何报警。

图 4—20 消防标志示意图

2. 防电安全常识教育

① 教育幼儿不靠近电源、电线，不玩弄电器开关、插销、插座等；教育幼儿不靠近高压电线；教育幼儿雷电天气不使用电器、手机，不看电视，室外遇雷雨天不在大树下避雨，也不要在空旷的高地上行走。

② 教育幼儿掌握基本的防电标志。常见的防电标志如图 4—21 所示。

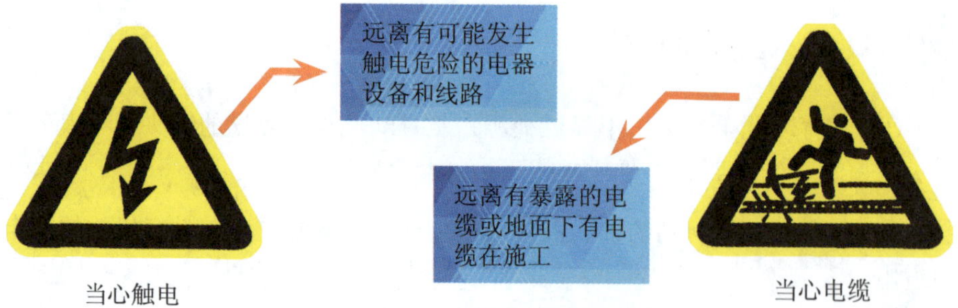

图 4—21 防电标志示意图

3. 防水安全常识教育

① 教育幼儿不要在距离湖边、河边、井边较近的地方玩耍。

② 教育幼儿游泳时一定要有大人陪同，不能在水流湍急处游泳，不要在饥饿、疲劳的情况下游泳。游泳前要做好充分的热身活动，以免出现脚抽筋的危险。

③ 教育幼儿认识禁止游泳的标志。凡出现以下标志的地方，幼儿都不能游泳，如图 4—22 所示。

④ 遇到有人溺水，要懂得大声呼救。

禁止游泳

图 4—22　禁止游泳的标志

4. 防中毒安全常识教育

① 教育幼儿不食脏物，不食捡来的东西，不捡食花草种子及落地果。

② 教育幼儿不要偷吃果园的水果，可能有喷洒的农药，以免中毒。

③ 教育幼儿遇到不适的气味，会捂鼻子离开，懂得开窗、开门释放毒气、烟雾。

④ 教育幼儿不吃发芽的土豆或青西红柿；不随便采摘食用野蘑菇，以免误食毒蘑菇。

当心中毒

图 4—23　有毒标志

⑤ 教育幼儿要养成饭前洗手、便后洗手的习惯，生吃瓜果要洗净，不喝生水，不吃腐烂变质的东西。

⑥ 教育幼儿认识有毒的标志，如图 4—23 所示。

5. 防交通事故安全常识教育

① 教育幼儿认识交通标志，常见的交通标志如图 4—24 所示。

② 教育幼儿不独自过马路，乘车时要按秩序上下车，并扶好车上的把手，不把头、手伸出窗外。

③ 教育幼儿熟悉简单交通规则并遵守。幼儿应掌握的基本交通规则如图 4—25 所示。

人行横道

注意儿童

禁止行人通行

人行横道（斜交）

图 4—24　常见交通标志

基本交通规则

★ 红灯停，绿灯行，黄灯亮了等一等。

★ 横过车行道时，须走人行横道，不能随意乱穿马路。

★ 过马路须前后左右看，注意过往车辆，不准停留、追逐、猛跑。

★ 没有人行道的，则要在靠右行人的路边行走。

图 4—25　基本交通规则

6. 求救常识教育

幼儿遇到紧急情况自己不能处理时，可以采取以下方式求救：

① 教育幼儿记住自己家庭的住址、电话号码、父母的姓名和单位，一旦走失时知道向成人求助，并能提供必要信息。

② 教育幼儿出现意外情况时，最好向学前教育机构工作人员、家属亲友、保安、商场超市工作人员、派出所、街道办事处等寻求帮助。

③ 教育幼儿知道报警电话，并能根据情况正确拨出报警电话，其中火警

电话为 119，急救中心电话为 120，匪警电话为 110。

知识 32 组织幼儿开展安全自护教育

幼儿的安全是幼儿家长、学前教育机构乃至全社会都普遍关心的问题。保育员应通过各种安全教育手段，从小班开始不断增强幼儿的自我防护意识及能力。

1. 安全自护的教育内容

① 生活环境中的安全自护教育的具体内容见表 4—6。

表 4—6　生活环境中的安全自护教育内容

内容分类	主要教育内容说明
饮食	◎ 教育幼儿应当不吃长斑、变黑、长毛、味道变臭或变酸等腐败变质的食物 ◎ 教育幼儿不喝生水，不将不干净、不是食物、来历不明的物品放到嘴里 ◎ 教育幼儿进餐或饮水时先用手摸摸碗或杯子，用嘴小心测试食物温度，以免烫嘴
睡眠	◎ 教育幼儿睡前要洗脸、洗脚、漱口，养成正确的睡姿 ◎ 教育幼儿不能含着东西睡觉，不把杂物带到床上玩
行走	◎ 教育幼儿注意往来车辆，遵守交通规则
居住	◎ 教育幼儿不能爬阳台、上桌子，不能从台阶上向下跳 ◎ 教育幼儿不要从窗户上往外扔东西，垃圾要放进垃圾桶，开门时要防止夹手
疾病	◎ 教育幼儿当身体感觉发烧、疼痛、腹泻等不适时，应及时报告家长和老师 ◎ 教育幼儿不能随便乱吃药物
学习	◎ 教育幼儿不玩铅笔和钢笔，更不要用嘴去含 ◎ 教育幼儿圆规、小刀、剪刀等文具非常尖锐锋利，要小心拿取，用完放好
活动	◎ 教育幼儿滑梯不能倒滑，荡秋千时手要抓稳，保持重心后移，攀爬时要双手抓牢 ◎ 教育幼儿遵守活动纪律，不推搡、挤压其他小朋友

② 意外事故中的安全自护教育的具体内容见表 4—7。

表 4—7　意外事故中的安全自护教育内容

内容分类	主要教育内容说明
防突然灾害	◎ 教育幼儿遇到火灾、水灾、大风、地震、车祸、冰雹等时，要紧随大人 ◎ 教育幼儿知道各种报警电话
防丢失	◎ 教育幼儿不得私自外出、私自离开 ◎ 教育幼儿记住自己的家庭地址、电话号码、父母姓名、所在学前机构名称，丢失后应及时向警察求助
防拐骗	◎ 教育幼儿不得随意跟陌生人走，不得随意接受陌生人的玩具、食品 ◎ 遇险时，会用电话呼救；知道报警电话是 110
防坏人进家	◎ 独自在家时，学会辨认门外的人，不给陌生人随意开门 ◎ 陌生人在门口长时间不走时，要及时通过电话联系家长、邻居、警察等处理

2. 开展安全自护教育的途径与方法

保育员对幼儿开展安全自护教育的主要途径和方法如图 4—26 所示。

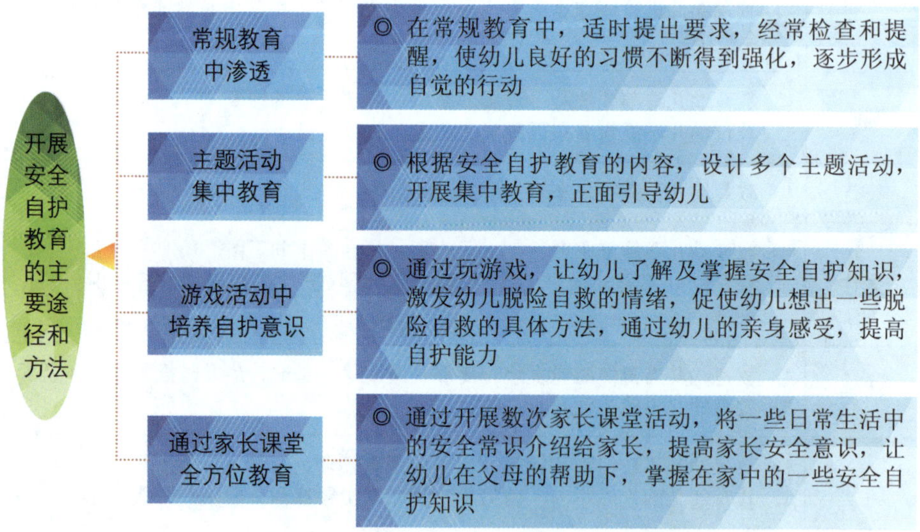

开展安全自护教育的主要途径和方法

- 常规教育中渗透：◎ 在常规教育中，适时提出要求，经常检查和提醒，使幼儿良好的习惯不断得到强化，逐步形成自觉的行动
- 主题活动集中教育：◎ 根据安全自护教育的内容，设计多个主题活动，开展集中教育，正面引导幼儿
- 游戏活动中培养自护意识：◎ 通过玩游戏，让幼儿了解及掌握安全自护知识，激发幼儿脱险自救的情绪，促使幼儿想出一些脱险自救的具体方法，通过幼儿的亲身感受，提高自护能力
- 通过家长课堂全方位教育：◎ 通过开展数次家长课堂活动，将一些日常生活中的安全常识介绍给家长，提高家长安全意识，让幼儿在父母的帮助下，掌握在家中的一些安全自护知识

图 4—26　开展安全自护教育的主要途径和方法

岗位内容五
生活管理：幼儿入园准备

知识 33 入园体检

对于幼儿来说，健康是最重要的。为了更好地了解和掌握幼儿的生长发育情况，及时发现贫血、视力异常、烂牙、佝偻病、营养不良、身高体重落后及多种感染性疾病等，从而指导学前教育机构的保健养护工作，同时保障其他在园小朋友的身体健康，学前教育机构会要求幼儿在入园前在指定医院进行一次体检。

保育员应了解幼儿入园体检的项目、流程、注意事项、检查结果影响等，以便对家长进行有重点、有层次的讲解，准确、及时、全面地回答家长的疑问，确保入园体检顺利实施。

1. 入园体检项目

每个学前教育机构入园体检的项目可以根据自己的实际情况有所不同，但大致包括以下几项，具体如图 5—1 所示。

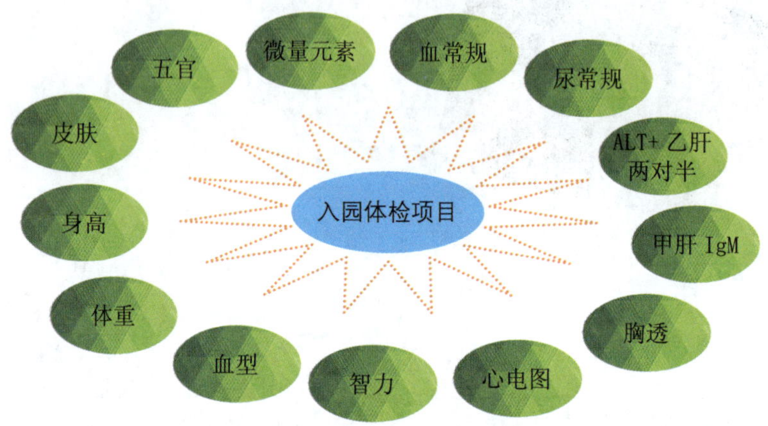

图 5—1　入园体检项目

2. 入园体检流程

入园体检的流程相对简单，一般如图 5—2 所示。

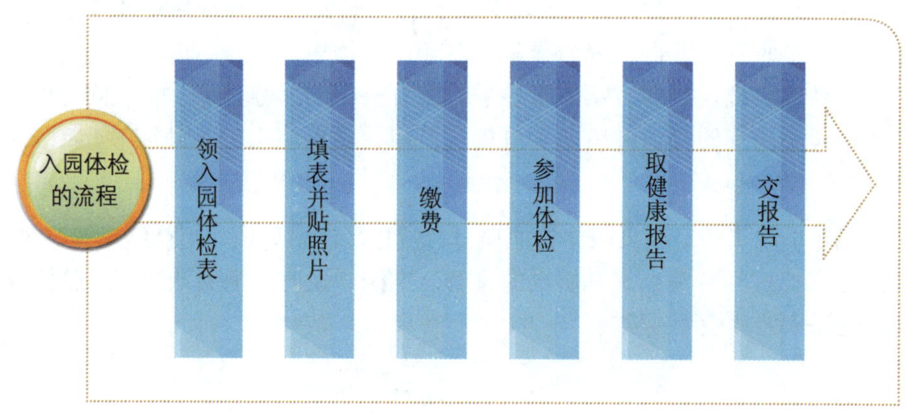

图 5—2　入园体检的流程

3. 入园体检注意事项

幼儿入园体检应重点注意如图 5—3 所示的五大事项，保育员应向幼儿家长仔细解说。

1 ◎ 体检前一天，饮食宜清淡，要让幼儿休息好，使其保持最饱满的精神状态

2 ◎ 如果幼儿正在患病期间，则不能进行体检，应等完全康复后再体检

3 ◎ 体检当日早晨幼儿需空腹，抽血完毕后可给幼儿补充些温水和食物

4 ◎ 对于怕打针、抽血，敏感、容易哭闹的幼儿，家长可随身携带一两件他最喜欢的玩具，以缓解他的心理压力

5 ◎ 体检当天给幼儿宽松舒适且方便穿脱的衣服，保证温度适中，切勿穿过紧的内衣

图 5—3　入园体检注意事项

4. 入园体检结果影响

一般来讲，入园体检结果基本不影响入园，当然心智不正常无法互动以及有传染类疾病的除外。具体入园体检结果的影响如下所示：

① 对在体检中发现的贫血、微量元素不均衡等健康问题，保育员应在入园后给予及时矫治，或嘱咐家长带小儿去医院治疗。

② 对未按规定程序进行预防接种的幼儿，保育员应通知幼儿家长及时采取补救措施。

③ 有传染性肝炎、眼结膜炎、结核病等传染病的幼儿，暂不接收入园，等病愈经医生开证明后方允许入园。

④ 对有急性传染病接触史的小儿暂缓入园，隔离期满后方能入园。

⑤ 幼儿离园 3 个月，须入园体检合格才可再入园。

知识 34 入园晨检

晨检是指每天早晨由学前教育机构的卫生保健员对每位入园的幼儿进行卫生医学检查。《托儿所幼儿园卫生保健管理办法》第十五条对学前教育机构的保育工作做了如下规定："建立健康检查制度，开展儿童定期健康检查工作，建立健康档案。坚持晨检及全日健康观察，做好常见病的预防，发现问题及时处理。"基于此，保育员应重视晨检工作，并能协助卫生保健员对幼儿进行晨检。

1. 晨检告知

保育员应将如下有关晨检的注意事项告知幼儿家长，并请幼儿家长协助晨检工作。

① 来园时必须带幼儿参加晨检。

② 幼儿疑有疾病或传染病迹象，应主动与卫生保健员、保育员、教师联系，以便卫生保健员、保育员、教师将视病情进行全日观察、追踪、隔离。

③ 不要让幼儿带危险物品。

④ 幼儿要勤剪指甲、勤理发，从小养成良好的卫生习惯。

2. 晨检地点及内容

晨检的地点 幼儿晨检的地点一般是学前教育机构的大门口。

晨检的内容 晨检的内容主要包括"一摸""二看""三问""四查"，具体如图 5—4、图 5—5、图 5—6、图 5—7 所示。

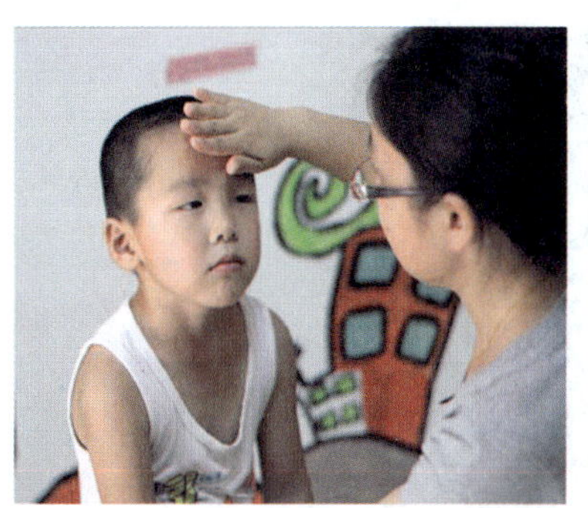

摸额头
用手轻摸幼儿额头，查看有无发热现象，可疑者需用体温计测量体温

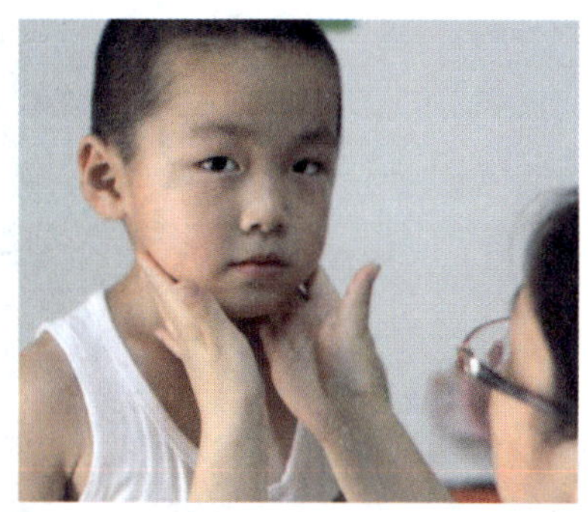

摸两腮
检查是否存在腮腺肿大，扁桃体发炎

图 5—4　晨检“一摸”示意图

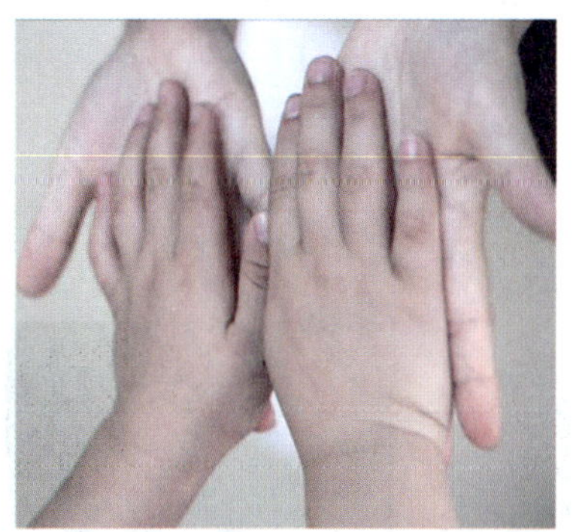

观察双手
观察幼儿手指甲是否太长，皮肤是否有红点，以排除皮肤病、手足口病等

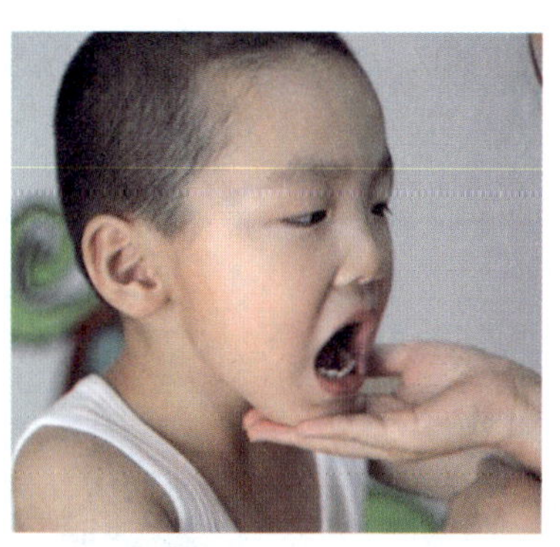

观察口腔
看上下唇、牙龈有无红点、脓包等症状

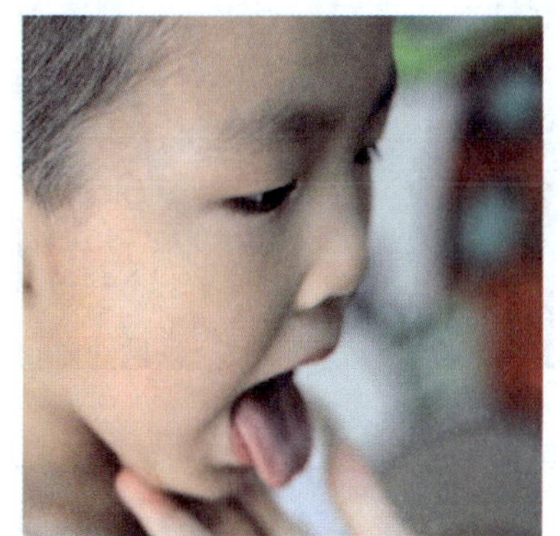

观察舌头
看幼儿舌头上有无红点，舌苔是否太重

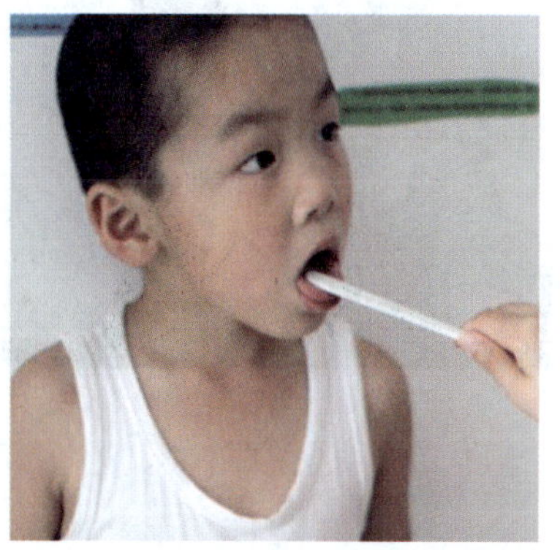

观察咽部
让幼儿张大嘴，用压舌板压舌，让幼儿持续发“啊”的音，检查咽部是否有红肿

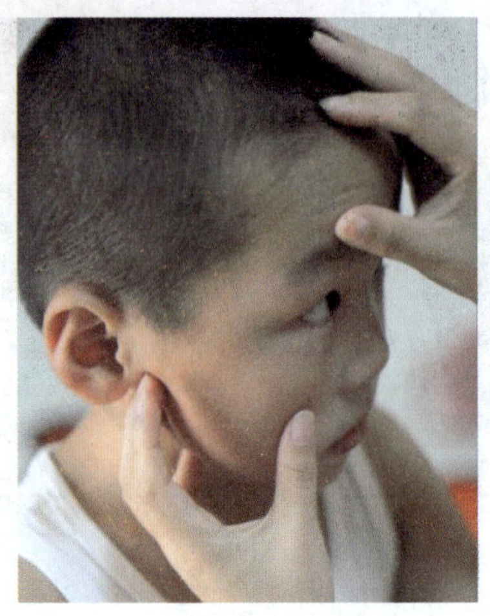

观察幼儿眼睛及面色
观察面色是否正常，眼睛是否有结膜炎，精神状态是否良好

图 5—5 晨检“二看”示意图

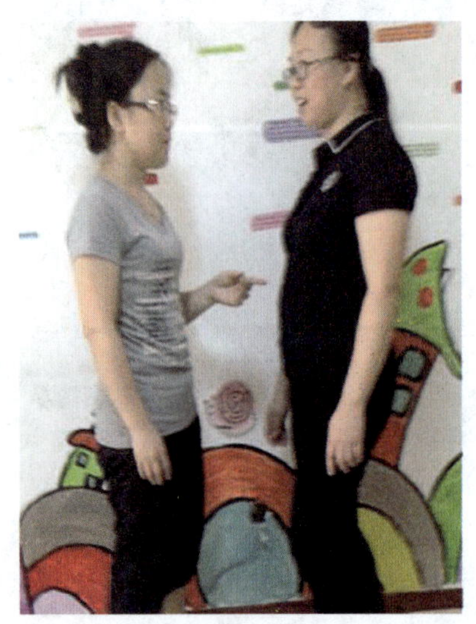

问家长
向家长询问幼儿饮食、睡眠、大小便等情况

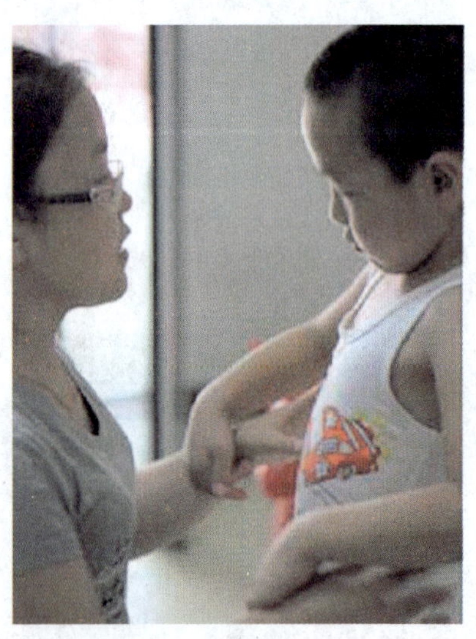

问幼儿
向幼儿询问身体是否有哪些地方不舒服，高不高兴等

图 5—6 晨检“三问”示意图

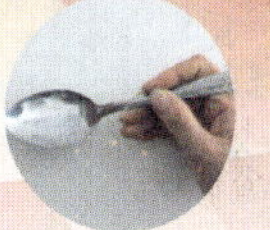

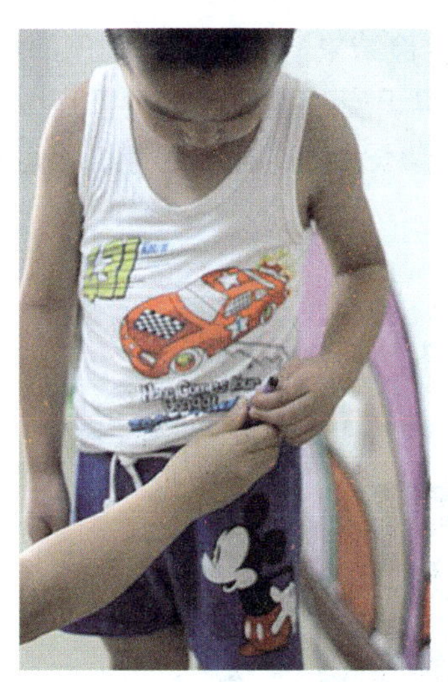

查携带物品

查看幼儿有无携带不安全的物品，发现问题迅速处理

不安全物品处理

发现幼儿携带了不安全物品，及时处理，如放入特定保管柜，后续交给家长

图 5—7　晨检“四查”示意图

3. 晨检记录与处理

晨检记录　晨检后，保育员应配合卫生保健员将晨检结果登记在晨检记录表上，特别是晨检中发现的异常要准确、及时登记。以下表 5—1 为某学前教育机构的晨检记录表格式，供参考。

表 5—1　　晨检记录表

班级：　　　　　　　　　　　　时间：　　年　　月　　日

晨检内容 / 姓名	摸（是否发烧）	看（精神、面色、皮肤、咽部）	问（是否有不适感）	查（是否带有不安全物品）	异常处理

<table>
<tr><td rowspan="3">合计</td><td colspan="2">幼儿数</td><td colspan="5">晨检情况</td><td rowspan="2">备注</td></tr>
<tr><td>应到</td><td>实到</td><td>发烧</td><td>出疹</td><td>腹泻</td><td>咳嗽</td><td>其他</td></tr>
<tr><td></td><td></td><td></td><td></td><td></td><td></td><td></td><td></td></tr>
</table>

晨检发牌 学前教育机构可针对具体的晨检结果，制定不同颜色的纸牌，并对应发放给幼儿，以提高幼儿身体状况的辨识度，提醒保育员重点关注一些病弱幼儿，提高幼儿改善自身的积极性。具体来说，学前教育机构可将晨检纸牌设计成如图 5—8 所示的四种。

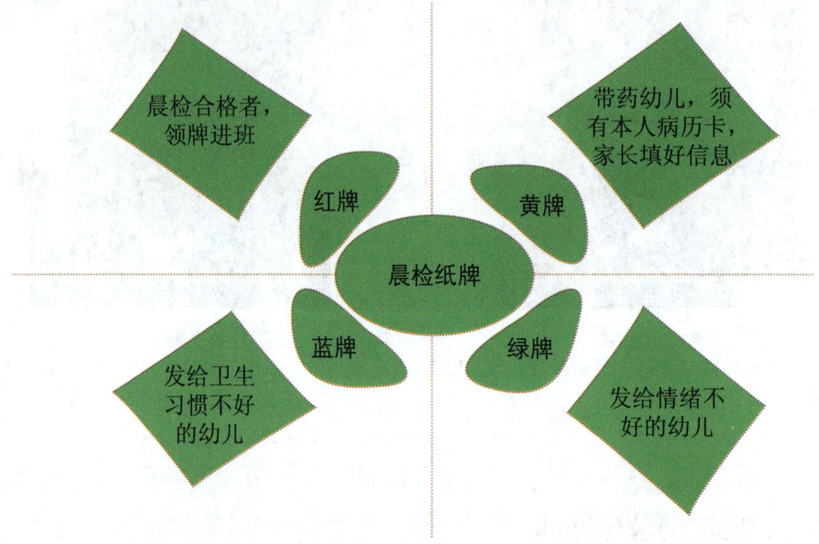

图 5—8 晨检纸牌设计图示

晨检异常处理 根据询问和查看的情况，若有身体发热的幼儿，经体温测试确定后，特别是出现发烧、头疼、咳嗽、手上出现疱疹等，以及不能确定的症状，保育员应及时通知家长，劝其马上带幼儿到医院诊治，并在家中治疗。

晨检后，卫生保健员、当班教师、保育员应一起关注当日幼儿情况，如有异常情况，及时进行临床诊断或去医院诊治。

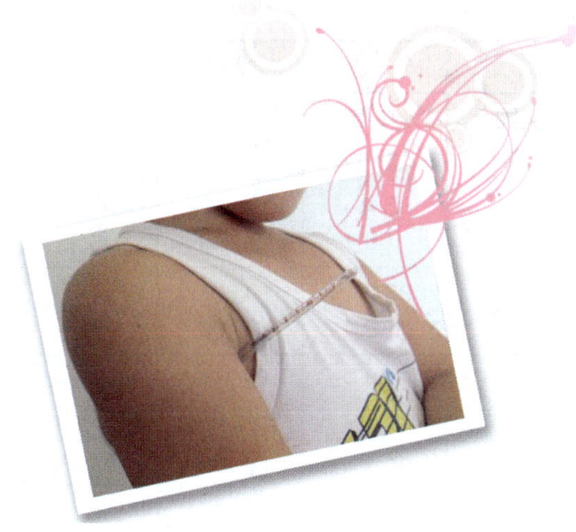

岗位内容六
生活管理：幼儿健康观察

知识 35 幼儿身体状况监护

幼儿的身体状况监护主要指对幼儿各个器官、组织的生长发育情况及身体是否生病的监护，从而及时发现明显的不健康状态（如视力不良、贫血、肥胖、瘦弱等），并及时纠正与治疗。

1. 生长发育监护

幼儿身体生长发育情况最常用的评价指标是形态指标，如体重、身高、头围、胸围、臀围、坐高、皮下脂肪等。其中身高、体重及头围这三项指标测试方便，对幼儿生长发育水平具有较高的参照作用，因此广泛应用于幼儿生长发育情况的监护工作中。

一般来说，男孩和女孩的生长发育情况不同，保育员可参考下表 6—1 所示的数据，对比幼儿的身高、体重、头围是否正常，从而进行有效监护。

表 6—1　　幼儿生长发育参照标准

月龄	男孩			女孩		
	身高（cm）	体重（kg）	头围（cm）	身高（cm）	体重（kg）	头围（cm）
36 个月	86.3～109.4	10.61～20.64	45.7～53.5	85.4～108.1	10.23～20.10	44.8～52.6
39 个月	87.5～110.7	10.97～21.39	—	86.6～109.4	10.60～20.90	—
42 个月	89.3～112.7	11.31～22.13	46.2～53.9	88.4～111.3	10.95～21.69	45.3～53.0
45 个月	90.9～114.6	11.66～22.91	—	90.1～113.3	11.29～22.49	—
48 个月	92.5～116.5	12.01～23.73	46.5～54.2	91.7～115.3	11.62～23.30	45.7～53.3
51 个月	94.0～118.5	12.37～24.63	—	93.2～117.4	11.96～24.14	—
54 个月	95.6～120.6	12.74～25.61	46.9～54.6	94.8～119.5	12.30～25.04	46.0～53.7
57 个月	97.1～122.6	13.12～26.68	—	96.4～121.6	12.62～25.96	—
60 个月	98.7～124.7	13.50～27.85	47.2～54.9	97.8～123.4	12.93～26.87	46.3～53.9
63 个月	100.2～126.7	13.86～29.04	—	99.3～125.3	13.23～27.84	—
66 个月	101.6～128.6	14.18～30.22	47.5～55.2	100.7～127.2	13.54～28.89	46.6～54.2
69 个月	103.0～130.4	14.48～31.43	—	102.0～129.1	13.84～29.95	—
72 个月	104.1～132.1	14.74～32.57	47.8～55.4	103.2～130.8	14.11～30.94	46.8～54.4

需要注意的是，幼儿的生长发育受遗传、精神因素、睡眠、锻炼、疾病、环境和气候等因素的影响，因此上表所示的数据并非绝对标准，只要幼儿的身高体重值在正常范围内，身体无异常病症，就不必过分担心。

但是，如果幼儿出现低体重、消瘦、肥胖和身材矮小等生长偏离的异常现

象时，保育员应重视起来，并联合家长、医院等一起制定、实施改善方案。低体重、消瘦、肥胖和身材矮小这四种典型生长偏离的认定标准如图 6—1 所示。

低体重	◎ 指幼儿的体重比相应年龄组人群按年龄的体重均值数低 2 个标准差以下，或低于第 3 百分位值以下（相关数据参照卫生部发布的《中国 7 岁以下儿童生长发育参照标准》，下同）
消瘦	◎ 指幼儿的体重比相应年龄组人群按身高的体重均值数低 2 个标准差
肥胖	◎ 实测体重超过标准体重 10%，则可判定为超重；实测体重一旦超过标准体重的 20%，则可被认定为肥胖
身材矮小	◎ 在相似环境下，身高较同种族、同性别、同年龄健康幼儿身高均值低 2 个标准差（—2SD）以上或处于第 3 百分位数以下

图 6—1　生长偏离的认定标准

2. 幼儿生病迹象监护

保育员应时刻注意观察幼儿的特征与正常情况是否相符，准确识别幼儿生病迹象，及时发现幼儿的异常，而后给予恰当的护理。幼儿生病的常见迹象见表 6—2。

表 6—2　幼儿生病的常见迹象

观察要点	生病迹象
情绪	没精神，情绪明显不好，容易哭泣，爱发脾气，心绪不宁，不爱玩耍和活动
表情和面色	眼神呆滞，甚至伴有尖声啼哭等现象；面色比平时苍白或发红
饮食	食欲欠佳，食量明显减少，甚至拒绝进食及喝水，有的伴有恶心、呕吐等现象
大小便	大小便过多或过少，小便颜色加深，甚至出现腹泻
睡眠	入睡困难，睡眠不安，睡眠时间缩短或延长，甚至出现昏睡，睡眠中出现惊厥和哭闹
感冒体征	出现鼻孔阻塞，流鼻涕，连续打喷嚏，扁桃体红肿，手心、脚心、头、身上发热出汗，耳朵发红，咳嗽

幼儿活泼好动，有的幼儿即使生病、发烧，仍然会继续玩耍，很难从表现上看出来。因此，保育员应抓住晨检、午检、晚检等各检查环节仔细观察，及时发现问题，处理问题。

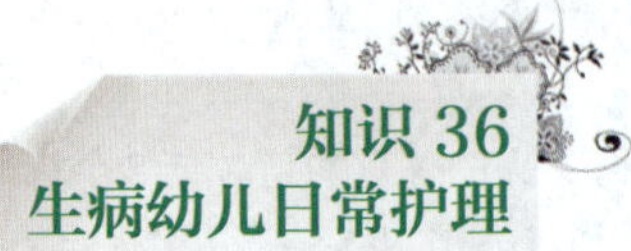

知识 36 生病幼儿日常护理

对身体不适、患病或病后初愈的幼儿，保育员应进行恰当、精心的护理。一般生病幼儿的日常护理要点如下所示。

1. 高热幼儿护理要点

正常幼儿的体温在 36～37.4℃之间，一般体温高于 39℃时即为高热。因为，幼儿的神经系统还未发育成熟，高热会引起惊厥、昏迷等。因此，当幼儿出现高热时，除做病因治疗外，还应及时做好护理工作。具体高热幼儿的护理要点如下所示。

环境 保持幼儿休息的环境清洁、安静，温度适宜，每天至少通风一次，减少病菌在空气中的浓度。

测体温 高热幼儿应每隔 1～2 h 测一次体温。给幼儿测体温时，一般采取腋下测量法，这样既安全卫生又准确。采取腋下测量法测试幼儿体温的步骤如图 6—2 所示。

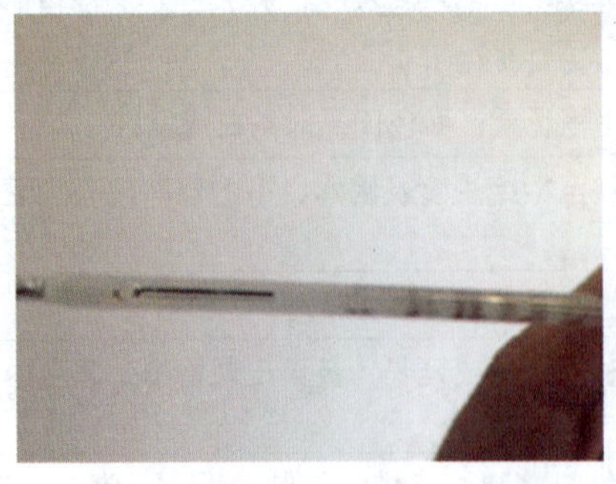

1. 将体温计度数甩到 35℃以下。

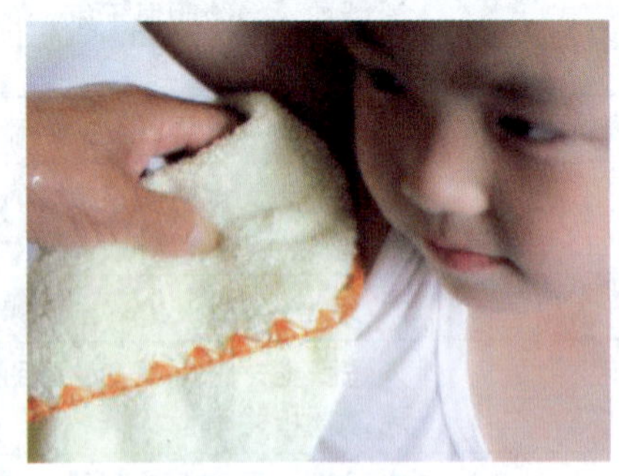

2. 用干毛巾擦去腋窝的汗。

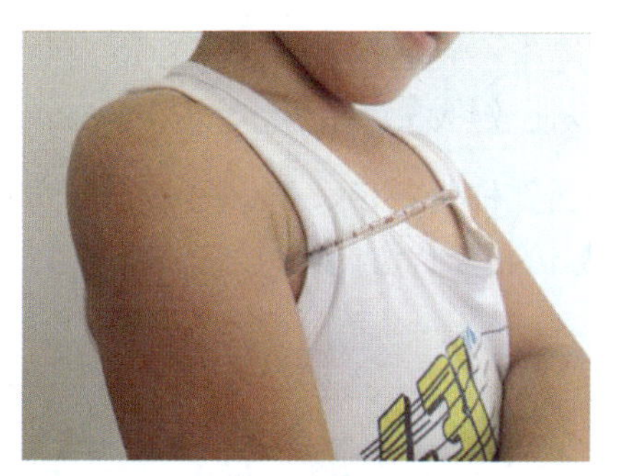

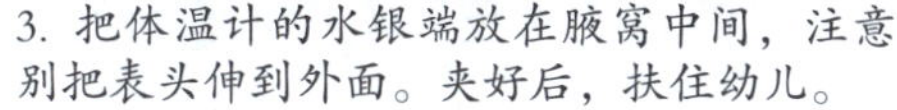

3. 把体温计的水银端放在腋窝中间，注意别把表头伸到外面。夹好后，扶住幼儿。

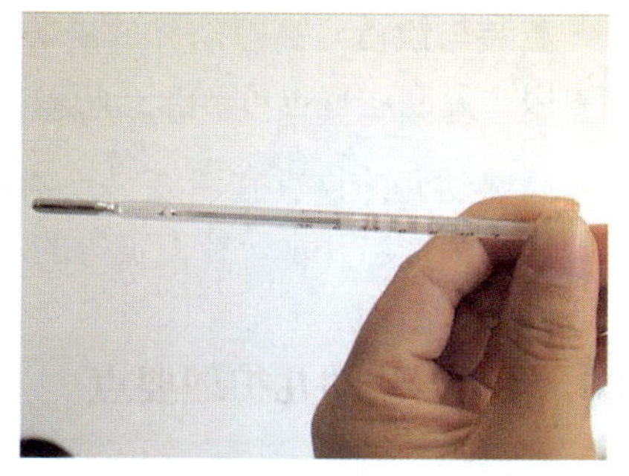

4. 5 min 后取出体温计并与视线平齐，转动体温计使水银柱读数清晰后准确读数。

图 6—2　腋下测量法的步骤

降温　常用的降温方式有物理降温和药物降温两种，具体见表 6—3。

表 6—3　常用的降温方式

降温方式		方式说明
物理降温	温水洗澡	如果幼儿发烧时精神状态较好，可以洗温水澡，水温调节在 27～37℃，室温保持 24～26℃，也可用温水为幼儿擦身
	热水泡脚	泡脚可以促进血液循环，缓解不适，并帮助发烧幼儿降温。泡脚水应没过脚，水温要略高于平时，40℃左右且幼儿能适应为宜，泡脚时，可对幼儿小脚进行抚搓
	毛巾冷敷	将冷毛巾敷于头部，待毛巾变暖后更换
	冰袋冷敷	◎ 去商店购买化学冰袋，使用时放冰箱冷冻，由凝胶状态变成固体后取出，包上毛巾；也可家庭自制，具体为从冰箱取些冰块在盆中敲成核桃大小的碎块，用水冲去棱角，装入塑料袋中（需双层以防漏水），冰块装至一半再注入适量冷水，2/3 满就可以，然后压出空气，扎紧袋口，外裹布或毛巾 ◎ 将冰袋敷在宝宝头顶、前额、颈部、腋下、腹股沟等处，降低幼儿体温
	酒精擦浴	◎ 擦浴时，用毛巾或手帕蘸取 30% 的酒精溶液，按如下顺序擦浴 上肢：颈部一侧→上臂外侧→手臂；侧胸→腋下→上臂内侧→手心 下肢：一侧髋部→大腿外侧→脚背；腹沟部→大腿内侧→腘窝→脚跟 ◎ 稍用力擦至皮肤发红为止，注意胸口、腹部、脚底不要擦，以免引起不适
药物降温	喝退烧药	遵医嘱，一般两次用药间隔 4 h，用药后多观察幼儿体温变化及其他异常情况
	打退烧针	正规医院，遵医嘱

着装与饮食 高热幼儿的着装不宜过厚，不宜裹得过紧，可穿适当薄厚的衣服，温度适宜也可解开一两颗扣子，以便散热。

高热幼儿的饮食宜清淡易于消化，如西红柿蛋花汤、粥、面条等，同时应让幼儿多饮温开水，补充丧失的水分，加快新陈代谢。

2. 呕吐幼儿护理要点

维持呼吸道畅通 幼儿呕吐厉害时，呕吐物可能从鼻腔喷出，因此保育员应及时将鼻腔中的异物清除，保持呼吸道畅通。为防止呕吐物被吸入气管，当幼儿直立呕吐时，应让其身体向前倾；当幼儿卧床呕吐时，应让其维持侧卧姿势，以便于呕吐物流出。

保持口腔清洁 呕吐之后，口腔会有异味，从而使幼儿想再呕吐。此时，保育员可指导幼儿用温开水漱口或亲自用湿纱布蘸温水为其擦拭口腔，以保持口腔清洁。

短暂禁食 幼儿呕吐后可暂时禁食 4～6 h，症状改善后再多次、少量给予清淡饮食，两三天后给予正常饮食。

3. 腹泻幼儿护理要点

勤护理 每次便后，保育员应用温水给幼儿洗臀部，以减少多次排便对臀部的刺激。

注意腹部保暖 对腹泻的幼儿应注意做好腹部保暖，如为其加一件上衣。

提供足量的液体以防脱水 幼儿腹泻时，保育员应喂给他比平时更多的液体，如温开水、自制的糖盐水、口服补液盐等，此时千万不要给幼儿喝高糖饮料、汽水、茶水等，以免加重腹泻。

脱水及时送医 已有脱水，无论程度轻重，均应立即送医院治疗。

提供足够的食物 不要让腹泻的幼儿挨饿，防止营养不良。腹泻幼儿的饮食应遵循少食多餐的原则，而且要少提供脂类食物，多提供宜消化的流质饮食，如稀粥、超软面条、少量蔬菜、新鲜水果汁等，并可适当在饮食中加点盐。

4. 手足口病护理要点

就诊　幼儿出现相关症状要及时到医疗机构就诊。

消毒隔离　对患儿进行隔离，可在家或者在园进行隔离，做好消毒工作，保持病房清洁，建议隔离期为 14 天。

遵照医嘱合理用药　注意休息和饮食，并做好幼儿心理护理，消除其恐惧感。

排查　对全园幼儿进行排查，防止交叉感染。

洗手及处理　保育员接触患病幼儿前、处理患病幼儿粪便后要洗手，并妥善处理污物。

5. 急性结膜炎护理要点

① 患儿需隔离治疗，滴眼液一人一瓶，按医嘱及时滴用。滴眼液滴用方法为：保育员清洁双手后，用左手食指、拇指轻轻分开孩子的上下眼皮，让他向上看，把药滴在下眼皮内，每次 1～2 滴。单眼患者采用侧卧位，即患眼最低位，以防止污染健康眼。

② 提醒患儿洗手时需用流动水，生活用品不得共用，用过的毛巾、手帕等个人用品要每日用开水烫洗。

③ 不可用热毛巾敷眼，需用冷毛巾敷眼。

④ 勿用手揉眼睛，防止交叉污染。

⑤ 对全园幼儿进行排查，对接触者观察 14 天以上。

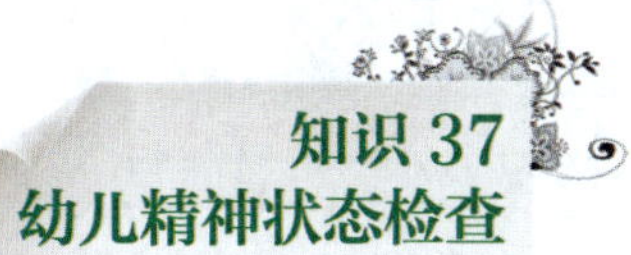

知识 37 幼儿精神状态检查

为做好幼儿的健康监护工作，保育员不仅要对幼儿的身体状况进行监护，也应对幼儿的精神状态进行检查和监护，确保幼儿身体、心理健康发展。

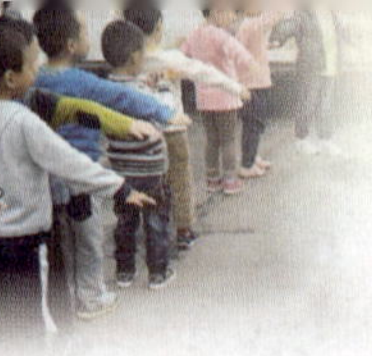

1. 幼儿精神状态检查方式

幼儿精神状态检查常采用询问和观察相结合的方式，具体如图 6—3 所示。

幼儿精神状态检查方式

- **询问法**
  - ◎ 以谈话或问答的方式进行，适用于能合作、可用言语交谈的幼儿，重点了解幼儿的思维、感知、意识等
- **观察法**
  - 对幼儿的表情、举止等日常生活行为进行仔细的观察，主要包括
    1. 观察幼儿说话时的语气、语速的快慢、声音的高低、流露的表情与内心世界是否一致，有无动作的增减，有无刻板、重复、模仿或怪异的动作等
    2. 观察幼儿的书写物、绘画、成绩报告单等，以了解其内心世界

图 6—3　幼儿精神状态检查方式

2. 幼儿精神状态不佳类型

幼儿精神状态不佳的类型多种多样，但从表现上来看，主要有图 6—4 所示的五大类型。

- **哭闹型**：◎ 采取哭闹、大声喊叫、发脾气等方式表达自己的不满和压抑，这种情况比较直观，保育员较易发现和把握
- **紧张焦虑型**：◎ 表现为焦虑、恐惧、心神不宁等，这种精神状态多存在于新入园的幼儿及胆小、缺乏安全感的幼儿
- **沉闷型**：◎ 表现为并不哭闹，但不听保育员及教师指导，不应答、不理会、不玩耍，不愿意参加集体活动，表情木讷，不快乐。这种表现持续越长，越不宜调节
- **过分依赖型**：◎ 对某位老师或保育员过于依赖，如果没看见这位老师或保育员，会出现大哭大闹、不进班级的情况
- **消极的心理防御型**：◎ 表现为用破坏行为、残忍行为、攻击行为、强迫行为暂时缓解心理压力，求得心理平衡，如果听之任之，长期下去，非常危险

图 6—4　幼儿精神状态不佳的类型

3. 幼儿精神状态不佳调节措施

保育员应找出造成幼儿精神状态不佳的原因，对症下药，及时帮助幼儿调节和疏导不佳精神状态，确保其在学前教育机构快乐、健康的生活。

环境因素引起精神状态不佳的调节　不良的环境因素，如环境改变、环境嘈杂、光强度大、空气污染等都会使幼儿陷入精神不安的状态。

面对环境因素引起的精神状态不佳，保育员应重点做好环境干扰因素的控制工作，如尽量保持室内环境整洁、安静，室内温度适中，通风良好，活动空间畅通等。对于初入学前教育机构的幼儿，可能因生活环境的巨大变化导致精神状态不佳，此时保育员应适当给幼儿营造平和安宁的心理环境，通过有规律、有节奏的生活安排及温和有趣的故事等，消除幼儿的紧张、恐惧等不良情绪。

身体不适引起精神状态不佳的调节　身体的不舒适，如饿了、渴了、困了、累了、冷了、热了、病了等，都会使幼儿产生不良情绪，如容易哭闹、爱发脾气、不愿意参加活动等。

对于此种情况，保育员要细心照料幼儿，及时为幼儿增加衣物，安排好幼儿的饮食，确保幼儿睡眠充足，合理控制集体活动时间，对病儿细心观察、特殊护理，帮助其快速恢复身体健康，并对其进行适当安抚。

缺乏安全感引起精神状态不佳的调节　初入学前教育机构的幼儿由于对这里的环境、教师、同伴不熟悉，同时离开自己熟悉的环境及家长，往往会感到紧张、不安，从而导致精神状态不佳。

对于此种情况，保育员要在班内建立和谐的人际关系，鼓励小朋友之间相互理解、相互宽容、相互支持、相互合作，形成互助有爱的集体。同时，对于特别敏感，缺乏安全感的幼儿，保育员应对其给予耐心、细致的关怀，用微笑、拥抱、抚摸、鼓励等消除幼儿的这种不安全感。

受冷落或挨批评引起精神状态不佳的调节　幼儿受同伴、教师、保育员冷落或遭受教师、保育员批评后，往往会导致情绪很坏，乱发脾气或者更加不合作，甚至采取极端行为。

面对此种情况，保育员不仅应掌握批评的技巧，还应掌握幼儿情绪安

抚的技巧。批评幼儿时，应注意场合和时间，先使自己冷静下来，而后就事论事地指出幼儿的错误，并给予幼儿申诉及表达自己看法的机会。面对情绪不佳的幼儿，保育员应掌握一些安抚的小技巧，如转移其注意力，说明其在活动中也是非常重要的，给予适当的鼓励与表扬，也可以从行动上安慰幼儿，如握握幼儿的手，拍拍幼儿的肩，或给幼儿一个微笑，一个拥抱等。

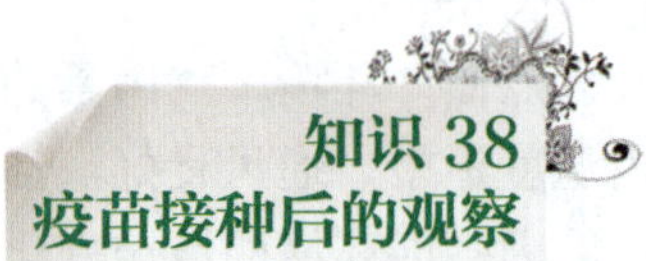

知识 38 疫苗接种后的观察

幼儿接种完疫苗后，保育员应细心观察，发现异常后及时处理。

1. 观察疫苗接种后不良反应

① 幼儿接种疫苗后，应观察半小时，无不正常反应后离开。观察内容如注射部位是否红肿，幼儿是否发热，是否起皮疹、高烧等。

② 幼儿接种疫苗后，应持续观察几天或几周。大多数幼儿接种后会发生发热、注射部位红肿等现象，一般会在 1～2 天内自愈。

③ 幼儿如出现高烧、全身皮疹及红肿面积大时，应马上就医。

④ 观察幼儿的精神状态，幼儿接种后不要让其玩得太累，应多喝水，注意休息，注射部位 24 h 不沾水。

2. 观察疫苗接种后打针部位的变化

疫苗接种后，应重点观察打针的部位有没有变化。由于接种疫苗后，疫苗中的病菌、病毒要在体内生长繁殖，才能刺激机体免疫系统产生免疫力，故注射部位常发生某些变化。如果如期出现应有变化，说明接种成功；假如接种后未见到任何变化，表明接种失败，应及时给予补种。

3. 观察患病情况

观察幼儿的抗病能力是不是增强了。一般来说，接种疫苗后两周就可以产生免疫力，一个月左右免疫水平最高，以后便逐渐降低。如果接种疫苗两周以后，不再患所种疫苗能预防的那种传染病，特别是在流行季节或周围有这种传染病流行期间，表明接种成功。

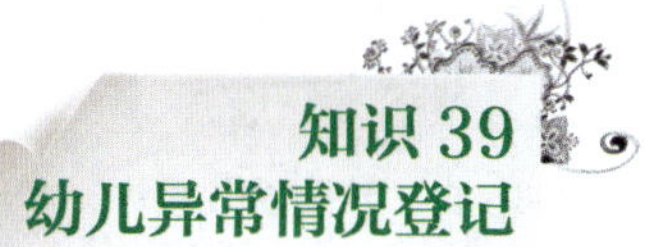

知识 39 幼儿异常情况登记

保育员在观察幼儿健康状况时，如发现幼儿有异常情况的，应及时处理并记录。幼儿异常情况一般记录在具有统一格式的“幼儿异常情况登记表”内。

1. “幼儿异常情况登记表”设计要项

“幼儿异常情况登记表”应至少包括填写日期、幼儿姓名、所在班级、联系方式、异常情况、处理措施等内容。

2. “幼儿异常情况登记表”应用示范

表 6—4 是某学前教育机构的一份“幼儿异常情况登记表”，可供参考。

表 6—4　　幼儿异常情况登记表

班级：　　　　登记日期：　　年　　月　　日

姓名	李萌	性别	男	出生日期	2011.6.5
家庭住址	×× 市 ×× 区 ×× 路 ×× 号 ×× 小区 × 号楼 ×× 室			家庭电话	×××××××
保育员	张 ××	指导老师	王 ××	填表人员	张 ××

续表

异常行为发现时间	2015.5.8	异常行为发现时的活动内容	集体游戏
异常行为详细描述	1. 动作协调性差，不愿意做游戏 2. 比较内向，不爱说话，与老师、同伴互动性差 3. 规则意识比较差，活动中比较随意		
矫正措施	1. 主动与幼儿沟通和交流，走进幼儿的内心世界，组织多种形式的活动提供多种机会帮助幼儿适应幼儿园集体生活，感受与老师、同伴在一起的快乐 2. 鼓励幼儿活动的自信，鼓励幼儿主动参与各种活动 3. 在平时关注幼儿语言发展，利用多种途径、多种方式，鼓励幼儿爱说，学说，会说，逐渐发展幼儿的语言交流能力 4. 让幼儿懂得自己是集体中的一员，自己对集体的作用，知道集体的荣誉需要每一个人的努力，需要每个人遵守规则		
跟踪观察记录	1. 在老师与同伴的启发、鼓励、帮助下愿意遵守各种活动规则，感受到与同伴、老师一起活动的快乐，逐步适应集体生活 2. 在老师及同伴的帮助和鼓励下，乐意参加集体活动，乐意在活动中与同伴、老师交流		

岗位内容七
生活管理：组织幼儿就餐

知识 40
饭菜的保温保洁

保育员在组织幼儿进餐时，应注意饭菜的保温、保洁，防止烫伤事件或幼儿因饮食偏凉、不卫生等导致的腹泻。具体工作包括秋、冬季保暖、春、夏季降温、饭菜保洁三大项。

1. 秋、冬季保暖

秋、冬季，天气转冷，为保证幼儿能吃上热饭、热菜，保育员应采取多项措施做好饭菜保温工作，具体如图 7—1 所示。

措施一 ◎ 尽量缩短取饭时间，面食用棉布垫盖好，盛饭菜的容器盖好盖子，既可以保温，又能防止灰尘进入饭菜内

措施二 ◎ 将盛饭菜的容器放在暖气旁边，以减缓饭菜的散热

措施三 ◎ 分餐及幼儿进餐时要关好窗户，第一次盛饭时可盛少量，并随吃随添，保证每个幼儿吃上热饭菜

措施四 ◎ 分好饭菜后，做好剩余饭菜的保温工作，及时将容器盖盖好或将棉布垫围裹好，保证二次添饭时饭菜是温热的

图 7—1 饭菜秋冬季保温措施

2. 春夏季降温

进入春、夏季节，保育员在分餐前可采取以下降温措施，如图 7—2 所示。

饭菜春、夏季降温措施

1 ◎ 提前到厨房提取饭菜

2 ◎ 饭菜取回后，打开餐盖散热

3 ◎ 用饭勺来回搅拌加快散热

4 ◎ 放在风扇下或通风好的地方散热

图 7—2 饭菜春、夏季降温措施

采取一定降温措施后，保育员可每隔一段时间将手放在器皿外壁上，试一下饭菜的温度，如温度适宜，便可分餐。此时注意，即使是炎热的夏天，也不宜给幼儿吃凉食。

3. 饭菜保洁

污染、变质、清洗不干净的饭菜所含细菌多，幼儿食用后，往往会出现腹泻、腹痛甚至中毒现象。因此，保育员应做好饭菜保洁工作。

① 春、夏季气温高，细菌繁殖快，食物很容易变质。保育员在分餐前应首先用眼看、用鼻闻，发现菜品有异，立即停止分餐并查明原因，采取措施。

② 炎热的夏季，蚊虫多，饭菜容易受污染。因此，保育员可以在盛饭菜的容器上加盖防蝇罩，防止苍蝇、飞絮、灰尘等污染饭菜。

③ 给幼儿生吃的瓜果要做好清洗工作。具体清洗要点如图 7—3 所示。

皮可食用瓜果	剥皮食用瓜果	成串类果蔬
◎ 如苹果、西红柿、梨 ◎ 用果蔬清洗剂浸泡 10 min 左右，再用流动水反复冲洗干净	◎ 如西瓜、哈密瓜 ◎ 用蔬菜刷或者未使用过的牙刷，在流动水下刷洗表皮 30～60 s	◎ 如葡萄 ◎ 去除茎后，放入漏勺，然后用自来水喷嘴冲洗至少 60 s

图 7—3　瓜果清洗要点

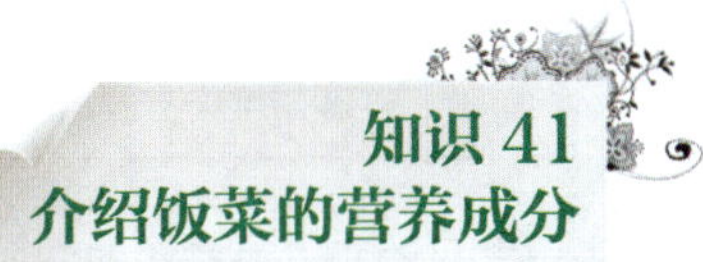

知识 41 介绍饭菜的营养成分

保育员有责任每餐前为幼儿介绍今日食谱及营养，通过合理的讲解激发幼儿进餐的欲望，让幼儿了解饮食营养知识，改变幼儿不爱吃饭、挑食、偏食的毛病。

1. 幼儿饭菜营养知识

食物所含营养成分　在介绍幼儿饭菜的营养前，保育员应对各种食物的

营养有所了解。食物营养是影响幼儿身体健康的最重要的因素，食物种类不同，其主要营养成分也大不相同，见表 7—1。

表 7—1　　食物种类及营养成分表

食物种类	主要营养成分	代表食物
谷类	碳水化合物、蛋白质、维生素 B_1 和烟酸、一定量的膳食纤维及磷、钙、铁等	稻米、面粉、玉米、小米、高粱等
豆类及其制品	蛋白质、油脂、碳水化合物、钙、铁、锌、维生素 B_1、维生素 B_2 和烟酸等	大豆、小豆、绿豆、花生等
蔬菜与水果类	纤维素、胡萝卜素、维生素 C 和钙、铁、钾、钠等	花椰菜、甘蓝、柑橘、山楂、猕猴桃、胡萝卜、甘薯、芹菜等
畜禽肉类	优质蛋白质、部分脂肪、无机盐、维生素 A 和维生素 B_2 等	猪肉、牛肉、鸡肉等
鱼类等水产类	优质蛋白质、脂肪、铁及钙等无机盐和微量元素等	鱼、海带、紫菜等
蛋类	蛋白质、维生素 A、维生素 D 和维生素 B_2 等	鸡蛋、鸭蛋、鹅蛋等
奶类	蛋白质、钙、维生素 A、维生素 B_2 等	鲜牛奶、奶粉等
食品加工品类	营养价值主要取决于其原料组成，对人类营养素来源不占重要位置，幼儿宜少食用	罐头、食用油脂、酒类、饮料、调味品和糖果糕点等

幼儿膳食计划　保育员应了解并安排好幼儿的一日膳食计划。为了达到膳食平衡，营养健康的目的，对于 3～6 岁的幼儿可按如图 7—4 所示的营养金字塔安排一日膳食计划。

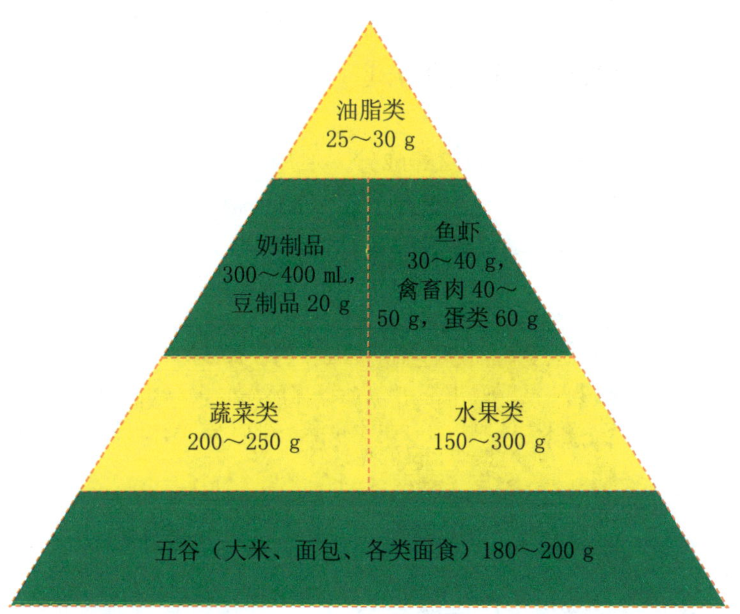

图 7—4　幼儿一日营养金字塔

2. 介绍饭菜营养成分的人员

介绍饭菜内容和营养成分人员可根据幼儿年龄及实际情况由保育员或幼儿来担任。

保育员介绍　保育员介绍饭菜时应做到表情自然、愉快，语气生动，内容活泼，既能准确地介绍饭菜的营养和口感，又能通过提示该营养对幼儿的有益作用，激发幼儿的食欲。

幼儿介绍　中、大班的幼儿已经具备一定的语言表达能力，而且也有为他人服务的意识。此时，保育员可让幼儿担任介绍人，为大家讲解饭菜的内容和营养。幼儿介绍饭菜营养前，保育员应对其进行适当的指导，促使幼儿能够用生动、形象、连贯的语言描述饭菜的内容和营养。刚开始实行幼儿介绍饭菜时，保育员可挑选语言能力强、活泼外向的幼儿担任介绍人，然后依次让每一个幼儿进行讲解，提高幼儿介绍饭菜的兴趣及信心。

3. 介绍饭菜营养成分的方式

通过语言描述介绍饭菜的营养成分 运用生动、准确的语言介绍饭菜的营养成分，可正面引导幼儿，提高幼儿进餐的兴趣。下面图 7—5 是某保育员对西红柿炒鸡蛋这一饭菜通过语言描述进行介绍的案例，供参考。

保育员：“小朋友们，这道菜叫什么呀？”

保育员：“是的，这是西红柿炒鸡蛋，它酸酸甜甜，非常可口，而且营养很丰富哦。小朋友们吃了它呀，就可以变得既聪明又漂亮！”

图 7—5 介绍西红柿炒鸡蛋营养成分的案例

通过组织活动介绍饭菜的营养成分 在介绍饭菜营养时，为提高幼儿的兴趣，增强幼儿对食物营养的认知及记忆程度，保育员还可以采取形式多样的活动来介绍，如猜谜语、有奖问答、节目表演等。具体活动形式应根据饭菜的内容、幼儿的实际情况灵活运用，切不可千篇一律，机械呆板。

例如，保育员介绍苹果时，可让幼儿猜以下谜语，如图 7—6 所示。

保育员：

“小朋友们，下面我们猜个谜语？”

“红红脸，圆又圆，亲一口，脆又甜！打一水果名，哪位小朋友知道，快举手！”

“猜对了，那你能说出苹果有什么营养吗，对我们身体有什么好处？”

“说得真好，谢谢 ×× 小朋友！”

“苹果这么有营养，那是不是我们应该马上吃掉果盘中的苹果，让身体长得棒棒的啊！”

图 7—6 介绍苹果营养成分的谜语

知识 42 营造良好的就餐环境

保育员应为幼儿营造一个健康的就餐环境，从而培养幼儿良好的进餐习惯，提高其食欲。幼儿进餐环境包括物理环境和心理环境两方面，其营造要点如下所示。

1. 营造良好的就餐物理环境

幼儿的就餐物理环境应达到清洁美观、舒适、安全、明亮、空气流通、温度适宜、畅快等要求。具体来说，保育员应做好以下四大重点工作，如图 7—7 所示。

1. 摆放桌椅	◎ 在进餐前，保育员先将餐桌之间保留 60 cm 宽的距离，保证幼儿有足够的进餐空间，并方便幼儿进出
2. 清洗餐桌	◎ 用半湿抹布自上而下，从左至右擦拭餐桌，再擦拭餐桌四角边缘；然后，用配制好的 84 消毒液消毒桌面；20 分钟后，再用抹布蘸清水擦拭桌面，擦拭一张桌子后搓洗一次抹布，再擦拭下一张餐桌，确保幼儿进餐使用的每一张桌子都清洁、卫生，不残留 84 消毒液
3. 摆放餐具	◎ 保育员应根据餐具的用途、材料、尺寸等进行整齐摆放，陈旧的餐具要及时更新
4. 调节餐厅温度及光线	◎ 用餐前，调节好餐厅的温度及光线，确保室内光线明亮，温度适宜，环境安静，利于用餐

图 7—7　营造良好进餐物理环境的四大工作

2. 营造良好就餐心理环境

就餐的心理环境指就餐时的气氛及幼儿的精神状态，让幼儿保持一个轻

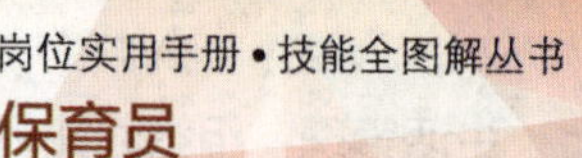

松愉快的就餐心情，可以促进消化腺的分泌，增进食欲，提高膳食质量和消化吸收。具体来说，保育员可从以下三方面营造良好就餐心理环境。

调节进餐气氛 保育员应调节好餐厅的气氛，为幼儿创造温馨、舒缓、平静的进餐环境。具体来说，保育员可通过播放背景音乐、猜谜语等，让幼儿在舒缓、愉快的情绪下进餐。在背景音乐的选择上，应以钢琴曲、轻音乐为主，此时需注意：音乐音量要适宜，过大过小都不合适。

创设宽松的就餐环境 创设宽松的就餐环境，可提高幼儿食欲。一般来说，可采取以下措施。

① 允许幼儿自由选择座位，选择和自己的好朋友一起进餐。

② 不强迫幼儿进食，不体罚或批评进食慢的幼儿。

③ 多给幼儿一些进食时间，不在就餐活动中处理有关纪律的问题。

④ 只在幼儿请求帮助时，采取必要的措施。

为幼儿创造一个自我服务的机会 幼儿在 3 岁后，便开始慢慢寻求独立，愿意自己做好自己的事，有自我服务的欲望。此时，保育员可通过正确引导，帮助其学习如何收放餐具，如何自取食物，互相鼓励不浪费粮食，不挑食等，养成自己的事情自己做好，不依赖成人的好习惯。

为幼儿创造一个融洽交往的场所 为幼儿创造一个与同伴融洽交往，与保育员、老师积极互动的场所，使幼儿在语言能力、知识经验、人际交往等方面有所发展。幼儿与同伴互相交流、互相帮助，不时地同保育员、老师交流自己的想法，有利于形成融洽的班级气氛，有助于幼儿愉快的进餐，并体会到吃饭的快乐。

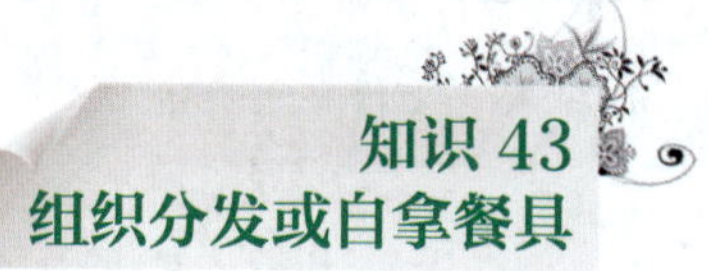

知识 43 组织分发或自拿餐具

幼儿进餐时，保育员应做好餐具的组织分发工作，并指导幼儿有序自拿餐具。

1. 组织分发或自拿餐具准备

① 保育员应穿戴好隔离衣，戴好隔离帽。

② 保育员应将双手洗干净、戴好手套，并组织幼儿洗净双手。

③ 保育员应将消过毒的餐具从消毒柜中取出，餐具要与幼儿人数统一。

2. 组织分发

保育员分发餐具　保育员可自行为幼儿分发餐具。具体分发要点如图7—8所示。

将碗从餐盘中取下，摆放在正对椅子的桌面上

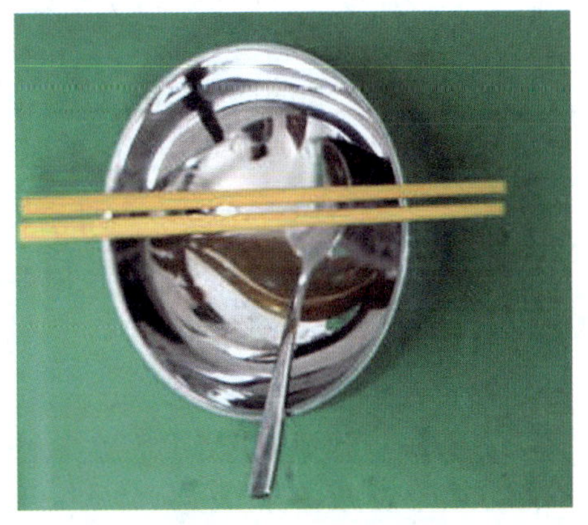

勺子或筷子放在碗上，分发时拿勺子把手或筷子略粗的一端

图7—8　分发餐具要点

指导大、中班幼儿分发餐具　对于大、中班的幼儿，为培养幼儿良好的餐桌礼仪习惯，以及愿意为他人服务的优良品质，提高幼儿的自理能力，提升进餐的乐趣，保育员可分配值日生领取和分发餐具。此时，保育员的工作重点是鼓励值日生及对其进行指导、监控。为提高值日生的工作热情，促使全班幼儿争当值日生，心甘情愿地为其他小朋友服务，保育员可设计一些朗朗上口的儿歌，如“值日生，不怕累；吃饭前，做准备；小围裙，身上系；摆桌椅，发餐具”。

幼儿分发餐具如图 7—9 所示。

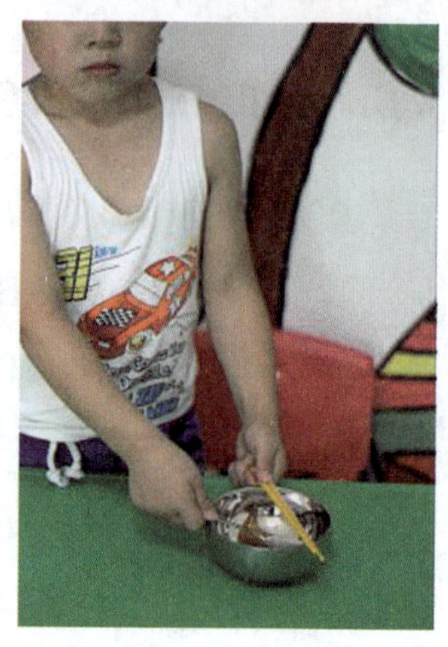

图 7—9　幼儿分发餐具示意图

3. 自拿餐具

幼儿自拿餐具时，应要求其以小组为单位，排队按顺序到指定位置自拿餐具，不得拥挤、争抢。为提高幼儿的进餐兴趣，并考虑不同幼儿手部精细动作的发展水平不同，保育员在准备餐具时可准备勺子和筷子两种，让幼儿在自取餐具时自主选择，可以选用勺子也可以选用筷子，给予其充分的自主选择权。

4. 分发餐具需注意的问题

① 分发餐具的时间不宜过早，以免餐具受到污染。通常以餐前 20~30 min 开始分发为宜。同时，教育幼儿不要用小手触摸餐具，以免餐具受到污染。

② 分发过程中，如果餐具不慎掉落在地上，应立即更换。

知识 44 给幼儿分发或添加饭菜

1. 给幼儿分发或添加饭菜准备

① 保育员应穿好隔离衣，戴好口罩和隔离帽。

② 保育员将饭菜放到幼儿接触不到的安全的位置，避免打翻、碰散甚至烫伤幼儿。

③ 保育员指导幼儿停止活动，有序坐到座位上。

④ 保育员洗净双手。

2. 分发饭菜

分发饭菜的程序　保育员分发饭菜的程序如图 7—10 所示。

1 ◎ 分汤菜、稀饭前用汤勺搅拌，使汤、菜混合

2 ◎ 将菜均匀地盛到盘中

3 ◎ 根据幼儿的摄食量，分发主食

图 7—10　分发饭菜的程序

分发饭菜的要点　保育员分发饭菜时，应掌握以下几个要点。

① 分发饭菜应首先做到有序、安全、公平、少盛多添。

② 分发饭菜时应用指定餐具，将饭菜分别盛在盘和婉中，如图 7—11 所示。使用快餐盘的，将两道菜及主食盛到盘中，注意两道菜不能混淆、主食不能泡到菜汤中。

图 7—11　分菜示意图

③ 分发馒头、花卷等主食时，应用食品夹。

④ 要将饭、菜、汤、主食等均等、齐全地分发给每一个幼儿，避免幼儿单一摄食。

⑤ 如遇上鱼、虾、排骨等带刺、皮、骨头的食物时，尤其是小班幼儿，应在进餐前帮助幼儿剔刺、去皮、拆骨等。对于大、中班幼儿，可指导他们自我服务。

⑥ 为幼儿端饭时，不得在幼儿头顶掠过，以免烫伤幼儿。

⑦ 对生病幼儿、过敏体质幼儿或小班幼儿等，保育员应个别照顾，给予更多关照。

3. 添加饭菜

巡视幼儿用餐

① 保育员应仔细观察每一个幼儿的进餐行为、进餐情绪、进餐速度、进餐量和对食物的偏好，发现问题及时处理。

② 幼儿打翻饭碗或有呕吐的情况，保育员不要训斥，要及时处理，给幼儿重新盛上饭菜，呕吐严重者需通知卫生保健员。

适时添加饭菜

① 根据幼儿平时的食量，及时为幼儿添加饭菜。

② 添加饭菜时注意安全，以免烫伤幼儿。

③ 鼓励幼儿不浪费饭菜。

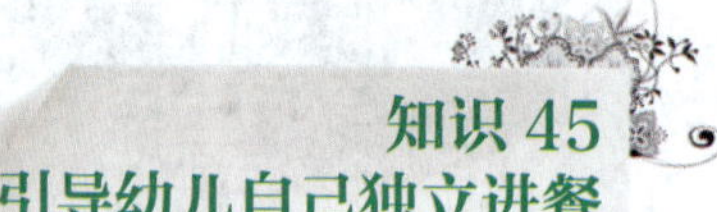

知识 45 引导幼儿自己独立进餐

为培养幼儿的进餐兴趣和独立性，同时有效提升幼儿的手部精细动作，提高手眼协调能力，保育员可引导幼儿自己独立进餐。对于年龄太小、自理能力太差的幼儿，保育员前期以辅助进餐为主，后期耐心进行引导。

1. 引导幼儿养成正确的进餐姿势

引导幼儿独立进餐前，保育员应教会幼儿正确的进餐姿势。正确的进餐姿势是：身体坐端正，不要左右摇晃，左手扶碗，右手拿勺子或筷子，双手配合协调一致。

为了使幼儿掌握正确进餐的姿势，保育员可通过教儿歌的形式开展教育，如："小椅子，放放好，上面坐着乖宝宝；左手碗，右手勺，身子靠紧桌子前；细细嚼，慢慢咽，自己吃饭真能干。"

2. 指导幼儿正确进餐

明确幼儿正确进餐的要求　保育员应鼓励幼儿独立进餐，同时对进餐表现良好的幼儿进行表扬，以激励幼儿遵守进餐秩序。具体来说，保育员应提前将进餐要求灌输给幼儿，让幼儿知道怎样进餐才是最正确、表现最好的。幼儿正确进餐的要求一般如下所示：

① 进餐要安静，不东张西望，不说笑打闹，同时不打扰别人进餐。

② 进餐时不撒饭，不乱丢食物残渣，保持桌面、地面和衣服的整洁。

③ 不挑食、不偏食，不吃掉在地上的食物，不吃汤泡饭。为使幼儿自觉做到不吃汤泡饭，保育员应将原因通过生动的语言向幼儿描述。幼儿不宜吃汤泡饭的原因如图 7—12 所示。

易有饱胀感

◎ 用汤泡饭，其容量会增加，吃了容易感到饱胀，减少摄入量，影响幼儿身体发育

咀嚼不充分

◎ 汤泡饭便于吞咽，咀嚼减少，长期以往咀嚼功能减退，严重时会影响面部肌肉的对称和美观

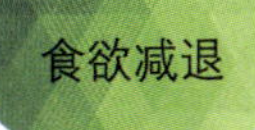

◎ 吞食泡饭减少咀嚼动作，相应地咀嚼反射作用也减少，胃、胰、肝、胆囊等分泌消化液的量减少

◎ 不经咀嚼的饭会增加胃的负担，而过量的汤水又会将胃液冲淡，从而影响消化吸收，甚至引发胃病

图 7—12　幼儿不宜吃汤泡饭的原因

④ 进餐时不含饭，咽下一口，再吃下一口，细嚼慢咽，能自己掌握吃饭的量，不暴饮暴食。

⑤ 咽完最后一口才能离开自己的座位，饭后不剧烈运动。

有效指导幼儿独立进餐

① 幼儿在进餐过程中，保育员应态度温和，不批评、不催促、不比赛，

以免影响幼儿的进餐情绪。

② 幼儿在进餐时，保育员一般不能清理卫生。有个别大量撒饭现象的，清理应及时、迅速，以免打扰幼儿正常进餐为准。

③ 无特殊事情，幼儿在进餐时，保育员不宜大声说话，便于营造安静的进餐氛围。

知识 46 组织体弱儿的饮食调节与进餐指导

对于身体比较虚弱、爱生病的幼儿，保育员应给予特殊照料。具体从饮食上来说，保育员应注意以下要点。

1. 缺铁性贫血幼儿的饮食调节与进餐指导

幼儿缺铁性贫血的临床症状有精神不振，疲乏无力，头晕耳鸣，心慌气短，活动减少，食欲减退等。对于缺铁性贫血的幼儿的饮食调节及经常指导要点为加强营养，鼓励幼儿多吃含铁丰富的食物，如动物的肝脏、鸡蛋黄、菠菜等食物。同时，缺铁性贫血的幼儿也应多食橘子、广柑、酸枣、猕猴桃、番茄、红枣等干鲜水果，因为这些水果含有丰富的维生素 C，可促进铁的吸收。

下图 7—13 是缺铁性贫血幼儿的常见食谱“猪肝菠菜汤”的做法，供参考。

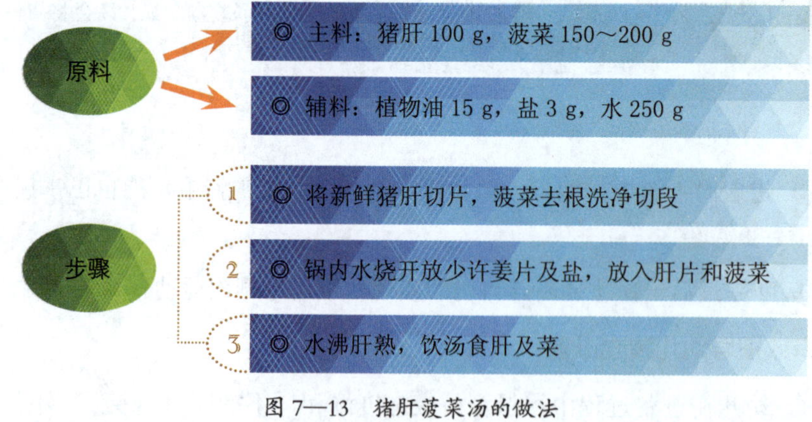

图 7—13　猪肝菠菜汤的做法

2. 营养不良幼儿的饮食调节与进餐指导

对于营养不良的幼儿，保育员在调节其饮食及指导其进餐的过程中，应掌握以下要点。

① 培养幼儿良好的饮食习惯，食要有时、有节，纠正挑食、偏食、喝冷饮、吃凉饭的不良习惯，做到营养均衡。

② 针对病因，安排膳食，做到食品多样化，增添高蛋白质和热能的食物，如谷类、肉类、薯类等。

③ 循序渐进地增加幼儿的食欲，在幼儿进餐时观察其饮食情况，鼓励幼儿吃完自己的一份饭菜和增加的营养菜。

④ 食前静，食后动。胃肠消化需要血液的支持，如果饭前活动量太大，血液都集中在肢体、肌肉等处，胃肠得不到充足的血液，会影响食欲和消化。而吃完饭一直坐着不动，易造成食物在胃里停滞，影响消化吸收，此时可采取饭后散步等方式，帮助胃肠蠕动。

⑤ 愉快进餐，谨慎用药。幼儿进餐时如果情绪愉快，不仅饭吃得特别香，而且消化吸收也特别好。另外，有些药物会伤及孩子的脾胃，如经常使用抗生素可能造成幼儿腹泻。所以，婴幼儿用药应在医生的指导下使用，保育员不得自行添加。

知识 47 对肥胖儿的饮食调节与进餐指导

肥胖儿的饮食调节与进餐指导重在不影响幼儿生长发育的基础上，减少体重。具体来说，保育员应掌握以下三大要点。

1. 肥胖儿饮食及进餐要求

① 饮食应以低脂肪、低碳水化合物、低热量为主，如瘦肉、鱼、豆腐、豆浆、虾、肝等，这些既可保证幼儿充足的营养，又避免孩子过早、过频出现饥饿感。

② 进餐的顺序为先吃些水果或喝汤，再吃蔬菜和荤菜，再吃粮食。应多食用蔬菜，如白菜、芹菜、油菜和萝卜、黄瓜等，以便产生一定的饱腹感。

③ 适当减少食量，并先从米饭、面条、馒头、玉米等主食减起，要逐步减少，先减 1/4 量，依次 1/3 量、1/2 量。

④ 细嚼慢咽，每餐 30 min 为最适宜。

⑤ 选择带骨、带刺的食物，有助于锻炼咀嚼功能和减慢进食速度。

⑥ 加强体格锻炼，并请家长参加相关讲座，了解肥胖的危害，与学前教育机构一起配合，科学锻炼，合理饮食。

2. 肥胖儿饮食与进餐禁忌

① 不要吃得过饱，不要进餐太快。

② 少吃豆、白薯、糖、巧克力、甜饮料、甜点心、快餐食品、油炸食品、膨化食品、果仁、肥肉、黄油等含热量过高的食物。

③ 少吃香蕉、葡萄、橘子、西瓜等含糖较多的食物。

3. 肥胖儿饮食餐谱

图 7—14 是肥胖儿的常见食谱“干贝烧冬瓜”的做法，供参考。

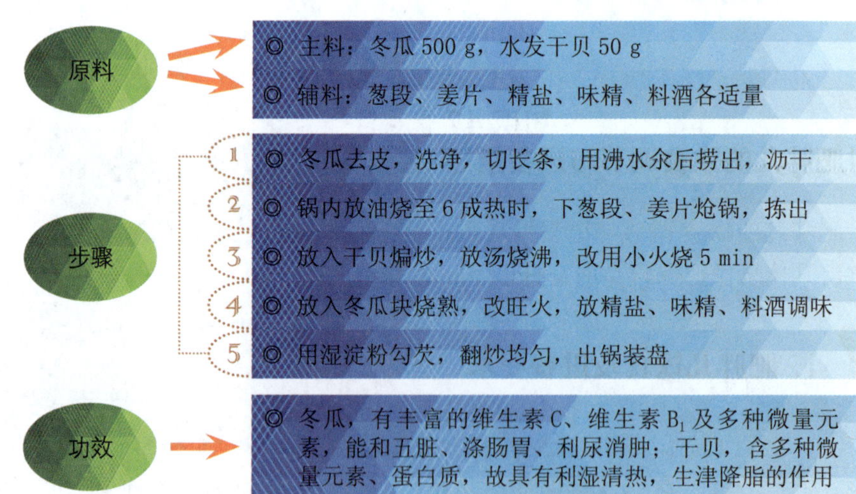

图 7—14 干贝烧冬瓜的做法

岗位内容八
生活管理：组织幼儿饮水

知识 48 准备饮用水

学前教育机构饮用水的水质要符合国家饮用水标准，如不含有病原微生物及危害人体健康的化学物、放射性物质，无色、清亮、口感清纯。为幼儿准备洁净、适宜的饮用水，是保障幼儿每天正常饮水量及饮水质量及身体健康的重要一环。具体来说，保育员应做好以下工作。

1. 准备白开水

冷却后的白开水是最适合幼儿的饮品，一年四季都可以饮用。学前教育机构的白开水的准备程序如图 8—1 所示。

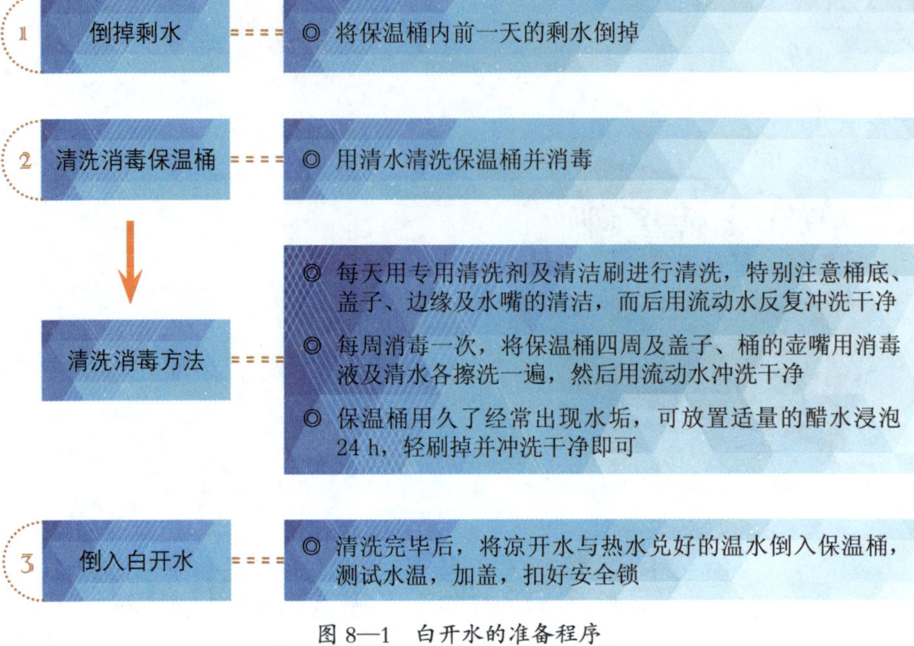

图 8—1 白开水的准备程序

2. 准备桶装水

桶装水的准备工作 准备婴幼儿饮用桶装水时，应选择矿泉水和纯净水交替饮用。这是因为纯净水在过滤、净化过程中，除去了水中的细菌、病毒、杂物，同时也把其中对幼儿身体有益的微量元素和矿物质几乎全部滤掉。因此，建议幼儿在饮用纯净水时，与矿泉水交替，以补充体内微量元素，防止因微量元素长期缺乏导致的疾病。

桶装水不宜放置在阳光直射的地方，饮用前保育员应检查水桶有无破裂或异常，查看生产日期及合格证明，水质是否新鲜、水量是否能满足幼儿一天的饮水等，水量不足时应及时更换，拆封后的桶装水应在 10 日以内饮用完。

饮水机的准备工作 保育员应每隔 1～2 个月对饮水机进行一次清洗消毒，具体步骤如图 8—2 所示。

1 ◎ 拔掉电源，取下水桶，打开排污管口（立式在机子后边，台式在机子底部）

2 ◎ 逆时针旋转，取下“聪明座”，用酒精棉仔细擦洗饮水机内胆和盖子的内外侧

3 ◎ 按照消毒剂的说明书配制消毒水，倒入饮水机并充盈整个腔体，留置 10～15 min

4 ◎ 打开饮水机的所有开关，包括排污管和饮水开关，排净消毒水并用清水反复冲洗

5 ◎ 冲洗几次后，把饮水机向后侧倾斜，排出不慎滴入的液体，并用干抹布擦拭机身

6 ◎ 打开冷热水嘴并放水，检查出水是否流畅，后通电检查电源有无异常，测试水温

图 8—2　饮水机的清洗消毒步骤

水壶的准备

① 清洗、消毒水壶及水嘴。

② 将凉开水与热水兑好的温水倒入水壶，并测试水温，确保水温适合。

水杯的准备　水杯必须每人一杯，专人专用，每日清洗消毒，用水杯喝豆浆、牛奶等易附着于杯壁的饮品后，保育员应马上清洗消毒。

清洗消毒结束后，保育员将洗净、消毒好的水杯放入对应的位置，杯把朝外，标志朝外，注意杯口不要接触柜壁，放置好口杯后及时关闭柜门以防落尘。

3. 准备自制饮料

在炎热的夏季或干燥的秋季，保育员可以考虑自制一些饮料，起到防暑降温、补充能量等的作用。自制饮料的材料一定使用由正规途径购买的在保质期内的新鲜原料，制作时必须煮沸，不建议给幼儿饮用冰镇的材料。

在自制饮料时不建议添加药材类原料，如有需要，保育员需在卫生保健员的指导下进行，切勿自行配制。

下图 8—3 是一款常见自制饮料“冰糖绿豆汤”的制作方法，供参考。

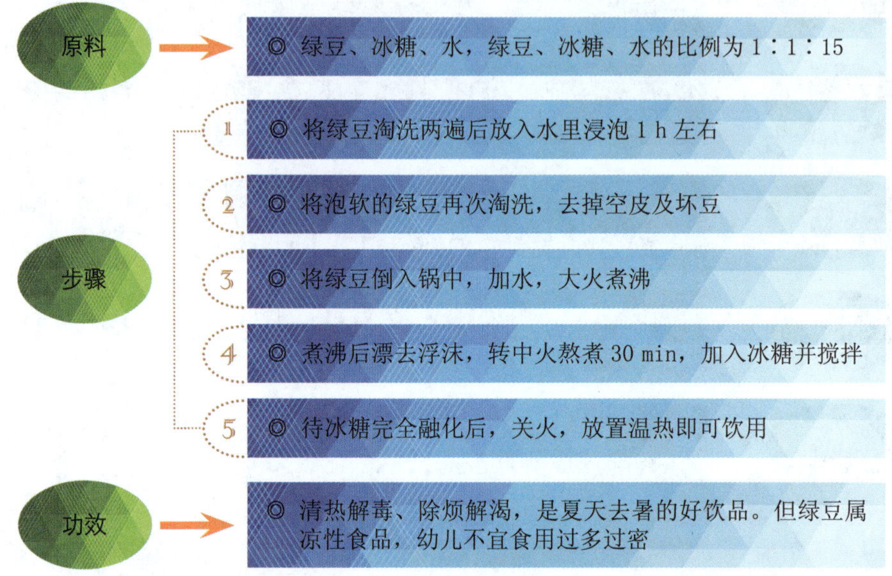

图 8—3　冰糖绿豆汤的制作方法

在为幼儿准备饮用水的过程中，保育员应注意以下事项：

① 饮水机和保温桶应放在幼儿活动区之外，有固定措施，不用的时候必须锁上安全锁。

② 自制饮料时，不要长期喝一种，可变换花样给幼儿饮用，如根据季节从周一到周五安排五种不同的自制饮料。

③ 一般最适宜幼儿的饮用水温度为 40℃，但根据气温的不同，水温可稍作调整，如冬季可以保持在 40℃左右，夏季可稍低一点。

知识 49 培养幼儿的饮水习惯

水是人体组织、体液的主要成分，是维持生命必不可少的物质。年龄越

小，身体含水量越高，幼儿身体中的水分约占其体重的 70%～80%。

饮水与幼儿身体健康关系密切，充足的饮水可维持正常的新陈代谢，调节体温，确保咽部湿润、大便畅通，提高机体抵抗力。因此，及时定量饮水并培养幼儿良好的饮水习惯对幼儿身体发育非常重要。幼儿的新陈代谢比较旺盛，每天消耗的水分占体重的 10%～15%，因此幼儿每天的需水量越大，约在 1 200～1 600 mL。除去营养素在体内代谢生成的水和饮食摄入的水分外，幼儿每天还应直接饮水至少 600 mL。

培养幼儿良好的饮水习惯，有以下几个小妙招，保育员应酌情掌握，灵活应用。

1. 运用音乐儿歌培养幼儿正确的饮水习惯

良好的喝水习惯与愉快主动的喝水是相辅相成的。保育员可运用音乐、儿歌的影响力，让幼儿在舒适的环境中喝水。具体来说，保育员平时应注意收集一些优美的音乐和朗朗上口的儿歌等，喝水的时候播放音乐或与幼儿一起朗读儿歌，让幼儿觉得排队喝水很有趣，从而便于引导幼儿养成良好的饮水习惯。

以下是两则饮水儿歌，如图 8—4 所示。

饮水歌

小朋友，爱喝水，你先我后来排队。
排好队伍到橱前，伸手去拿小水杯。
小水杯，要分清，自己拿，去接水。
每次半杯刚刚好，喝完洗净小水杯。

宝宝天天爱喝水

宝宝天天爱喝水，小水杯，放点水。
我和茶杯亲亲嘴，咕噜咕噜喝下去。

图 8—4　饮水儿歌

2. 通过游戏活动培养幼儿正确的饮水习惯

以下是三个比较典型的游戏活动，供保育员参考。

“我的小花园”区域角活动 在饮水区，组织幼儿设计制作了“我的小花园”区域角。幼儿每喝一杯水，就可以在自己的小花朵上贴一朵花瓣。保育员每个星期对幼儿的饮水情况进行一次统计，并将统计结果制作成一张“你的花儿有几朵”的表格，于每周一在走廊内公布。这样，幼儿、家长、保育员都能一目了然地了解幼儿每一周的饮水量，并激发幼儿喝水的积极性。

“快乐饮水吧”区域角活动 在班级的一角创设了一个非常漂亮的“快乐饮水吧”，放置保育员和幼儿自制的桌子、凳子、水杯、水壶、饮水机等虚拟物品，并提出要求如剧烈活动后的幼儿不能进入这个区域，进入本区域需将手洗干净等，以此来体验并培养幼儿良好的饮水习惯。

“两粒小豆苗比较”活动 保育员拿出两粒豆苗（一粒长得旺盛，另一粒已经枯萎）让幼儿观察，从而让幼儿知道长得旺盛的豆苗是因为每天浇水，而枯萎的豆苗是经常不浇水造成的，从而引出小朋友和豆苗一样，都离不开水，只有多喝水才能长得美丽、健康的道理。

3. 通过故事培养幼儿正确的饮水习惯

保育员可通过一些生动有趣的故事，讲出水对幼儿的重要作用，让幼儿知道自己离不开水，喝水少了会造成身体不适，使幼儿实现从“要我喝水”到“我要喝水”的转变，养成自觉、文明饮水的好习惯。

4. 发挥榜样作用

保育员可与幼儿一起饮水，从而发挥榜样的力量，让幼儿纷纷效仿，愿意多喝水。每次到了喝水的时间，保育员可说：“老师都渴了，我想去喝点儿白开水，你们谁觉得渴，咱们一起去喝水吧！”。

5. 赢得家长的配合

幼儿很长一部分时间是在家庭中度过的，所以家庭环境中对幼儿饮水习惯的培养也非常重要。保育员应利用各种途径让家长了解一些饮水的常识，鼓励家长在家营造定时喝水的气氛，使幼儿不论在家中还是学前教育机构都能自觉喝水，从而在不知不觉中养成喝水的好习惯。

知识 50 组织小班幼儿饮水

小班幼儿往往不懂得如何安全、卫生的喝水，甚至有的因为玩耍忘记了喝水，或因水淡无味而不愿意喝水。因此，保育员在组织小班幼儿饮水时，应注意以下要点：

1. 引导小班幼儿正确找到自己的水杯

小班幼儿还没养成用自己水杯喝水的习惯，有的为了图方便随手拿起水杯就喝。此时，保育员需要引导幼儿认识到：如果你错拿了别的小朋友的水杯，刚巧这个小朋友又感冒了，那么感冒病菌就会通过水杯进入你的身体，也许你也会感冒。

具体在引导小班幼儿饮水时，保育员应熟记幼儿的水杯标志。小班幼儿在拿取水杯时，保育员应指导幼儿记住自己水杯的标志及位置，并正确拿到自己的水杯。

2. 组织小班幼儿进入指定区域或就座

根据学前教育机构不同的饮水形式及情况，进行相应的布置。如用保温桶、饮水机、温水机的，为避免小班幼儿端水途中的泼洒，可组织幼儿分组进入保温桶、饮水机、温水机存放区域饮水；如利用水壶或饮用自制饮用水时可使用干净、整齐的桌子，并让幼儿有序地坐在相应位置。

3. 为小班幼儿接水或倒水

小班幼儿年龄比较小，身体协调性差，对危险的认知能力也不够，如果强硬要求其自己接水或倒水，可能发生烫伤自己或他人的危险。因此，保育员可根据实际情况为小班幼儿接水或倒水，并确保水的温度和水量适中，具体要求如图 8—5 所示。

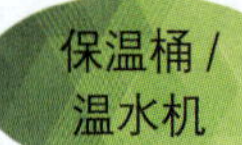

保温桶 / 温水机	◎ 帮助并指导小班幼儿接水，一手拿杯把，另一手拧龙头，接至半杯后关闭
饮水机	◎ 接兑好温水后递给小班幼儿饮用
水壶	◎ 幼儿将水杯取出后放置在桌子中间，保育员按序给幼儿倒水，提醒幼儿暂时不要挥动手臂，以免发生意外

图 8—5　为小班幼儿接水或倒水要求

4. 指导小班幼儿正确拿水杯喝水

对于不能正确持杯的幼儿，保育员应通过讲解、示范等形式让幼儿掌握正确拿水杯的要点。水杯的正确拿法为右手持杯柄，左手扶杯口，以增加水杯的稳定性，以免滑落。幼儿喝水时，保育员应提醒幼儿坐在指定位置上，小口喝水，不要边走边喝，不要说笑打闹。幼儿喝完水后，保育员还应强调幼儿将水杯放回对应位置，以便幼儿养成良好的喝水习惯。

知识 51 组织中、大班幼儿饮水

对于大、中班幼儿，保育员可组织他们独自接水、饮水。

1. 随时提醒接水、饮水要点

① 提醒幼儿接水要礼让、有序，不得打闹、推搡。

② 提醒幼儿接水时不要接得太满，每次接半杯，喝完再接。

③ 如果是接饮水机内的水，应提醒幼儿先接凉水，再接热水，以免烫伤。

④ 自制饮料最好使用水壶盛放，要将水冷却到 40℃左右再给幼儿饮用。

⑤ 提醒幼儿注意保持口杯平衡，保持地面干燥，以免滑倒。

⑥ 提醒幼儿喝水时注意安全，端好杯，避免洒到衣服上。

2. 观察监督幼儿饮水情况

① 保育员应随时注意观察幼儿饮水情况，鼓励幼儿将水喝光，及时发现喝不了或者偷偷倒掉水的幼儿，查明原因，协助还想喝水的幼儿接水。

② 时刻关注患病幼儿的饮水情况，对饮水不佳的幼儿应认真、细心说明多喝水的益处，鼓励其多喝水。也可以根据幼儿的患病情况自制饮料，并向幼儿介绍自制饮料的品种及简单的功效，激发幼儿喝水的愿望。

3. 鼓励幼儿多喝水

幼儿如果经常是拿着水杯排长队接水，时间长了难免会失去喝水的兴趣。此时，保育员可采用“小水壶自己倒水喝”形式（如图 8—6 所示），让其自己倒水自己喝水，这样不仅避免了排队的拥挤，也提高了幼儿的自理能力。当幼儿使用小水壶时，由于小肌肉的发展不完善，会有水洒到桌子上的现象，此时保育员可为幼儿准备一些小毛巾，让幼儿自己整理桌

图 8—6　用小水壶自己倒水喝

面，这样既方便又干净，还提高了幼儿的服务意识。

4. 指导幼儿将水杯放回

指导幼儿将水杯放回原处，杯把朝外，杯口不要接触杯橱壁，具体效果如图 8—7 所示。

图 8—7　水杯放回效果示意图

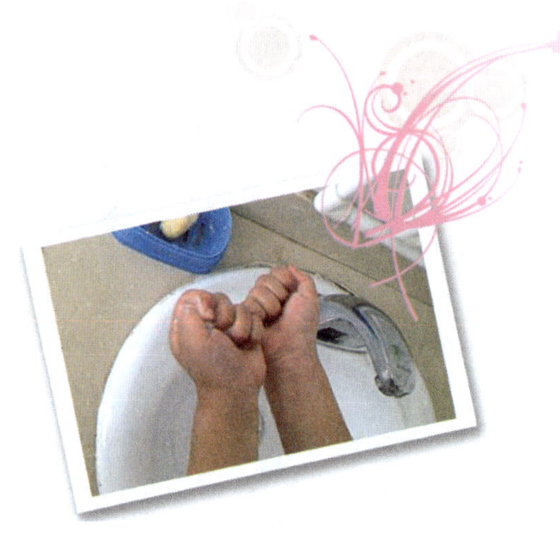

岗位内容九
生活管理：指导幼儿盥洗

知识 52 指导幼儿洗手

幼儿在洗手过程中常会出现一些问题，如洗得不干净，玩水，不慎将肥皂泡沫弄到眼里或口中等。因此，保育员应做好幼儿洗手指导工作。

1. 指导幼儿卷好袖口

小班幼儿，保育员可帮助其卷好袖口，中、大班保育员可指导其独立卷好袖口或同伴间互相帮助卷好袖口。

2. 指导幼儿掌握洗手的步骤

幼儿洗手的步骤如图 9—1 所示。

1. 打开水龙头，在水龙头下淋湿双手。

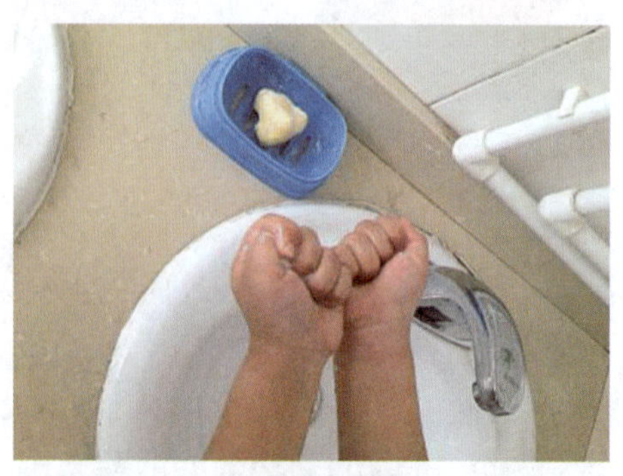

2. 双手搓上肥皂或滴上洗手液。

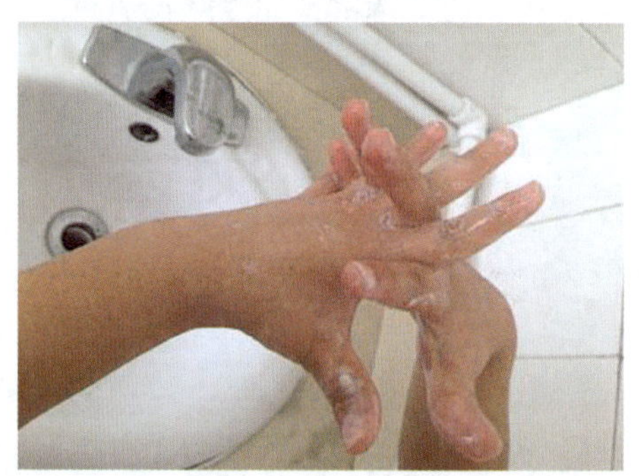

3. 双手互相搓擦 20 s 至泡沫丰富。

4. 用自来水彻底冲洗双手。

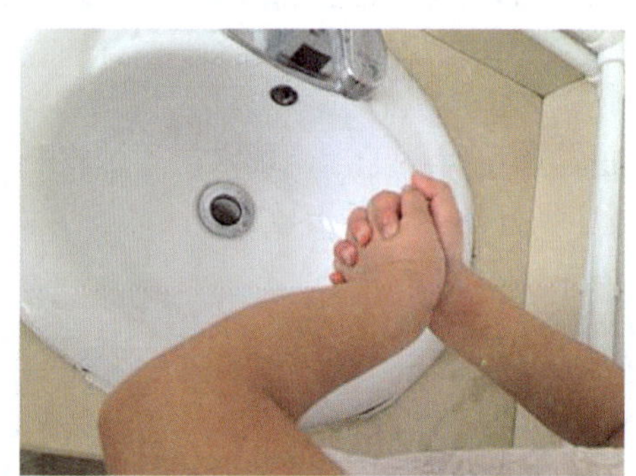

5. 关闭水龙头（手动式水龙头可用肘部关闭，手感式手离开即可）。

6. 使用自己的毛巾擦干手。

图 9—1　幼儿洗手的步骤

3. 指导幼儿掌握洗手的注意事项

幼儿洗手时，保育员应指导幼儿注意以下事项：

① 在盥洗过程中保持正确的盥洗姿势，即双手位置低于小臂、指尖略低。

② 洗手时不嬉戏打闹、不玩水，保持安静。

③ 节约用水，不浪费水。

④ 不要把水溅到地上，注意保持地面干燥，以免滑倒。

⑤ 洗完手后用自己的毛巾擦干手，并将毛巾整齐地放回原处，不使用、不接触其他小朋友的毛巾。

⑥ 在春、秋、冬季，手上可擦护肤霜，以防冻裂。

4. 指导幼儿养成勤洗手的好习惯

保育员应通过各种形式让幼儿明白什么时间该洗手，使幼儿养成手脏、进食前、大小便后、户外活动后等用皂液洗手的习惯。具体来说，保育员可通过以下几种形式培养幼儿的洗手习惯，如图 9　2 所示。

◎ 通过活动、故事等形式教育培养幼儿正确的盥洗习惯

◎ 创设盥洗氛围，张贴洗手方法流程图，激发幼儿盥洗的积极性

◎ 利用朗朗上口的儿歌或照片等帮助幼儿形成良好的盥洗常规。洗手儿歌可设计成如下“小朋友，爱洗手。洗前先卷衣袖口，打开龙头湿湿手，抹点香皂搓搓手，手心手背都要搓，再用清水冲冲手，冲干净，甩三下，一二三，去擦手”

图 9—2　培养幼儿洗手习惯的形式

知识 53 指导幼儿洗脸

幼儿每天需要完整洗脸两次，一般安排在早晨起床后和晚上临睡前，包

括洗眼、洗耳、洗鼻部、洗两颊和洗颈部等。保育员应做好幼儿洗脸指导工作。

1. 指导幼儿掌握洗脸动作要领

① 准备脸盆和水。清洗自己专用的脸盆，盛好温水（水温一般在35～40℃），放入干净的毛巾浸湿。

② 洗眼睛。拿起毛巾拧干后展开，用毛巾擦洗眼睛，擦洗顺序为由内向外，由鼻外侧、眼内侧开始向外眼角擦拭。洗好一只眼后要重新浸湿、拧干毛巾，用同样方法揩洗另一侧眼部。

③ 洗耳。用湿毛巾擦洗耳朵外部及耳后，然后用干毛巾揩干。清洁耳朵时，只清洁看得见的地方，擦去看得见的黏液或耳垢，不要清洁耳朵里面，防止把污物带入。清洁时注意不要让水滴入外耳道，更不要去掏耳垢，以防引起感染。

④ 洗鼻。可以用消毒棉签蘸一下温开水，将堵塞在鼻腔内的鼻涕物拭出，然后擦拭鼻子。鼻子清洗要点和耳朵清洗要点相似，也是只清洁看得见的地方，擦去看得见的黏液或耳垢，不要清洁里面。

⑤ 清洗其他部位。最后用干净的湿毛巾擦洗前额、两颊、口与鼻的周围、下颌，再擦洗颈部前后。

⑥ 清洗完毕，涂擦幼儿润肤油以保持皮肤滋润，防止干裂、起皮等。

2. 指导幼儿养成爱洗脸的好习惯

有的幼儿一听说洗脸就会哭闹，甚至直接拒绝。面对这种情况，保育员应采取讲故事、诵儿歌、搞活动等形式，让幼儿喜欢上洗脸，从而养成洗脸的好习惯。

幼儿爱洗脸儿歌　下图9—3是两则幼儿洗脸的儿歌，供参考。

洗脸儿歌（一）

小手洗干净，再洗小眼睛，
嘴巴转着洗，鼻子别忘记，
搓搓小脸颊，揉揉小耳朵，
脖子也要洗，小脸擦干净，
脸儿白白真高兴。

洗脸儿歌（二）

双手拿起小毛巾，平平整整放手心，
洗洗眼，洗洗鼻，洗洗嘴，洗洗颈，
最后擦擦小耳朵，小脸洗得真干净。

图 9—3　幼儿洗脸儿歌

幼儿爱洗脸活动　下面是某学前教育机构“幼儿爱洗脸活动”的案例，供参考。

活动案例

宝宝爱洗脸

一、活动目标

1. 让幼儿知道每天洗脸的重要性，养成每天洗脸的好习惯。

2. 让幼儿了解并掌握洗脸的步骤，了解怎么样洗得更干净，尤其是一些难洗的部位。

3. 让幼儿喜欢上洗脸。

二、活动准备

玩具娃娃一个，小毛巾每人一条，洗脸图片一张、洗脸儿歌一首。

三、活动过程

1. 设置情境，导入活动

（1）保育员说：“呜呜～～～，听，谁在哭啊？原来是娃娃！我们猜猜娃娃为什么哭呀？”

（2）保育员和幼儿一起问：“娃娃，你怎么了？为什么哭啊？”

（3）保育员说“我在外面玩，把小脸弄脏了，妈妈不在家，我该怎么办啊？呜呜～～～！”

2. 引发讨论

（1）讨论问题一：哪位同学会帮小娃娃洗脸。

（2）讨论问题二：你每天洗脸吗？谁帮你洗的？是怎么洗的？

在幼儿讨论、讲述过程中，保育员应让幼儿对洗脸的步骤进行重点说明，并归纳总结。

3. 实际演练

按照洗脸步骤，请个别幼儿给娃娃洗脸。

4. 进一步质疑与实际练习

（1）保育员说："娃娃怎么还在哭啊？我们听听怎么了？"而后引出进一步讨论。讨论问题为：说一说，刚才 ×× 是怎么洗的？对吗？你会吗？看看有没有帮娃娃洗干净啊？难洗的部位应该怎么洗。

（2）保育员结合图片进行讲解，重点对难洗部位如眼窝、耳窝、耳根、鼻翼进行讲解。

（3）保育员进行正确示范，幼儿练习，保育员对个别幼儿进行指导。

四、活动结束

1. 一边播放儿歌，一边和幼儿总结此次活动。

2. 引导幼儿说出洗脸的好处，让幼儿爱上洗脸，养成天天洗脸的好习惯。

知识 54 指导幼儿刷牙

刷牙不仅可以清洁牙齿，维护口腔清洁，还可以预防龋齿、牙周病，幼儿牙齿刷得好与坏会影响其营养摄取与健康。因此保育员应做好幼儿刷牙的指导工作，帮助幼儿养成早晚刷牙、饭后漱口的习惯。

1. 指导幼儿掌握刷牙步骤

保育员应指导幼儿掌握刷牙的步骤，具体如图 9—4 所示。

刷牙准备
◎ 取刷牙杯，拿出牙刷，刷牙杯里接满温水，水温以 35℃为宜
◎ 挤黄豆粒大小的婴幼儿牙膏到牙刷上

刷牙
◎ 先含一口温水，然后漱口润湿口腔
◎ 将放有牙膏的牙刷在刷牙杯里稍微浸湿一下
◎ 由上而下刷牙齿的外面，然后刷牙齿咬合面，最后刷牙齿的里面

漱口与整理
◎ 刷完牙后多漱几次口，并将牙刷、刷牙杯洗干净
◎ 将牙刷柄向下放入刷牙杯，将刷牙杯放在原来位置

图 9—4　圆弧刷牙法的动作要领

2. 指导幼儿掌握刷牙的要领

① 刷牙包括三个牙面，即内侧面、外侧面以及水平的咀嚼面。幼儿刷牙时，保育员应提醒幼儿特别注意清洁内侧面及水平的咀嚼面，因为这些地方是幼儿刷牙时最容易遗漏的地方。

② 幼儿刷牙必须早晚各一次，每次刷牙要认真、仔细地刷 3 分钟。

③ 要用婴幼儿专用牙刷和牙膏，刷牙时牙膏不要挤得太多。

④ 对于刷牙顺序不正确、刷牙动作不规范的幼儿，保育员应及时给予纠正。

3. 培养幼儿养成刷牙的好习惯

保育员可通过多种途径提升幼儿刷牙的兴趣，促使幼儿养成刷牙的好习惯。具体途径可参照下面内容。

树立好榜样　保育员应以身作则，每天早晚定时刷牙，同时可向幼儿说：“我刷刷，你刷刷，牙齿美白又健康。”这样幼儿看见自己认真刷牙的模样，也会学习，从而养成刷牙的好习惯。

举办竞赛 针对不爱刷牙的幼儿，保育员可开展全班的刷牙大赛，比一比谁刷牙最积极、最认真、最彻底，获胜者能得到一朵小红花，从而提升幼儿刷牙的兴趣。

讲故事或放动画片 故事或动画片大多是幻想与现实巧妙结合，幼儿非常喜欢。因此，保育员可通过讲故事或放动画片（如蛀牙大王），让幼儿明白刷牙的重要性，从而提高其刷牙的主动性。

唱儿歌 保育员通过与幼儿一起吟诵儿歌，使幼儿不仅掌握刷牙要领，还爱上刷牙。以下图 9—5 是两则幼儿刷牙的儿歌，供参考。

刷牙儿歌（一）

小牙刷，手中拿，张开我的小嘴巴。
上面牙齿往下刷，下面牙齿往上刷，
左刷刷、右刷刷，里里外外都刷刷。
早晨刷、晚上刷，刷得干净没蛀牙。
刷完牙齿笑哈哈，露出牙齿白花花！

刷牙儿歌（二）

小小牙刷手中握，早晚刷牙要用它。
刷牙方法要记牢，顺着牙缝上下刷。
上面牙齿往下刷，下面牙齿往上刷。
咬合面要来回刷，里里外外仔细刷。
保护牙齿不生病，做个爱牙好宝宝！

图 9—5 幼儿刷牙儿歌

知识 55 指导幼儿洗脚

幼儿活动量大，爱出汗，甚至有的幼儿自行脱掉鞋袜光脚走路，从而使脚上有很多污物。为保持幼儿脚部的干爽与洁净，保育员应指导幼儿做好脚部清洗。

1. 指导幼儿掌握洗脚的步骤

幼儿洗脚的步骤如图 9—6 所示。

1 ◎ 将适宜的温水倒入幼儿专用洗脚盆中，可以用手试试水温，水量以浸泡整个脚面到达脚踝部位为宜

2 ◎ 组织幼儿坐在高低适宜且稳定的板凳上，脱掉袜子，挽裤腿至膝盖处

3 ◎ 将双脚轻轻放入盆中，浸泡 3～5 min

4 ◎ 用手搓揉脚面、脚心、脚趾、脚踝等部位

5 ◎ 用干毛巾将双脚擦拭干净，并将洗脚水倒掉，脚盆放好

图 9—6　幼儿洗脚的步骤

2. 指导幼儿掌握洗脚的要领

① 幼儿一年四季都需要用温水洗脚。夏天的时候洗脚水的温度一般可以在 38～40℃；到了冬天，洗脚水的温度可以逐渐提高，一般可以在 45～50℃。

② 幼儿洗脚水不能过热，如果常用热水给幼儿洗脚或烫脚，其足底的韧带会变得松弛，不利于足弓的形成和维持，容易形成扁平足。

③ 调兑温水时应先加冷水再加热水，以防烫伤幼儿。

④ 洗脚用的热水一定要放在远离幼儿且幼儿够不到的地方，用热水器的应将阀门调到温水或冷水的位置。

⑤ 幼儿应坚持每天洗脚，在洗脚时保育员可用手对其脚进行按摩刺激，达到舒筋活络、防病治病和健身作用。

在指导幼儿洗脚过程中，保育员应特别注意幼儿的安全问题，防止烫伤或跌伤的发生。对于小班的幼儿，保育员可为其准备洗脚水，提前测好水温，洗脚完毕后帮助其倒洗脚水；对于大班幼儿，保育员可指导其自行完成洗脚事项，但是应时刻做好观察、检查工作，及时处理意外事故。

知识 56 指导幼儿淋浴

幼儿皮肤娇嫩，新陈代谢旺盛，分泌物较多，皮肤的皱褶处容易藏有污垢，因此应勤洗澡，才能清除汗垢污物，有效杀灭细菌，保持身体健康。保育员应帮助、指导 3 岁以上的幼儿洗淋浴，促使其养成爱清洁、有规律、讲卫生的生活习惯。

1. 帮助幼儿做好淋浴准备

① 幼儿淋浴前，保育员应为其准备好浴巾、毛巾、洗发露、幼儿沐浴露或香皂、防滑拖鞋、换洗衣物、爽身粉、痱子粉等。

② 保育员应调节好浴室内的温度，室内温度应在 24～28℃为宜。

③ 保育员应帮助幼儿将淋浴的水温调兑适中，水温应控制在 38～40℃之间。

2. 指导幼儿掌握淋浴的步骤

保育员应指导幼儿掌握淋浴的步骤，使幼儿学会洗澡，爱上洗澡，能安全洗澡，并且能洗得很干净。幼儿淋浴的步骤如图 9—7 所示。

1 ◎ 将身体全部淋湿

2 ◎ 用手搓洗全身，重点搓洗脖子、腋窝、大腿根、脚趾等易藏污纳垢的部位

3 ◎ 搓洗干净后用清水冲洗

4 ◎ 全身涂上幼儿沐浴露或香皂，搓洗出泡泡，再用清水冲洗干净

5 ◎ 头发涂洗发露，双手轻轻揉搓头发及头皮至泡沫丰富后，用清水冲洗干净

6 ◎ 用浴巾擦干身体，用毛巾擦干头发及脸

图 9—7　幼儿淋浴的步骤

3. 指导幼儿掌握洗澡的要领

① 无论春夏秋冬，幼儿洗澡时间不宜过长，以5～10 min为宜，以防心脑缺氧、缺血。

② 洗澡前先热身，做一些散步、拉伸等热身运动，以避免晕厥、抽筋现象，时间及强度以身体微热，不出汗为宜。

③ 冬季洗澡的最佳顺序是：先洗脸，再洗身，最后洗头。这是因为冬季气温低，刚进入浴室血液会集中在内脏和头部，马上洗头，可能会导致头部血液流通不畅，幼儿晕厥等。

④ 洗澡时，不要反锁浴室门，以免发生意外时增加救援难度。

⑤ 夏季洗完澡，可在颈部、腋窝、大腿根等褶皱较多的部位涂爽身粉、痱子粉等。

⑥ 冬季洗完澡后，可以在身体上涂润肤油，以防止皮肤干裂，保持皮肤滋润。

⑦ 夏季比较炎热，幼儿洗澡次数以每天1～2次为宜；秋、冬季节比较干爽且温度低，幼儿洗澡次数以一周1～2次为宜。

保育员在指导幼儿淋浴的过程中，最好陪在身边，以便及时应对突发情况。幼儿淋浴结束后，保育员应及时叮嘱幼儿穿上干净衣服，并立即用电吹风的暖风将头发吹干，防止其受风着凉。

岗位内容十 生活管理：组织幼儿如厕

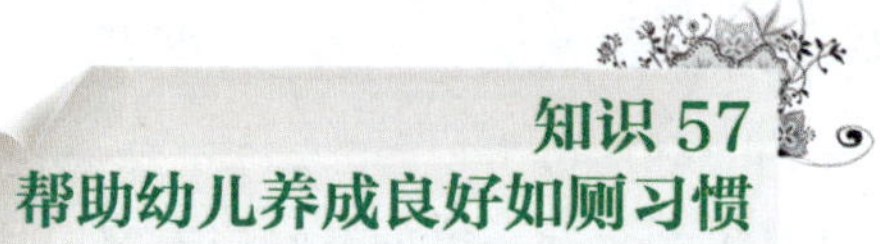

知识 57 帮助幼儿养成良好如厕习惯

如厕是幼儿在学前教育机构一日活动中必不可少的部分，这一生活环节中幼儿也会出现一些不良现象，需要保育员去及时关注。具体来说，保育员应帮助幼儿从小养成良好的生活和卫生习惯，在实践过程中让幼儿掌握基本的、简单的生活自理能力，促进幼儿健康成长。

1. 帮助幼儿养成定时如厕、按需如厕的好习惯

保育员可通过儿歌、故事等形式培养幼儿定时如厕、按需如厕的习惯。幼儿很喜欢听故事、念儿歌，保育员在教育幼儿养成良好的如厕习惯的过程中，可以用故事和儿歌告诉幼儿，有小便了要主动去厕所，不能憋尿，每天要固定时间去大便。

以下是一则鼓励幼儿及时小便的儿歌，如图 10—1 所示。

小花猫

小花猫，喵喵叫，有尿贪玩不去尿。
小花猫，你别叫，贪玩憋尿可不好。
小花猫，眯眯笑，赶快跑到厕所尿。

图 10—1　鼓励幼儿及时小便的儿歌

2. 帮助幼儿养成自觉遵守规则的好习惯

幼儿如厕时，保育员应帮助其养成自觉遵守规则的好习惯，如：讲秩序，不拥挤，不推挤，不大声喧哗吵闹，不追跑嬉戏，不妨碍他人如厕；洗手动作迅速、认真，不玩水、不玩皂液、不浸湿衣服、不把水甩在别人身上和地上；节约用水、节约用纸等。

3. 帮助幼儿养成便后冲厕洗手的好习惯

幼儿大、小便后，保育员要提醒幼儿及时将便池冲洗干净，然后用洗手液清洗双手，逐渐培养幼儿便后冲厕、便后洗手的良好习惯。在培养幼儿便后冲厕洗手的习惯时，保育员应充分发挥自己的榜样作用，同时可向幼儿传输一些便后不冲厕所会发臭，便后不洗手会有细菌甚至生病的知识，让幼儿了解便后冲厕洗手的重要性，自觉做到便后冲厕洗手。

在帮助幼儿养成良好如厕习惯的过程中，保育员应充分认识到幼儿如厕习惯的养成不可能一蹴而就，应耐心、细致，循序渐进。同时，保育员还应与幼儿家长共同配合做好幼儿家园教育。保育员应让家长认识到家庭是孩子的第一所学校，家长是幼儿的第一任老师，家庭教育不可忽视。

在培养幼儿良好如厕习惯方面，保育员可提请家长配合，使其在家中也有意识地培养幼儿良好的如厕习惯，实现家园同步教育。保育员可提请家长把幼儿在家中的表现予以记录，并反馈给自己，以方便双方根据幼儿的具体情况，分析原因、商量对策，更好地帮助幼儿养成良好的如厕习惯。

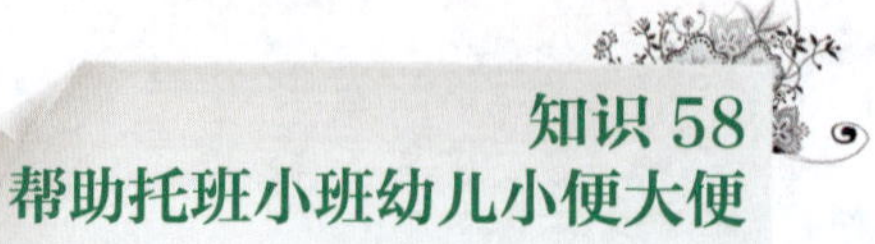

知识 58 帮助托班小班幼儿小便大便

托班、小班幼儿年龄小，语言表达能力弱，自理能力和自我控制能力差，需要在保育员的帮助下大、小便。

1. 注意观察托班、小班幼儿排便前的动作表现

保育员除了教导幼儿定时如厕外，还应随时注意观察托班、小班幼儿的表现，发现其有图 10—2 所示的动作表现时，应及时带其排便。

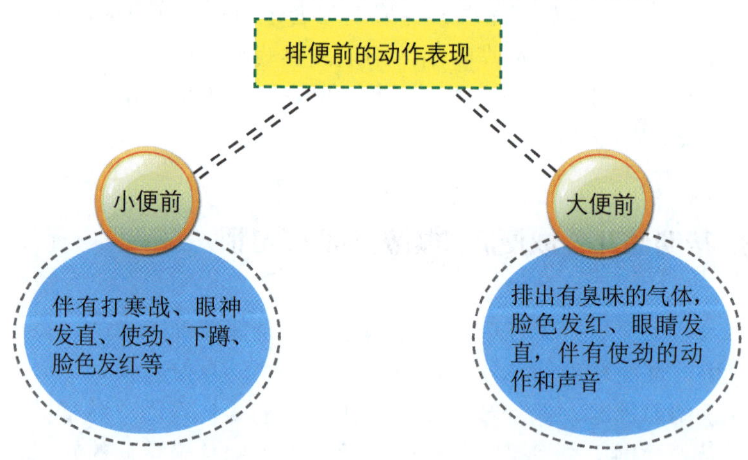

图 10—2 幼儿排便前的动作表现

发现幼儿有排便动作时，保育员应及时帮助幼儿排便，并引导幼儿用语言表达便意。

2. 帮助托班、小班幼儿排便

保育员应帮助托班、小班幼儿排便，具体来说，保育员应做好以下工作：

① 可以帮助幼儿脱裤子。

② 有的幼儿大便时不习惯蹲厕，保育员可根据情况在一旁搀扶或提供便盆让幼儿坐在便盆上大小便。

③ 帮助幼儿掌握正确的如厕姿势，鼓励幼儿蹲稳，不摔倒、不害怕。

④ 督促幼儿专心排便，并控制好排便时间。幼儿排便时间长，容易导致肛门脱垂；相反如果排便时间短，有可能排不干净。一般来说，幼儿排便时间控制在 5 min 左右为宜。

⑤ 便后要帮助并教导幼儿擦屁股、整理衣裤。

⑥ 提醒幼儿便后冲厕、便后洗手，养成清洁卫生的好习惯。

3. 个别幼儿处理

对一些特殊的幼儿，保育员应做出特殊的对待，具体如下所示：

① 对情绪紧张的幼儿，保育员可多去跟他说说话，经常抱抱他、亲亲他，从而消除他的紧张情绪。

② 对于经常尿裤了或拉裤子的幼儿，保育员应及时换上干净的裤子，处理时态度应亲切、和蔼、不讥笑、不讽刺挖苦，耐心开导，不要让幼儿产生恐惧心理而产生恶性循环。

③ 对于害怕上厕所的幼儿，保育员应该多观察或者多与他交流，了解原因后再鼓励幼儿如厕。

知识 59 指导中班大班幼儿小便大便

中、大班幼儿如厕时，保育员应做好以下指导工作。

1. 蹲厕姿势指导

如果幼儿采取蹲厕，保育员应指导幼儿掌握正确的蹲厕姿势。正确的蹲厕姿势为幼儿站到厕所的蹲位旁边，一只脚先跨过去，双脚分别站立在便池的两侧，双腿间的距离略宽于便池；站稳后，将裤子脱下来，脱到小腿肚子的位置，一只手扶着裤子，另一只手扶着栏杆，然后慢慢蹲下来。男孩小便时，将裤子脱在大腿根部采取站位即可。

为了使幼儿掌握蹲厕的正确姿势，保育员可在幼儿如厕的地面贴上小脚印，让幼儿如厕的时候踩住小脚印，通过小脚印来告诉幼儿应该在什么地方如厕。

2. 擦屁股方法指导

幼儿排泄完后，保育员应指导幼儿掌握正确擦屁股的方法，擦干净屁股后，将脏纸扔到纸篓内。

3. 提裤塞裤方法指导

擦干净屁股后，保育员应指导幼儿慢慢站起，提起并塞好裤子。提裤塞裤的步骤如图 10—3 所示。

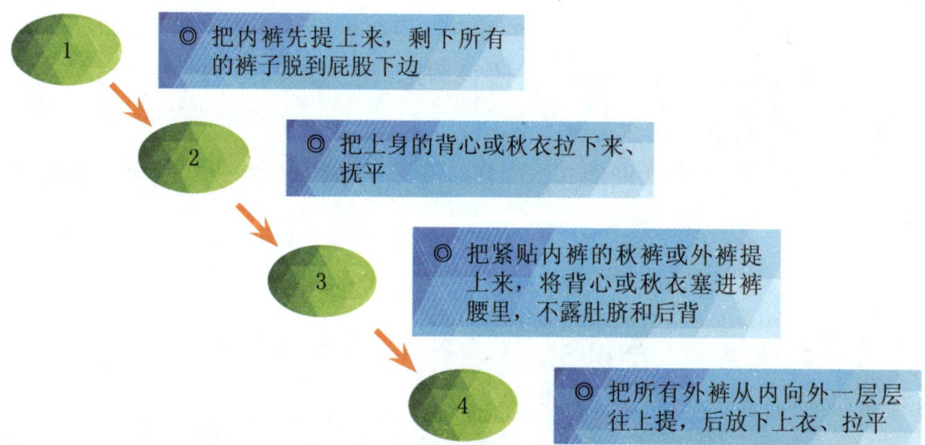

图 10—3 提裤塞裤的步骤

为促使幼儿快速掌握提裤的动作要领，保育员可在盥洗室的墙面上贴卡通人物，以此来告诉幼儿上厕所之后应该怎么提裤子。

4. 其他事项指导

除上述内容外，保育员还应指导中、大班幼儿大小便入池内、保持地面整洁、便后冲厕所、便后洗手等。

在指导中、大班幼儿大便小便时，保育员可用儿歌来提高幼儿主动自我服务的意识及积极性，提高幼儿的自理能力。图 10—4 是一则幼儿大便儿歌示范，供参考。

妈妈夸我本领大

妈妈夸我本领大，拉完臭便自己擦。
脏纸放进纸篓里，两手用力把裤提。
便后记住要冲水，最后把手洗干净。

图 10—4　幼儿如厕儿歌

在指导幼儿如厕时，保育员一定要时刻关注安全问题，防止出现滑倒、摔伤、磕伤等事件。同时，保育员应控制好幼儿的如厕时间，及时清点人数，确认盥洗室无幼儿后方可离开。

知识 60　训练幼儿学会自己擦净屁股

保育员在训练幼儿自己擦屁股的过程中，应明白幼儿不可能一天、两天就掌握擦屁股的技能，要掌握好训练方式、方法，并耐心教导。

1. 教幼儿学会折卫生纸

训练幼儿擦屁股前，应先让幼儿练习如何折叠好卫生纸，具体方法为将卫生纸对折 3 次以上，折成一个比自己手掌大一些的正方形或长方形。训练时应告诉折好的卫生纸应足够厚，这样擦屁股时才不会弄脏手指。

2. 教幼儿学会“擦”的动作

保育员可以让幼儿先练习擦鼻子、擦桌子等，让他们学习擦的动作，掌握擦干净的要领，锻炼他们擦的能力。

3. 指导幼儿正确擦屁股的方法

为保证幼儿的卫生和健康，根据幼儿的生理特点，保育员应针对男孩、女孩分别向幼儿解说正确的擦屁股方法，具体如图 10—5 所示。

◎ 将卫生纸对折，从前往后轻轻擦屁股，然后将卫生纸再对折后擦拭，如还擦不干净换新的卫生纸擦，直到卫生纸上无污物为止

◎ 用两张纸，一张从外阴部往前擦，擦拭残留尿液；另一张从肛门往后擦，擦一次折叠一下，如还擦不干净换新的卫生纸擦，直至卫生纸上无污物为止

图 10—5　幼儿正确擦屁股的方法

4. 帮助幼儿建立干净的概念

保育员可以在活动中把“干净”这个概念放到故事中，用角色来引导幼儿注意自身卫生。比如，保育员可编一个不擦屁股的小熊熊的故事，故事中小熊熊总是不好好擦屁股，最后变得臭臭的，谁也不喜欢他，没有人愿意和他做朋友。通过这样的故事，让幼儿懂得要学会“干净”，要及时擦屁股，不然就变臭了。

5. 让幼儿进行查屁股模拟训练

保育员准备一个玩具娃娃，并将南瓜粥涂一点到娃娃的屁股上，让幼儿练习给娃娃擦屁股。随后，保育员进行一一检查，并给予示范，错误纠正，对表现良好的幼儿给予表扬。

6. 实战练习

实战练习应分为三个阶段，一般来说，幼儿通过实战训练一段时间后，

就能掌握擦屁股这一“技术活儿”了。实战演练三阶段的具体内容如图 10—6 所示。

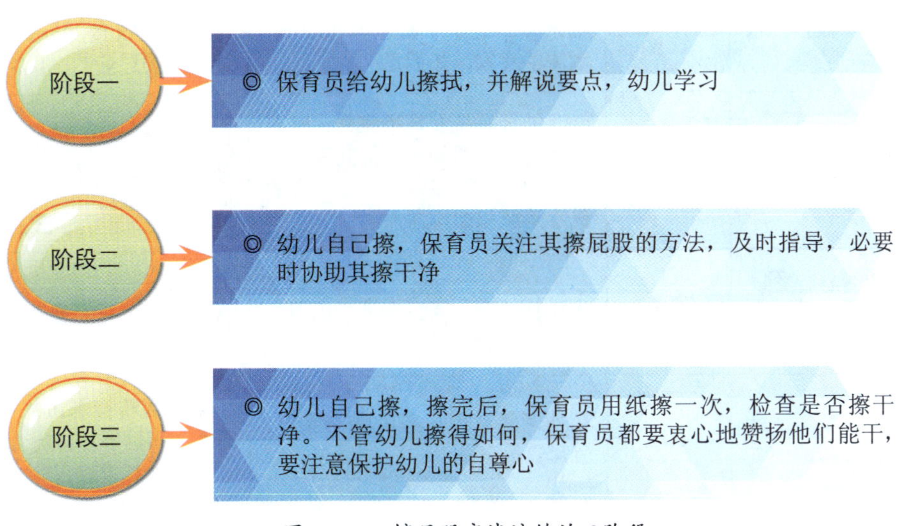

图 10—6　擦屁股实战演练的三阶段

知识 61 发现并处理幼儿的小便异常

本着认真、负责的原则，保育员应对幼儿的小便情况予以观测，发现异常，及时、正确地处理。

1. 尿频的原因及处理

尿频的典型症状是尿次数增多。正常学龄前儿童的排尿次数可以是每天 6～8 次，而尿频患儿可以增加到每天 20～30 次，甚至每天 40～50 次。

幼儿尿频的处理首先是寻找引起尿频的原因，而后方可进行有针对性的处理，具体见表 10—1。

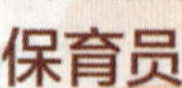

表 10—1 尿频的原因及处理对策表

尿频症状	可能原因	原因说明	处理对策
排尿次数多，尿量多	饮食	喝水多，或吃了富含丰富水分、利尿的食物，如西瓜	适当调整饮食，不要让幼儿喝过量的水
日间尿频、尿急，其他检查无异	生理	幼儿神经系统发育不完善，有时会出现副交感神经功能亢进，当膀胱内积存少量尿液，会刺激膀胱平滑肌引起排尿反射	排除疾病因素现象，鼓励幼儿将两次排尿间隙的时间拉长
除尿频外，还伴有尿急、尿痛、发热、消瘦等	疾病	由尿路感染、糖尿病等疾病引起	告诉家长，立即就医
排尿次数多、量少，无其他不适	心理	精神刺激，大多与紧张、害怕、受斥责等有关	了解导致精神刺激的诱因，多理解、安抚，让幼儿放松情绪

2. 尿少的原因及处理

幼儿喝水和饮料少，或进食不好，或天气炎热、出汗过多时，小便量就会减少，这属于正常的生理现象。此时保育员只需要通过调节水分的摄入（如多喝水、餐饭中添加粥、汤等），症状即可相应地得到缓解。

如果幼儿除少尿外，还伴有其他症状（如尿痛、出汗多、腹泻、尿血、休克等），应怀疑可能有炎症或肾脏病变，保育员应及时通知家长带幼儿去就医。保育员千万不要在不明病因的情况下乱给患儿服药，这样容易加重和延误病情。

3. 尿黄的原因及处理

正常情况下，幼儿的尿液呈淡黄色、透明状。保育员如发现幼儿的尿液呈深黄色或浑浊不透明状且持续时间较长，保育员就需要特别注意了。通常导致幼儿尿黄的原因有生理性的，也有病理性的，具体处理方法如图 10—7 所示。

原因	原因说明	处理方法
 生理性原因	◎ 幼儿新陈代谢旺盛，出汗多，水分消耗大，特别是炎热的夏季，如果幼儿的饮水量不足，就会导致尿黄	◎ 及时给幼儿补充水分或者喝一些清火的汤水及药物
 病理性原因	◎ 常见的原因有泌尿器官的感染、肝炎、微量元素缺乏症等	◎ 及时就医，进行尿常规等检查

图 10—7　尿黄的原因及对策

4. 牛奶尿的原因及处理

牛奶尿是指幼儿小便时有混浊，尿液冷却后变成乳白色，很像牛奶或豆浆，所以称为牛奶尿。一般情况下“牛奶尿”与尿中的盐类结晶有关，属于结晶尿。结晶尿多在天凉时出现，因为当外界气温下降或尿液酸碱度改变时，原来看不见的盐类结晶就会析出变成乳白色。尿中结晶的成分有尿酸、草酸钙、碳酸钙、磷酸钙等，其多少往往与饮食有关。

一般情况下，幼儿出现结晶尿不是疾病的表现，但长期可能会导致尿路结石，因此保育员需平时教导幼儿多喝水，并改变偏食等不良的饮食习惯，天凉时做好保暖工作。

在处理结晶尿时，保育员一定要将其与丝虫病和尿路感染区别开来，因为患有丝虫病和尿路感染的尿液也是成白浊的现象。保育员可通过采取以下小技巧（见图 10—8），来判断牛奶尿到底是结晶尿还是由疾病引起的。

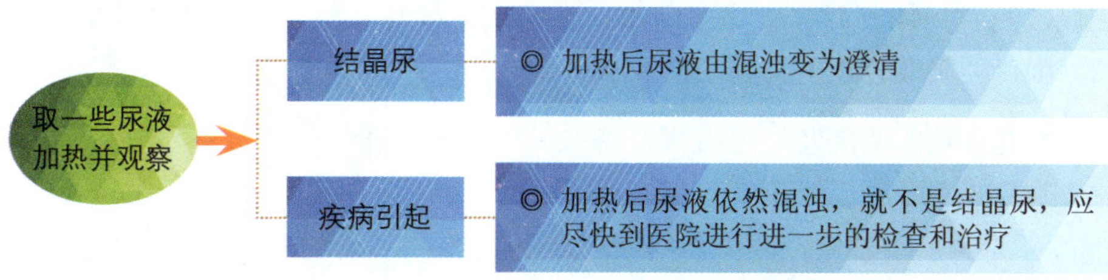

图 10—8　判断牛奶尿类别的小技巧

5. 血尿的原因及处理

当幼儿尿液呈红色或洗肉水色时，保育员应想到血尿。血尿分为显微镜下血尿和肉眼血尿，前者只有通过显微镜才能发现，后者肉眼便能分辨出。

幼儿血尿常见于急性肾小球肾炎、过敏性紫癜肾炎、肾母细胞瘤、泌尿系统损伤、异物、出血性膀胱炎等。除以上疾病外，全身性疾病也可引起血尿，如白血病、维生素C缺乏引起的坏血病、肿瘤等。泌尿系统周围邻近器官疾病，也可侵入或刺激尿道发生血尿。

血尿的病因非常复杂，有的病情十分紧急，因此，一经发现幼儿有血尿现象，保育员一定不要大意，应立即告诉家长并组织就医。

知识 62 发现并处理幼儿的大便异常

本着认真、负责，早发现早治疗，防止小病变大病的原则，保育员除应对幼儿的小便情况予以观测外，还应对幼儿的大便予以日常观测，发现异常，及时、正确地处理。

1. 便秘的原因及处理

便秘是指大肠运动缓慢，水分吸收过多，造成大更干燥硬结，排泄困难。幼儿便秘的常见症状是排便间隔时间较长（通常 2～3 天或更长时间），大便干燥，没有规律，并伴有排便困难。当幼儿便秘时，保育员应找出引起便秘的原因，并采取合理的措施予以调节。

幼儿便秘的原因及处理措施见表 10—2。

表 10—2　　幼儿便秘的原因及处理措施表

便秘原因	原因说明	处理措施
饮食	饮食蛋白质多而碳水化合物少，或食物中含有大量酪蛋白导致钙不能溶解，或含纤维素的食物摄入少等	饮食做到多样化、合理化、荤素搭配、粗细搭配，纠正幼儿挑食、偏食的毛病，鼓励多吃瓜果蔬菜、多喝水，少吃生冷辛辣食物
习惯	生活没有规律，缺乏定时排便的训练，或个别幼儿因突然环境改变导致出现便秘	训练幼儿定时排便，指导幼儿养成定时排便的习惯
精神	因排便遭到训斥而不愿排便或一排便就紧张、焦虑，或者玩得比较兴奋，不愿意中断游戏及时排便	幼儿排便不畅时，不要训斥，要耐心指导，消除幼儿紧张、焦虑心情；幼儿长时间游戏时，保育员可适时提醒幼儿大便
药物	长期补充过量的钙剂、铁剂或维生素D会导致便秘；经常使用开塞露、泻药等，会降低正常的“排便反射”，容易形成习惯性便秘	服用药物一定要遵医嘱，尽量避免长期服用葡萄糖酸钙、碳酸钙等宜引发便秘的要去，同时幼儿便秘时，尽量不要借助于泻药
疾病	营养不良、佝偻病、消化道畸形、直肠狭窄、脊髓病等疾病都会造成便秘	通过饮食、运动等提高幼儿的营养吸收情况，及时治疗引发便秘的各种疾病

2. 腹泻的分类及处理

幼儿腹泻是一种幼儿常见的胃肠道疾病，好发于夏、秋季节，主要特点为大便次数增多和性状改变，可伴有发热、呕吐、腹痛等症状及不同程度水、电解质、酸碱平衡紊乱。

幼儿腹泻会影响对食物中营养物质的吸收，造成营养不良，身体瘦弱，抵抗力低；如果腹泻严重且未得到及时治疗，那么将直接给患儿的生命健康带来严重影响。

腹泻的分类　根据病情的严重程度，腹泻可分为两类，具体如图 10—9 所示。

轻度腹泻

◎ 有胃肠道症状，全身症状不明显，体温正常或有低热，精神状态尚佳，无水电解质及酸碱平衡紊乱

重度腹泻

◎ 除有严重的胃肠道症状外，还伴有高烧、精神萎靡、呕吐、嗜睡、昏迷、脱水等症状

图 10—9 腹泻的分类

腹泻的处理 幼儿发生重度腹泻，保育员应及时带其就医，遵医嘱进行处理。幼儿如果只是轻微腹泻，保育员应采取合理的处理措施。保育员应时刻关注腹泻幼儿的状况，如轻微腹泻长时间没有好转或转严重，保育员应及时告知家长带其就医。

具体来说，轻微腹泻的护理要点如图 10—10 所示。

饮食调养

◎ 幼儿腹泻大多是由饮食不当，消化不良引起的，如吃了一些难消化或生冷食物，此时保育员应注意调整幼儿饮食，尽量做到稀、软、烂，可吃些苹果、橘皮等促消化食物，少吃油炸、煎的食品，并培养定时定量的饮食习惯

及时补水

◎ 从幼儿腹泻开始，保育员就应该鼓励幼儿补充足够的液体以预防脱水，如多喝水，口服补液盐，或用幼儿喜欢喝的饮品（如果汁、运动饮料、鸡汤或酸奶）

注重卫生

◎ 腹泻有时是由病毒或细菌引起，如幼儿食用了不干净的食物，因此保育员应注意做好患病幼儿的卫生保健工作，保持个人及环境的卫生

图 10—10 轻微腹泻的护理要点

3. 痢疾的症状及处理

痢疾是由痢疾杆菌引起的急性肠道传染病，多发于夏、秋季节，通过被污染的食物而传播，幼儿发病率较成人高。幼儿痢疾容易与普通的腹泻混淆，年龄越小，其临床症状就越不典型。痢疾主要症状是开始多为水样便，常伴有呕吐，后出现大便次数增多，大便量减少，出现黏液便或脓血等，反复发病的患儿还会出现脱肛的现象。痢疾病程拖延达 2 个月以上者，可转为慢性

痢疾，慢性痢疾长期不愈，可引起幼儿营养不良，影响幼儿身体健康与发育。

幼儿痢疾一般可分为普通型细菌性痢疾和中毒型细菌性痢疾两种，具体症状及处理方法如图 10—11 所示。

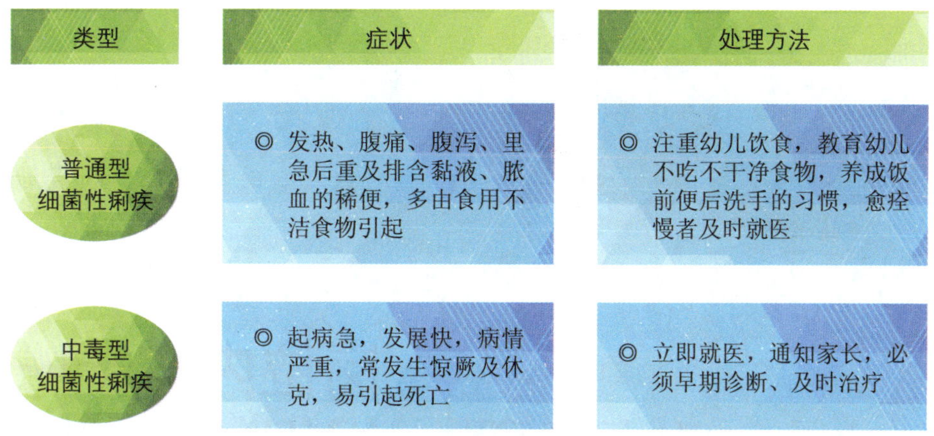

图 10—11　不同类型痢疾的症状及处理方法

幼儿痢疾如果不做大便化验很容易漏诊或误诊。因此，痢疾幼儿在就诊前，保育员应提前准备一点大便，在 2 h 内送到医院检查。

岗位内容十一 生活管理：组织幼儿午睡

知识 63 幼儿独立午睡准备

在幼儿午睡之前，保育员需要做一些准备工作，以便幼儿能够顺利地进行午睡。

1. 午睡前的活动安排

在睡觉前，保育员可放一些舒缓的音乐或讲故事，以帮助幼儿入睡。保育员需特别注意在睡觉前，绝对不能安排剧烈的活动，使幼儿的中枢神经产生兴奋，不利于睡眠。

2. 午睡前排便安排

由于吃饭时，幼儿可能进食大量的汤水，而午饭和睡眠时间间隔相对较

短，所以上床睡觉前，保育员要提醒幼儿进行排尿，以免尿床。

3. 午睡前的安全检查

在组织幼儿上床睡觉前，保育员需要进行一些安全检查，以免其在熟睡过程中发生安全事故，具体的安全检查项目如下所示：

① 检查幼儿的衣服口袋中是否装有危险品，如扣子、发卡、花生米等细小物品。

② 检查幼儿的口和手，看看幼儿的双手是否干净，口腔是否有异物。

③ 检查床铺和衣服上是否有裸露的长线头、尖锐物品等，排除安全隐患。

知识 64 营造合适的睡眠环境

为了确保幼儿能够有个好的睡眠质量，保育员需要营造一个合适的睡眠环境，包括物质环境和心理环境。

1. 睡眠物质环境营造

良好的物质环境是幼儿高质量睡眠的有力保障。保育员在营造合适的物质睡眠环境时，需要注意表 11—1 中的五大事项。

表 11—1　　物质睡眠环境

注意事项	具体说明
1. 室内通风	◎ 保育员需要保证幼儿卧室内空气流通良好，确保空气新鲜
2. 室内光线	◎ 卧室内的光线不要太强，幼儿睡觉时不宜开灯 ◎ 保育员可以拉上窗帘，营造良好的睡眠环境，保证幼儿睡眠
3. 室内温度	◎ 夏天天气炎热，卧室温度过高，可以借助电风扇或空调降温 ◎ 使用风扇降温时，注意适时调整方向，不要直吹 ◎ 使用空调降温时注意温度不要设置过低，以免温度过低导致幼儿伤风感冒 ◎ 室内标准湿度为 25～27℃

续表

注意事项	具体说明
4. 室内湿度	◎ 冬天室内空气干燥，可以使用加湿器或放一盆水来增加卧室温度 ◎ 室内标准湿度为 40%～60%
5. 室内声音	◎ 保育员要保证卧室内外安静，没有噪声 ◎ 保育员在进入卧室后说话时也要放低声音，动作要轻柔

2. 睡眠心理环境营造

睡前，保育员对待幼儿的态度要温和，说话的语气要亲切和蔼，声音要轻柔，不要批评或训斥幼儿，也不要讲一些能引起幼儿紧张、害怕的恐怖故事，应注意保持幼儿良好的情绪，使他们保持轻松、愉悦的精神状态，从而安然入睡。

知识 65 培养幼儿良好睡眠习惯

保育员需要培养幼儿形成良好的睡眠习惯，以便于幼儿身心的健康发展。

1. 独立入睡的习惯

一般来说，初入学前教育机构的幼儿，开始往往难以独立入眠，保育员应有耐心地遵循循序渐进的原则，慢慢培养幼儿独立入睡的习惯。培养的方法如下所示：

① 对于不能独立入睡的幼儿，保育员可坐在幼儿的床边，轻轻拍幼儿，使其情绪轻松，逐渐对新环境产生安全感，陪伴他们入睡。

② 当幼儿慢慢适应新环境后，保育员可逐渐减少陪伴次数，直至幼儿能够独立入睡。

2. 足够的睡眠时间

足够的睡眠时间是保证幼儿健康生长的必要条件之一。保育员需要督促

幼儿每天睡够足够的时间，避免其在睡觉时间玩玩具和打闹。3～6 岁幼儿的睡眠时间见表 11—2。

表 11—2　　幼儿睡眠时间表

年龄	午睡时间（h）	夜晚睡眠时间（h）	睡眠总时间（h）
3	1～3	10.5～12.5	11～14
4	0～2.5	10～12	10～13
5	0～2.5	10～12	10～12.5
6	0～1.5	10～11.5	10～11.5

备注：因个体差异较大，本表时间仅供参考

3. 定时睡眠的习惯

按照幼儿的生理特点，帮助幼儿养成定时睡眠的习惯，形成时间性条件反射，使幼儿一到睡眠时间就自动入睡。这就需要保育员严格遵守睡眠时间，不能轻易更改幼儿睡眠时间，即使幼儿不能立即入睡，也要让其上床休息。

4. 按时起床的习惯

对于幼儿来说，按照规定的时间起床，也是需要培养良好的睡眠习惯。按照固定的时间起床，可以使幼儿的生物钟更加规律，有利于幼儿身心健康的发展。

5. 良好的睡眠姿势

正确的睡姿有利于提高幼儿的睡眠质量。对于睡姿不正确的幼儿，保育员应与家长沟通和配合，帮助幼儿养成正确的睡姿。

幼儿睡眠姿势可经常更换，但必须采取正确的姿势。正确的睡姿包括仰卧和侧卧，如图 11—1 所示。幼儿在侧睡时不要长时期偏向一侧，以免出现“偏头”或“歪头”。

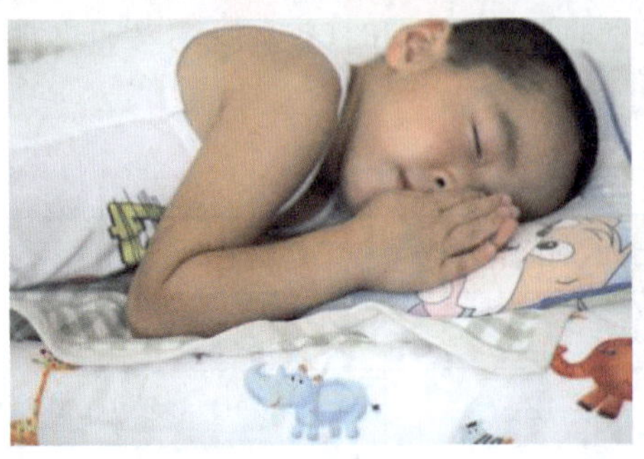

侧睡睡姿

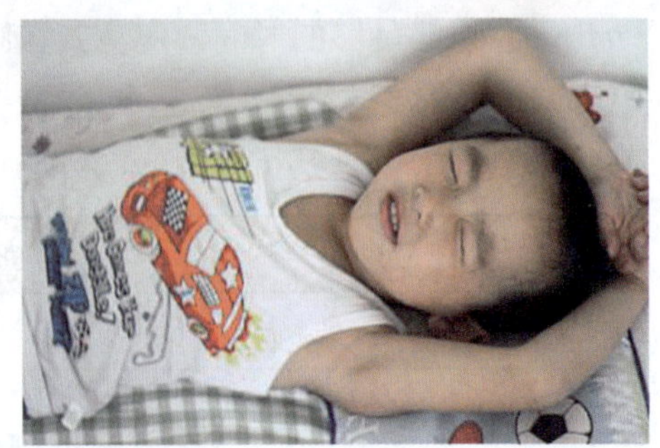

仰卧睡姿

图 11—1　正确的睡姿

错误的睡姿包括：趴睡、跪睡和蒙头睡眠。因此，保育员需指导幼儿不趴睡、不跪睡和不蒙头睡眠。错误的睡姿如图 11—2 所示。

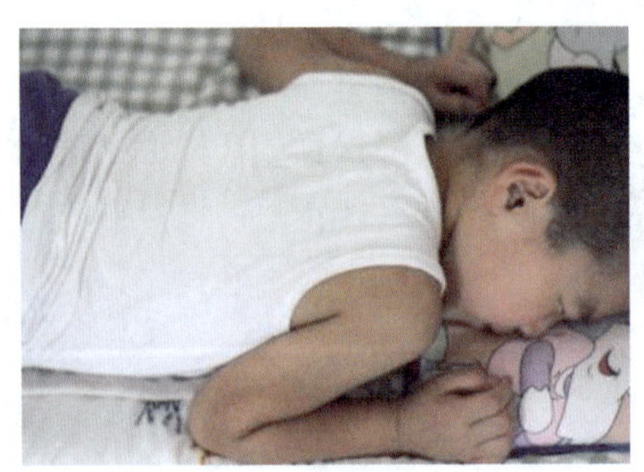

扒睡睡姿

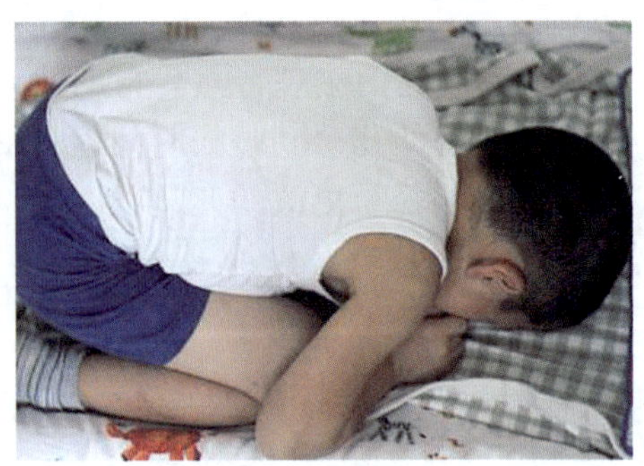

跪睡睡姿

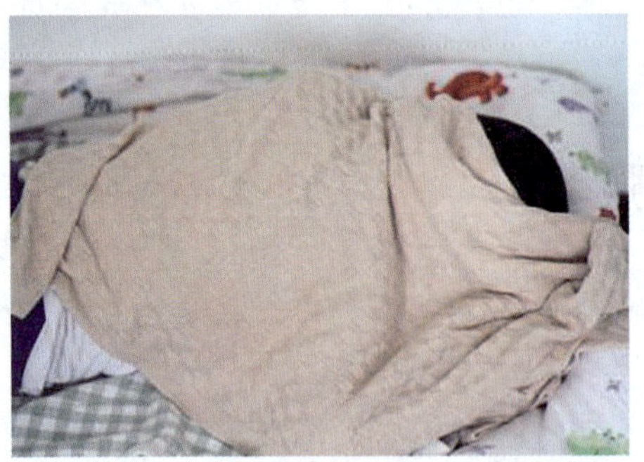

蒙头睡姿

图 11—2　错误的睡姿

知识 66 指导幼儿自己脱穿衣服

为了提高幼儿的自理能力，同时也为了提高幼儿午睡的效率，增加午睡的时间，保育员需要指导幼儿自己穿脱衣服。

1. 指导幼儿脱衣服

保育员要想幼儿自己会脱衣服，必须给予适当指导。具体在指导幼儿学习脱衣服的过程中，保育员需示范给幼儿看，以便让幼儿更快的学会，并自己动手脱衣服。保育员在指导幼儿学习脱衣服时，可按照如图 11—3 所示的顺序和操作要领进行指导。

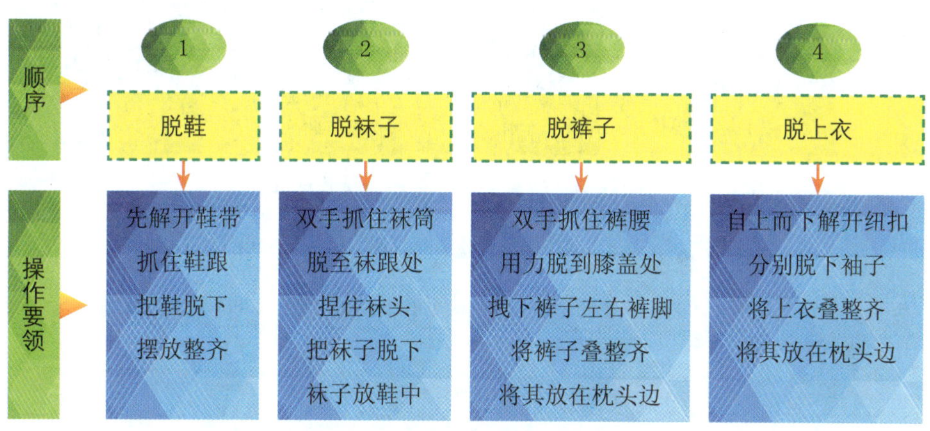

图 11—3　幼儿脱衣服顺序和操作要领

学会了方法后，保育员可指导幼儿每天自己练习脱衣服，经过一段时间的练习，就基本上都会按照教他的方法自己脱衣服了。

2. 指导幼儿穿衣服

区分衣服裤子的前后　保育员指导幼儿穿衣服首先要教会幼儿区分衣服裤子的前后，这样才能开展下面的指导。区分衣服裤子前后的要点主要有以下两项。

① 幼儿的衣裤常常都有图案，可教幼儿从图案上加以区别，有图案的一面是前。

② 男孩子，其裤子上有洞洞的一面是前，叫他们千万不要穿反。

指导幼儿穿衣服 在教会幼儿区分衣服裤子的前后之后，保育员再向幼儿示范怎样穿衣服。穿衣服的具体顺序和操作要领如图 11—4 所示。

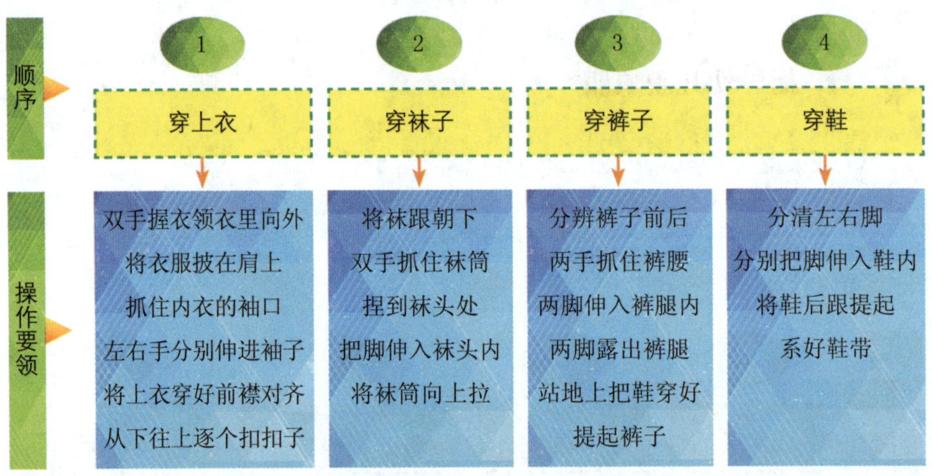

图 11—4 幼儿穿衣服顺序和操作标准

在穿上衣时，对于套头的衣服先将头从大洞洞中钻出来，再将两只胳膊从袖口中伸出来；而对于开衫的衣服，先将两只胳膊从袖口中伸出来，再系扣子或拉拉链。

知识 67 正确处理幼儿遗尿问题

1. 了解幼儿遗尿的原因

遗尿问题是幼儿 5 岁之后仍然不能有意识地排尿，即在活动或睡眠时出现不自主排尿的现象。保育员为了正确处理幼儿的遗尿问题，需要了解引起幼儿遗尿的原因，以便采取相应的措施。引起遗尿的主要原因见表 11—3。

表 11—3　　幼儿遗尿的原因一览表

原因	具体说明
精神原因	◎ 幼儿的运动量过大，造成身体疲劳或神经兴奋，导致遗尿 ◎ 幼儿受到惊吓、恐惧、焦虑等巨大的精神刺激时，导致遗尿 ◎ 幼儿尿床后受到呵斥甚至体罚时，容易导致遗尿
排尿训练不当	幼儿未进行长期的大小便训练，未能养成自己控制排尿的习惯
睡眠过沉	幼儿睡的过沉，大脑不能接收来自膀胱的尿意，从而导致遗尿
生理原因	有些幼儿的膀胱发育迟缓，膀胱量小，这种生理因素容易导致遗尿
疾病原因	有些疾病如泌尿系统畸形、尿路感染、癫痫、大脑发育不全等都会引起幼儿遗尿
遗传原因	如果幼儿父母双方有遗尿症状，子女也可能发生遗尿症状

2. 幼儿遗尿问题的处理

当保育员发现幼儿存在遗尿问题的，需要正确对待，以免加重遗尿症状。

掌握幼儿排尿规律　保育员为了照顾好幼儿，对于是否存在幼儿遗尿等情况要进行了解，具体需要了解的内容如图 11—5 所示。

图 11—5　幼儿遗尿了解的内容

提醒唤醒幼儿排尿 组织幼儿上床午睡之前，保育员要提醒幼儿排尿，防止其尿床。对于有遗尿现象的幼儿，可在其睡眠期间，有规律得唤醒其排尿。

及时处理幼儿尿床 保育员在发现幼儿尿床后，保育员需要对其及时进行处理。具体的处理办法如图 11—6 所示。

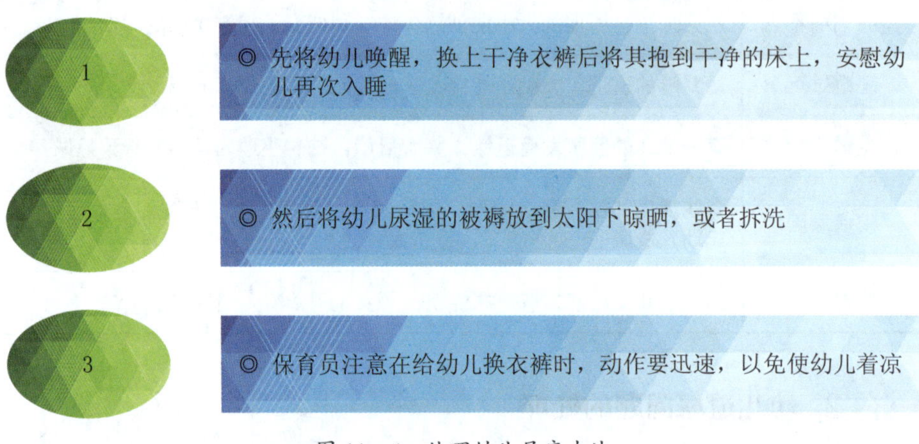

图 11—6 处理幼儿尿床办法

对于尿床的幼儿，保育员态度要亲切和蔼，表情平静，语言柔和，切不可大声斥责，更不能体罚幼儿，否则幼儿会因精神过度刺激而加重遗尿症状。

知识 68 幼儿睡眠中鼻出血处理

鼻出血是幼儿时期常见的一种症状，保育员需妥善处理幼儿睡眠中的鼻出血。

1. 了解幼儿睡眠中鼻出血的原因

为了妥善处理幼儿睡眠中的鼻出血，保育员需要了解幼儿鼻出血的原因，幼儿鼻出血的具体原因见表 11—4。

表 11—4　　幼儿鼻出血的原因一览表

原因	具体说明
鼻外伤	幼儿的鼻腔黏膜很薄，用力抠鼻子会对鼻黏膜造成损害，导致鼻出血
气候条件	如空气干燥、炎热、气压低、寒冷、室温过高等都可以引起鼻出血
体质原因	对于内火过旺的幼儿，一旦上火，极易造成鼻出血
疾病原因	鼻出血也可能是某种疾病的表现症状之一，如各种鼻腔感染引起鼻出血
维生素缺乏	在饮食上挑食、偏食、不吃青菜等不良习惯，可以造成因维生素缺乏而导致鼻出血
遗传因素	有的幼儿鼻出血是由家族遗传造成的，如遗传性毛细管扩张症

2. 睡眠中鼻出血处理方法

睡眠中发现幼儿鼻出血，保育员一定要保持镇定，并采取妥善的方法进行处理。保育员在对幼儿止血的过程中，还应做好幼儿的安抚工作，告诉幼儿不要紧张。鼻出血的具体处理方法如图 11—7 所示。

冷敷法

◎ 少量滴血时，保育员可用冰袋或湿毛巾冷敷前额及颈部，或用冷水及冰水漱口，使血管收缩，减少出血

压迫鼻翼法

◎ 先让幼儿坐下，稍向前倾斜，然后用拇指食指紧捏两侧鼻翼 10～20 min，一般可以止住轻度鼻出血

◎ 此方法注意：幼儿需把嘴里的血吐出来，以免刺激胃肠引起恶心、呕吐等

填塞法

◎ 用无菌棉球粘上云南白药，塞进鼻孔，或用止血海绵填塞。此时需注意观察咽部，若咽部有血向下流，说明鼻出血没有止住

及时送院

◎ 如果采取上述措施后，鼻出血还是止不住，或者幼儿的出血量大，并伴有脸色苍白、出冷汗、心率加快等，则应该及时送院

◎ 如幼儿反复流鼻血，也要送到医院检查，看看是否存在鼻炎、鼻腔异物等

图 11—7　鼻出血处理方法

3. 睡眠中鼻出血后期注意事项

保育员在对幼儿的鼻出血进行妥善处理后，还需要做好后期的维护工作，避免其再次发生鼻出血。鼻出血后期的注意事项如下所示：

注意饮食 流鼻血期间，不要吃热食或热饮料，应该吃一些温凉、富含蛋白质、维生素及铁剂的食物，如蜂蜜水、米汁、牛奶、果汁等；或吃一些半流质的食物，如粥、面条等；避免辛辣刺激及硬的食物，多吃新鲜蔬菜和水果。

加湿补水 在空气干燥的季节，幼儿流鼻血的可能性会增大。保育员可建议学前教育机构开启加湿器，并让幼儿多补充水分。

不抠鼻孔 反复抠鼻子容易损伤鼻黏膜，保育员要指导和教育幼儿养成不挖鼻孔的良好习惯。

知识 69 幼儿睡眠中咳嗽的处理

1. 查明睡眠中幼儿咳嗽的原因

咳嗽是幼儿常见的一种疾病，引起幼儿咳嗽的原因有很多，当幼儿出现咳嗽症状时，保育员不要急于让幼儿吃止咳药，而应该先查明原因，对症下药才能收到好的治疗效果。引起幼儿咳嗽的具体原因见表 11—5。

表 11—5 引起幼儿咳嗽的原因一览表

原因	具体说明
感冒	无论普通感冒和流行性感冒，炎症或病毒一旦到达呼吸道就会引起咳嗽
过敏体质	对于部分过敏体质幼儿，常会对某种物质产生过敏反应，从而引起咳嗽
气候条件	秋、冬季天气寒冷干燥，幼儿在户外活动时会吸入冷空气，呼吸道受冷空气的刺激宜引发咳嗽
饮食原因	幼儿吃的过咸、过甜，或辛辣等都容易诱发咳嗽，幼儿出现咳嗽症状不注意合理饮食的话，会加重咳嗽症状

2. 幼儿睡眠中咳嗽的处理方法

幼儿在睡眠中出现咳嗽症状时，如有痰液，保育员可以将其头部抬高或让幼儿坐起来，并拍背部助其将痰液排出。拍幼儿背时要讲究方法，否则有可能适得其反。

对于咳嗽有痰的幼儿，保育员的正确拍背手法是五指并拢半握空心掌，由一侧后背腰上从下往上拍，注意力度不要过轻或过重，用力过轻达不到效果，用力过重会拍伤幼儿；拍完一侧再拍另一侧，一侧最少拍 3 min，每间隔一两个小时拍一次。

若幼儿太小，还不会吐痰，保育员应让幼儿张开嘴巴，用纸巾将幼儿嘴里的痰液挖出，以防幼儿再次吞咽下去。对于咳嗽有痰的幼儿，保育员应让其多喝水，湿润上呼吸道，从而使痰液更容易排出。

同时，在睡眠过程中，保育员要帮助幼儿不时调换睡姿，一般以侧卧为宜，这样有助于呼吸道分泌物的排出。

3. 幼儿睡眠中咳嗽的预防方法

为了预防和减少幼儿咳嗽，保育员可采取以下适当的预防方法。

提高幼儿的身体素质　提高幼儿的身体素质，减少感冒引起的咳嗽。常见的提高幼儿身体素质的方法如图 11—8 所示。

提高幼儿身体素质的方法

- ◎ 组织幼儿到户外进行体育锻炼，提高幼儿的身体素质，尤其是寒冷季节
- ◎ 保证幼儿充足的睡眠，睡眠不足能够影响幼儿的生长发育，降低幼儿的抵抗力

图 11—8　提高幼儿身体素质的方法

保持卧室适当的温度和湿度 温度湿度过低或过高，幼儿都不能很好地适应，宜造成感冒而引起咳嗽。最佳温度和湿度如图 11—9 所示。

温度
◎ 卧室最佳温度：18～22℃

湿度
◎ 卧室最佳湿度：35%～50%

图 11—9 最佳温度和湿度

保证合理的饮食 幼儿的饮食要科学、合理，口味以清淡为主，不要吃过甜、过咸和辛辣食物。

补充充足的水分 保证充足的水分，对于内火大体质的幼儿，一上火就会出现咽喉部炎症，因此保育员需要注意让幼儿平时多喝水，及时补充体内需要的水分，以达到降火的目的，同时保持咽喉部湿润，以减少咳嗽发生的隐患。

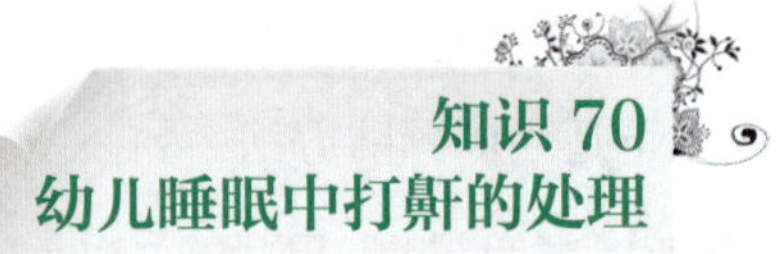

知识 70 幼儿睡眠中打鼾的处理

幼儿睡眠中打鼾是常见的睡眠现象，有的可能只是睡姿不当等原因造成，还有可能是某种疾病造成，因此保育员需要特别注意。

1. 了解幼儿睡眠中打鼾的原因

为了对幼儿睡眠中打鼾现象进行妥善处理，尽量避免其发生，保育员需要了解幼儿睡眠中打鼾的具体原因，以便有针对性地处理。

幼儿睡眠中打鼾的具体原因见表 11—6。

表 11—6　　幼儿睡眠中打鼾的原因一览表

原因	具体说明
睡眠姿势不佳	◆ 幼儿仰睡，舌头根部因重力关系向后倒，呼吸通道受到部分阻塞，气流进出鼻腔、口咽和喉咙时，附近黏膜或肌肉产生振动发出鼾声
呼吸道不顺畅	◆ 幼儿年龄小，鼻孔、鼻腔和咽喉部相对狭窄，黏膜柔嫩，血管丰富，很容易被分泌物或因黏膜肿胀而堵塞，呼吸道不顺畅自然会打鼾
身体肥胖	◆ 体胖的幼儿咽部的软肉构造较肥厚，睡觉时口咽部呼吸道易阻塞，出现鼾声，严重时甚至会有呼吸暂停的现象
身体疾病	◆ 某些疾病也是导致打鼾的原因，如扁桃体肿大、呼吸道炎症等 ① 扁桃体肿大，引起咽喉部狭窄，导致入睡发出鼾声，打鼾、张口呼吸等现象 ② 鼻道狭窄，幼儿的咽腔较短，鼻道狭窄，稍有分泌物就易阻塞，导致打鼾 ③ 呼吸道炎症，上呼吸道发炎、慢性鼻窦炎会使鼻咽部通气受阻，睡眠时不能经鼻呼吸，出现随呼吸发出的鼾声
其他因素	◆ 可能跟日常吃的东西有关，或者遗传等关系 ◆ 孩子本身的穿着是否过重，或睡觉手臂压在自己身上等

2. 幼儿睡眠中打鼾的处理

幼儿睡眠中打鼾，保育员需要针对不同的情况进行处理：

① 对于睡姿不佳造成的打鼾，保育员需要使幼儿采取正确的睡姿入睡。通常对于打鼾的幼儿可让其采取侧卧的姿势，尽可能让幼儿以舒服睡姿睡觉，保持呼吸道的通畅，就可避免打鼾。

② 对于因肥胖引起的打鼾，短时间内保育员无法及时解决，但是可长期控制幼儿的体重，使其口咽部的软肉瘦一些，呼吸就通畅了，就可避免打鼾。

③ 对于有某种疾病的打鼾，有可能会严重影响幼儿的睡眠质量和身体健康，在这种情况下，保育员应及时通知家长带幼儿及时就医，采取手术帮助幼儿减轻痛苦。

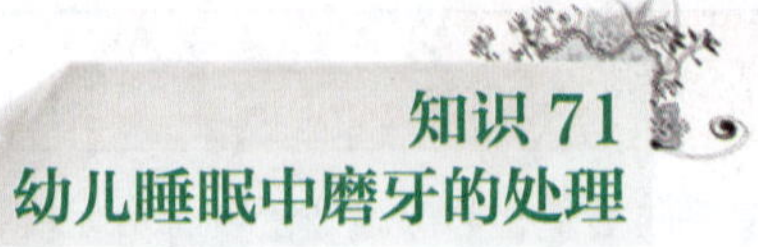

知识 71 幼儿睡眠中磨牙的处理

幼儿在睡眠过程中，上下牙齿咬动发出咯吱咯吱的响声，就是我们平时所说的磨牙。

1. 了解幼儿睡眠中磨牙的原因

幼儿在睡眠中磨牙是一种很常见的现象，但是这种常见的现象却可能由很多种原因造成。为了对幼儿睡眠中的磨牙进行妥善的处理，保育员需要了解磨牙产生的原因，具体原因见表 11—7。

表 11—7　　引起幼儿睡眠中磨牙的原因一览表

原因	具体说明
寄生虫因素	◆ 幼儿肚子里长有蛔虫，它在小肠内掠夺各种营养物质，刺激肠管使蠕动加快，引起消化不良、肝肚脐周围隐痛，使幼儿在睡眠中神经兴奋性不稳定而引起磨牙 ◆ 有蛲虫病的孩子，每当睡觉后蛲虫常爬到肛门口产卵，引起肛门瘙痒，幼儿睡不安宁也发生夜磨牙现象
饮食因素	◆ 有挑食、偏食不良习惯的孩子易缺乏钙和维生素，或者吃饭不规律，引起消化功能紊乱，从而引起咀嚼肌不由自主收缩，导致夜磨牙
心理因素	◆ 焦虑、压抑、烦躁不安、过度紧张等不良情绪，使大脑皮层的兴奋或抑制过程受到影响而失去平衡，从而引起咀嚼肌不由自主收缩，导致夜间发生磨牙现象
其他疾病因素	◆ 牙齿发育不好，上下牙接触时有的牙尖过高，咬面不平，因此引起夜磨牙 ◆ 佝偻病、神经衰弱、慢性牙周炎等因素，都会引起夜磨牙

2. 幼儿睡眠中磨牙的处理

对于幼儿发生睡眠中磨牙的情况时，保育员可针对不同的原因进行处理。

饮食因素造成的磨牙的处理　为了避免饮食因素造成幼儿磨牙，保育员需要做好如图 11—10 所示的工作。

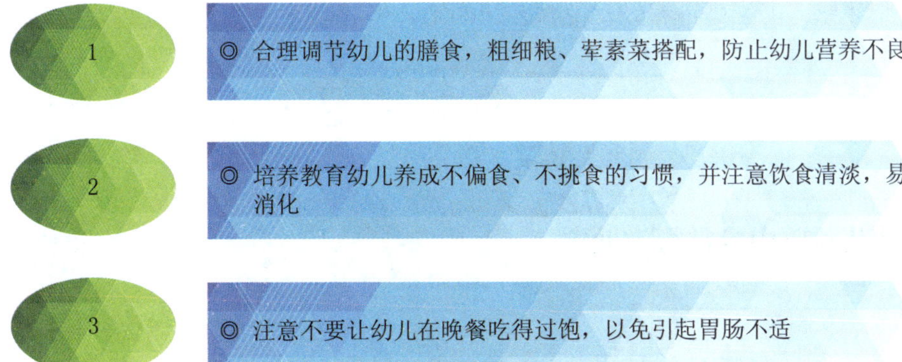

图 11—10　饮食因素造成的磨牙的处理

心理因素造成的磨牙的处理　为了避免幼儿出现兴奋、焦虑、压抑、烦躁不安、过度紧张等不良情绪，从而造成磨牙，保育员需要做好如图 11—11 所示的工作。

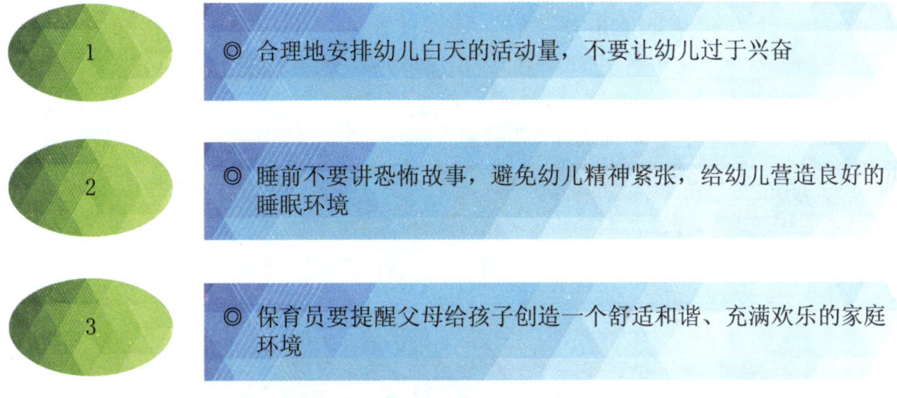

图 11—11　心理因素造成的磨牙的处理

寄生虫造成的磨牙的处理　如果幼儿的肠道内有蛔虫或蛲虫病，应及时遵医嘱给幼儿服用驱虫药，及时驱虫。

其他疾病因素造成的磨牙的处理

① 患有佝偻病的幼儿用维生素 D 及钙剂治疗，同时让幼儿进行适量日光浴。

② 对于有牙咬合不良的，可配合家长请口腔科医生进行治疗，同时制作

一个牙垫，晚上睡前帮助幼儿戴在牙颌上，早晨取下，以缓解肌肉紧张，减少磨牙。

知识 72 幼儿睡眠中异常行为处理

幼儿睡眠中总会出现一些异常的行为，通常这些行为都是不太好的行为习惯。

1. 玩弄生殖器官的处理

触摸或玩弄生殖器官是幼儿时期比较常见的一种行为，尤其在入睡前更多见。因此，保育员应正确对待幼儿的这种行为，并给予正确的指导。

保育员在对幼儿进行指导之前，需要了解幼儿玩弄生殖器官的原因，然后再采取妥善的方法进行处理。具体原因和处理办法见表 11—8。

表 11—8　幼儿玩弄生殖器官的原因和处理办法

原因	处理办法
幼儿穿的衣服过紧	◎ 给幼儿穿着宽松、舒服的衣服，以减少对局部的刺激
生殖器清洁瘙痒	◎ 保持幼儿生殖器官的清洁、干爽 ◎ 平时勤洗澡，便后用卫生纸擦拭 ◎ 养成大便后清水清洗生殖器的良好习惯
精神紧张、焦虑或者孤独、无所事事	◎ 组织幼儿开展丰富多彩的活动，让幼儿有事情做，有玩具玩 ◎ 找到引起幼儿精神紧张、焦虑的原因并排除 ◎ 睡眠时，将幼儿的双手放在被子外面，待熟睡后再放进被子里 ◎ 保育员可采取转移注意力的方法来阻止幼儿的不良行为
成人逗弄幼儿生殖器，幼儿把其当玩具玩	◎ 发生幼儿把生殖器当玩具玩时，保育员要及时与家长够沟通，并取得家长的配合，逐渐纠正幼儿的这种行为

2. 梦魇的处理

幼儿在睡眠过程中会突然坐起或出现大哭大闹等异常行为，通常认为是梦魇。幼儿偶尔出现梦魇是一种正常的睡眠现象。但是如长期出现，保育员需要特别注意。为了尽可能避免幼儿出现梦魇，保育员需要了解其原因，并进行妥善的处理。

幼儿出现梦魇主要原因是心理因素导致的，其大多与幼儿的情绪不佳有关系，如焦虑、恐惧、紧张。

对于经常出现梦魇的幼儿，保育员应进行如下处理：在睡觉前，保育员应注意安抚幼儿的情绪，不批评、训斥幼儿，不给幼儿讲恐怖故事或看情节惊险的动画片，尽量让幼儿保持稳定的情绪入睡。在睡眠过程中，当幼儿因梦魇而出现大哭大闹的行为时，保育员要及时地给予安抚，将幼儿抱起，减少幼儿的恐惧感，抚慰其安然入睡。

3. 夜惊或梦游的处理

夜惊或梦游也是幼儿时期比较常见的一种现象，夜惊或梦游通常与幼儿的年龄和精神过度紧张、焦虑有关。保育员应做好夜惊或梦游的处理工作，具体的处理办法如图 11—12 所示。

睡觉前	◎ 保育员在睡前不给幼儿讲述恐怖故事，让他们轻松愉悦地自然入睡
发作时	◎ 当幼儿夜惊或梦游发作时，保育员应沉着镇静，看护好幼儿，防止发生意外
发作后	◎ 保育员应帮助幼儿盖好被子，重新睡好
频繁发作的	◎ 保育员需要联系家长，并建议家长带幼儿到医院进行检查

图 11—12　夜惊或梦游的处理办法

4. 吮吸手指的处理

通常幼儿吮吸手指是一种问题行为，保育员需要了解其原因，并进行妥善的处理。具体的处理办法如图 11—13 所示。

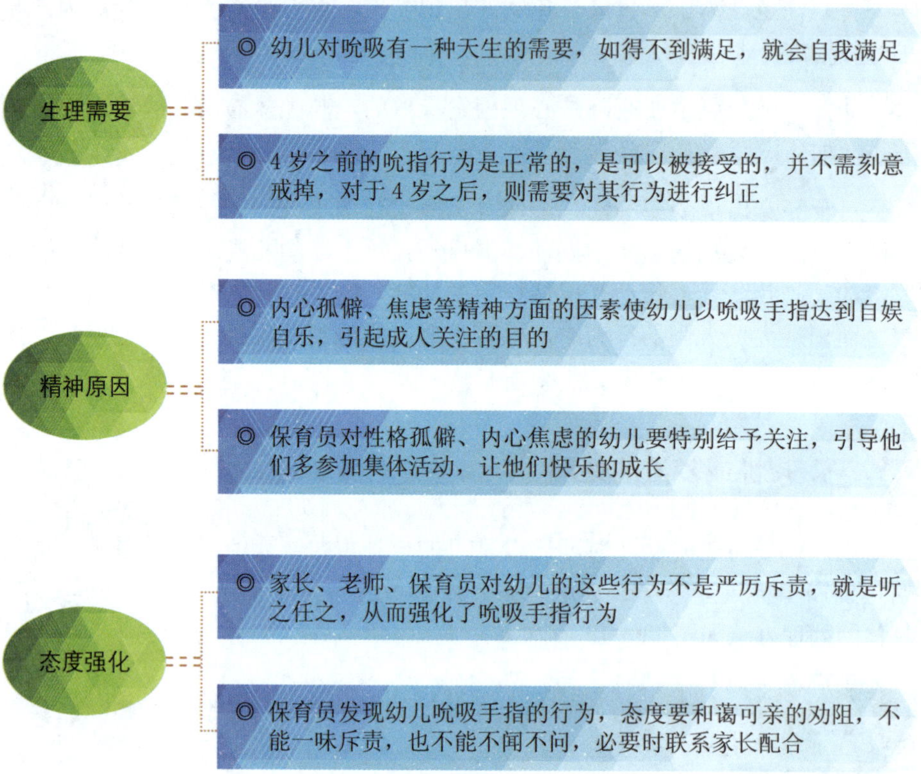

- 生理需要
  - ◎ 幼儿对吮吸有一种天生的需要，如得不到满足，就会自我满足
  - ◎ 4 岁之前的吮指行为是正常的，是可以被接受的，并不需刻意戒掉，对于 4 岁之后，则需要对其行为进行纠正
- 精神原因
  - ◎ 内心孤僻、焦虑等精神方面的因素使幼儿以吮吸手指达到自娱自乐，引起成人关注的目的
  - ◎ 保育员对性格孤僻、内心焦虑的幼儿要特别给予关注，引导他们多参加集体活动，让他们快乐的成长
- 态度强化
  - ◎ 家长、老师、保育员对幼儿的这些行为不是严厉斥责，就是听之任之，从而强化了吮吸手指行为
  - ◎ 保育员发现幼儿吮吸手指的行为，态度要和蔼可亲的劝阻，不能一味斥责，也不能不闻不问，必要时联系家长配合

图 11—13 吮吸手指的处理办法

5. 恋物习惯倾向的处理

恋物习惯倾向是指幼儿在生活中，尤其在睡眠时特别依恋某个物品而养成的一种经常性的习惯倾向。有恋物习惯倾向的幼儿容易产生交往障碍，很难融入集体生活，不易养成良好的睡眠习惯。针对幼儿的恋物习惯倾向，保育员可采取如图 11—14 所示的措施进行处理。

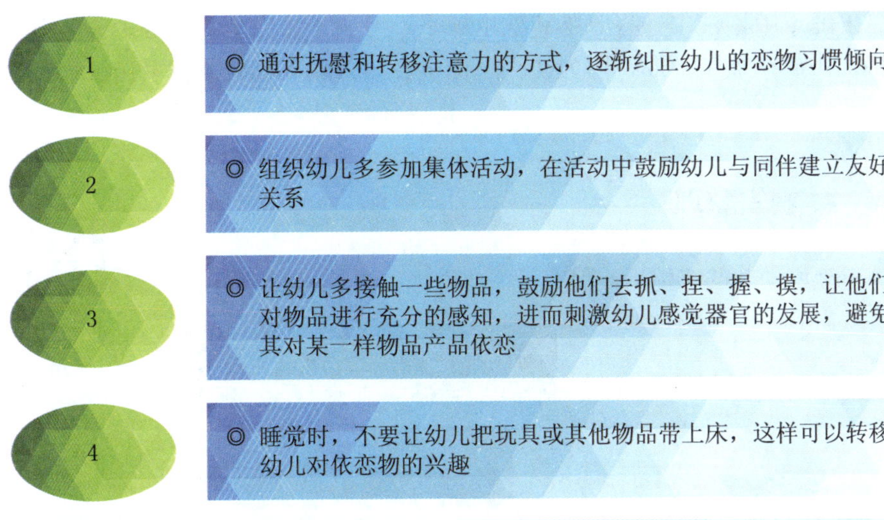

图 11—14　恋物习惯倾向的处理措施

知识 73
幼儿起床后床铺与寝室整理

1. 床铺整理

在幼儿起床后，保育员需要做好床铺的整理工作，床铺整理主要包括晾被子、叠被子、整理床单和枕巾等工作。其具体的工作内容说明如下所示：

晾被子　叠被子前，保育员需将被子翻转过来晾 10 min 左右，然后再将其叠起来。之所以如此，是因为起床后如果马上叠被子，被子里的湿气无法散出，容易滋生细菌。

叠被子　保育员站在床的一侧，将被子靠近自己的一边向中间折，再折另一边，要注意宽窄适度。将折好的长条形被子的两端分别向中间对折，然后再对折，叠成豆腐块的形状。

整理床单和枕巾 将床单和枕巾铺平，用刷子将床单扫干净，需注意不要将枕头放在被子下面，因为枕头、枕巾会因为幼儿在睡觉时爱出汗而变得潮湿。

2. 寝室整理

整理好幼儿的床铺后，保育员需要做好如图 11—15 所示的卧室整理工作。

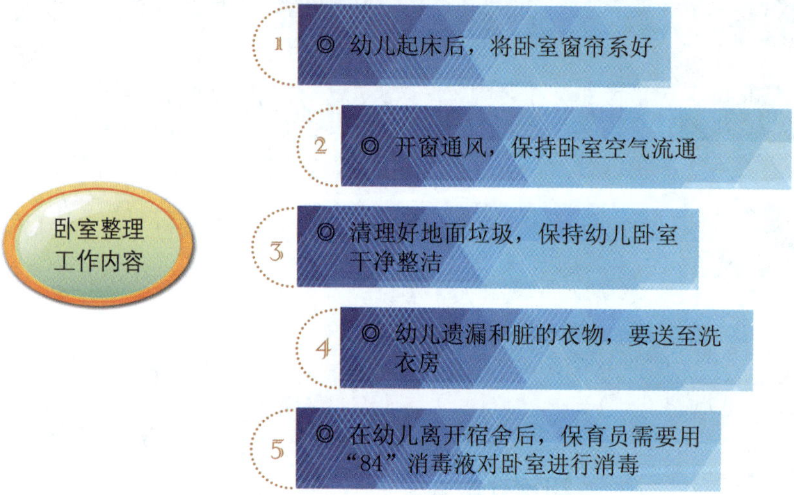

卧室整理工作内容

1 ◎ 幼儿起床后，将卧室窗帘系好

2 ◎ 开窗通风，保持卧室空气流通

3 ◎ 清理好地面垃圾，保持幼儿卧室干净整洁

4 ◎ 幼儿遗漏和脏的衣物，要送至洗衣房

5 ◎ 在幼儿离开宿舍后，保育员需要用“84”消毒液对卧室进行消毒

图 11—15 卧室整理工作内容

岗位内容十二
生活管理：幼儿离园管理

知识 74
组织幼儿收拾活动室

1. 组织幼儿收拾玩具

幼儿总是把玩的玩具乱放，根据这一情况，在幼儿离园之前，保育员需要组织幼儿将其玩耍过的玩具、用具用品等物品放归原位，促使幼儿养成良好的生活习惯。

组织幼儿收拾玩具的场景如图 12—1 所示。

组织幼儿收拾活动室之前，保育员需要进行集体教育，让幼儿亲自去感受，亲自寻找摆放玩具的方法。活动中保育员鼓励幼儿提出自己的想法，如：翻绳按照颜色摆放，魔方一个一个挨着放。通过这样的教育活动，让幼儿学会摆放玩具。

图 12—1 组织幼儿收拾玩具的场景图

保育员可组织全班幼儿每天选一名小小管理员。在幼儿摆放完玩具的时候，小小管理员看一看其他幼儿是怎么摆放玩具的，摆放是否正确，起到一个提醒和监督的作用。这样使幼儿在离园环节能做到有序的将玩具放回原位，促使幼儿养成良好的离园习惯。

2. 组织幼儿打扫卫生

使用了一天的活动室总有部分垃圾、纸屑和污渍等。保育员可组织幼儿整理并打扫活动室，这样既能教育幼儿帮保育员和老师做事，又能培养幼儿爱劳动的好习惯。组织幼儿收拾卫生的场景如图 12—2 所示。

图 12—2 组织幼儿收拾卫生的场景图

幼儿打扫活动室有游戏的性质，因此保育员在组织幼儿劳动时，应从兴趣出发，不必太注意劳动成果。同时幼儿在劳动过程中，常常是边玩边做，

如洗手绢时会玩肥皂沫，擦桌子时会玩水，为提高幼儿劳动的积极性，保育员在组织幼儿劳动时，不要过分斥责幼儿。

在幼儿劳动过程中，保育员还可以教幼儿唱儿歌以提高幼儿的积极性，如：“小桌子我擦的，小凳子我摆的，小手绢我洗的，小纸篓我倒的，不怕脏来不怕累，大家干的劲头足！”

知识 75
个性幼儿离园情绪疏导

在幼儿离园阶段，个别的幼儿会出现很大的情绪波动，因此保育员要配合教师做好其情绪疏导的工作，确保幼儿能够安全顺利的离开。

1. 心理焦虑型幼儿的疏导

幼儿入园初期，在他们离园时会经常看到：幼儿一见到家长，就跑着扑向家长的怀抱，有的不停地叫妈妈，在妈妈的脸上亲了又亲；有的会一下子扑到家长怀里，委屈地大哭一场；也有的会一直让家长抱着走回家。出现这些问题的原因大多数是幼儿初到幼儿园，周围环境的变化让他们感到陌生和无助，甚至出现心理焦虑。

保育员要配合教师运用亲切的身体互动、情景游戏，营造快乐有趣的情绪氛围，使幼儿参与到游戏当中，保持身心愉悦、放松，避免出现心理焦虑。

2. 缺乏安全感幼儿的疏导

有的幼儿在离园时间不离开保育员和教师半步，嘴里反复说着同样一句话：“我要找妈妈”。对于这种情况，保育员要配合老师善于运用情绪抚慰、巧妙回应等引导策略，稳定个别幼儿的情绪问题，增加其安全感。

3. 兴奋激动型幼儿的疏导

这类幼儿在离园时常常出现打闹、追跑的现象，即使保育员和教师不断地进行语言提醒，但依然故我。

针对这样的情况保育员要配合教师给幼儿留出一定的时间和空间，只要没有危险的举动，就不要轻易介入他们的交往冲突。此时，保育员和教师还是要随时注意幼儿交往的动向，如果情况有变化需要介入，要及时跟上并指导。这样处理不仅给幼儿带来被尊重的感觉，还更容易得到幼儿的协助和支持。

4. 恋恋不舍型幼儿的疏导

这部分幼儿都非常热衷于离园期间的活动，喜欢和小伙伴一起玩区域活动或分享玩具等，因此家长来接了还迟迟不肯离园。保育员要配合教师巧妙利用适当延长、留有期待等策略引导，使幼儿能情绪愉悦地结束活动，与家长一起离开。

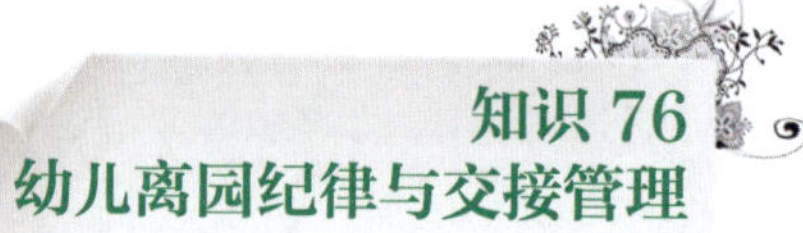

知识 76 幼儿离园纪律与交接管理

1. 幼儿离园纪律

在幼儿的离园过程中，保育员需要管理好幼儿的秩序，保证其遵循离园纪律，确保幼儿能愉悦、安全、顺利的离开。幼儿离园环节的纪律可做如图12—3所示的规定。

幼儿离园纪律

1. 保持一种稳定、愉悦的情绪等待家长来接。
2. 自己整理仪表，保持干净和整洁。
3. 学习管理自己的物品，并能有顺序地整理和摆放。
4. 根据自己的意愿选择离园活动，遵守活动规则。
5. 尝试解决自主交往中的问题和冲突，与同伴友好相处。
6. 离园时，会将玩具、材料、椅子等收放整齐、归位，保持环境的整洁和有序。
7. 带好回家用品，主动与教师、小朋友道别。
8. 跟随家人离园，不独自离开，不跟陌生人走。

图 12—3　幼儿离园纪律

2. 幼儿离园交接管理

在幼儿离园时，保育员要配合教师做好幼儿离园时的交接工作，确保幼儿顺利的交接到家长手中。幼儿离园交接的场景如图 12—4 所示。

图 12—4　幼儿离园交接场景图

幼儿离园交接时，保育员和教师应注意以下四点。

① 离园时，保育员和教师与幼儿进行简短谈话，同他们一起回顾一天的生活，表扬好人好事，对他们进行安全教育和礼貌教育，提醒他们回家的注意事项。

② 离园时，检查幼儿仪表是否整洁，提醒幼儿带好回家的用品。

③ 离园时，家长接孩子，可与家长进行简短沟通，向家长介绍幼儿在园情况，对未及时接走的幼儿应组织适当活动等待家长来接。

④ 离园时，要防止幼儿走失或被不认识的人带走。

岗位内容十三 生活管理：常用物品保管

知识 77 大小物品登记入册

幼儿常用的物品主要包括玩具、教具、图书、餐具、家具、被褥、衣服等大小物品。为了妥善保管学前教育机构幼儿所有的常用物品，也便于定期清点核查，保育员应对每一件物品分类登记造册。物品登记表的格式见表 13—1。

表 13—1 物品登记表

序号	物品名称	物品类型（打√）	数量	材质	品牌	颜色	质量	登记日期
1		□1 □2 □3 □4 □5 □6 □7						
2		□1 □2 □3 □4 □5 □6 □7						
3		□1 □2 □3 □4 □5 □6 □7						

续表

序号	物品名称	物品类型（打√）	数量	材质	品牌	颜色	质量	登记日期
4		□1 □2 □3 □4 □5 □6 □7						
		□1 □2 □3 □4 □5 □6 □7						
备注	物品类型：1. 玩具；2. 教具；3. 图书；4. 餐具；5. 家具；6. 其他日常用品							

对于登记入册的物品，保育员每学期期初与本班教师、财务管理人员一起对班级财产进行全面清点登记一次，学期期末再一同核对验收或回收仓库。

保育员根据物品登记表定期对其进行清点核对时，如果找出不符合项应及时查找原因，并针对不同的情况进行处理。

① 当物品出现损坏或质量问题的，必须进行相应登记，损坏需要做损坏登记，物品过期需要做过期登记。

② 对于借出物品的，需要及时进行登记，并按期索还，以免丢失。

③ 对于丢失的，需要做丢失登记，并及时查找丢失原因，看是否能够找回。

④ 对于损坏、丢失或质量问题的，除了进行相应登记外，还需要及时进行补充，以便能够保证幼儿的使用。

知识 78 班组设施设备管理

班组内的设施设备主要是指桌椅、橱柜、钢琴、电子琴等，具体类型见表 13—2。

表 13—2　　班组设施设备类型

类型	具体用品名称
家具类	桌子、椅子、玩具柜、鞋柜、毛巾水杯格、整理柜、衣帽仓储柜、电视柜等
家电、乐器类	电视机、DVD、钢琴、电子琴等
其他设施	黑板、识字板、地垫等

保育员在每天下班前对教室内的椅、橱柜等物品进行收拾、整理及卫生清洁，以便下次使用。同时保育员应加强对班组内的设施设备的爱护和养护，配合相关人员对其进行日常的维护和保养。保育员在对设施设备等进行整理或养护时，需要对设施设备进行检查，以便及时发现异常并及时报修或更换，避免出现危险。

知识 79 玩具教具图书管理

1. 日常管理要点

① 玩具、教具、图书等物品，保育员需要分门别类的摆放在固定位置，并贴上标签做好标记，以便于拿取和保管。物品标签需要填上物品的编号和名称，并贴在玩具柜或整理柜上。

② 各种玩具、教具必须全部编号登记，分类保管，对新添教具、玩具、图书要及时通知各班教师，以便提高玩教具的使用率。

③ 保育员要指导幼儿正确使用、爱护玩教具，做到轻拿轻放，同时要教会幼儿整理玩具、教具和图书，用完后物归原处。

④ 玩教具正常损坏，保育员、教师等要及时通知有关人员，以便合理及酌情处理。由于不负责任而造成的损坏，学前教育机构要追究责任，要求责任人赔偿损失。

2. 玩具管理注意事项

① 在组织幼儿玩玩具时，保育员要坚守岗位，不断巡视，不接打电话、不与他人聊天，如发现玩具有磨损、螺丝松动现象，应及时上报。

② 在组织幼儿玩玩具时，如出现幼儿磕伤、碰伤，应及时处理好，并及时与家长沟通，同时要经常督促幼儿和家长，下午放学后立即离校，不能擅自玩玩具，以免出现意外。

3. 教具管理注意事项

① 使用教具要提前半天或一天到教具室借用，并做好登记工作（姓名、借还时间、教具名称、数量），不填写借用登记表的不得私自取用教具。

② 电化教具当天借还，如需转借，转借人负责还，并在被借人栏内签署自己的名字。

③ 美术教具点清后方可借出，用后清洗干净后，如数送还。

④ 儿童打击乐器点清借出按数量归还。录音机、风琴、录像机等贵重教具，一般不外借，如需外借，须经园长同意。

知识 80 幼儿个人物品管理

1. 各类幼儿个人物品的管理

幼儿的个人物品主要幼儿的床单、被褥、衣服、餐具以及学习用品等物品。保育员需对这些物品进行分开保管、固定存放、专人专用，避免物品混乱使用。

① 幼儿的床单、被褥应做好标记、专人专用，床的边缘也需要标注幼儿的姓名或编号（见图 13—1），以便固定幼儿的床位。

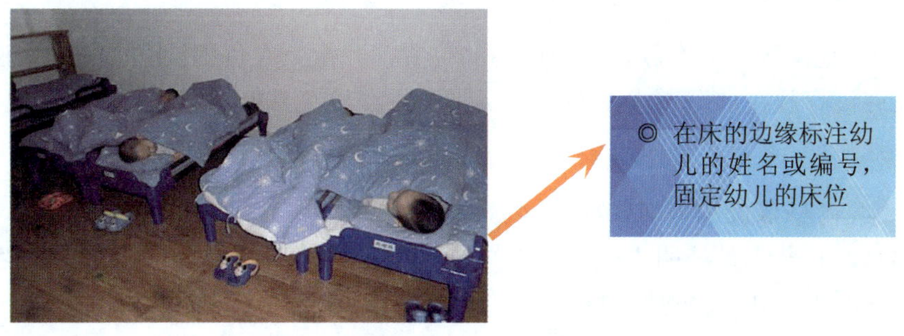

图 13—1　床上标注姓名或编号的示意图

② 幼儿的衣服应叠放整齐，存放在固定的衣橱中，以便取放。

③ 幼儿的餐具和学习用品等也应做好个人标记，并分类摆放，专人专用。

2. 幼儿个人物品管理注意事项

① 注意将幼儿用品用简单的标识或学号区分开，以便于幼儿辨认、拿取。

② 幼儿个人物品取用后，保育员应指导幼儿将物品放回原处。

3. 培养幼儿的物品管理能力

保育员还需要培养幼儿的物品管理能力，以便幼儿参与到个人物品的管理中来。

知识 81 妥善保管危险物品

危险物品包括具有腐蚀性的物品、有毒的物品、易燃易爆物品以及其他对于学前教育机构的幼儿来说可能造成伤害的物品。通常在学前教育机构中存在的危险物品包括消毒剂、杀虫剂、灭火器、剪刀、洗涤剂等。

1. 危险品保管总要求

危险品的总体保管要求如下所示。

① 危险物品应存放在安全固定的位置，并由专人负责保管。一般来说危险品应该存放在储藏室内，并上锁保管，或存放在高处，避免让幼儿接触到，造成危险。

② 严格按说明书的要求保管危险物品。大多数危险物品都需要低温、避光保存，有些物品注明“小心撞击”，保管人员要仔细阅读、理解各种危险品的保存要求，并严格遵照执行，否则容易出现安全责任事故。

③ 危险物品使用时应登记记录，剩余部分要及时放回储藏室或幼儿不可

触及的地方。

④ 存放危险物品的容器应按规定统一回收处理，切不可随意丢弃，更不能随意放在盥洗室，以防好奇的幼儿玩耍，引起安全事故。

2. 日常物品具体保管要求

① 保育员在使用完剪刀、刀子等可能存在危险的物品之后，需要及时收藏起来，避免幼儿随意拿取、使用、玩耍，从而造成伤害。同时，保育员要教会幼儿正确拿取、使用、传递剪刀等有危险的物品，并认识到其危险性。剪刀正确传递要点如图 13—2 所示。

◎ 传递剪刀的幼儿，传递幼儿握紧剪刀尖，剪刀尖朝向自己，剪刀柄递给对方

◎ 对方握住剪刀柄，双手接过剪刀

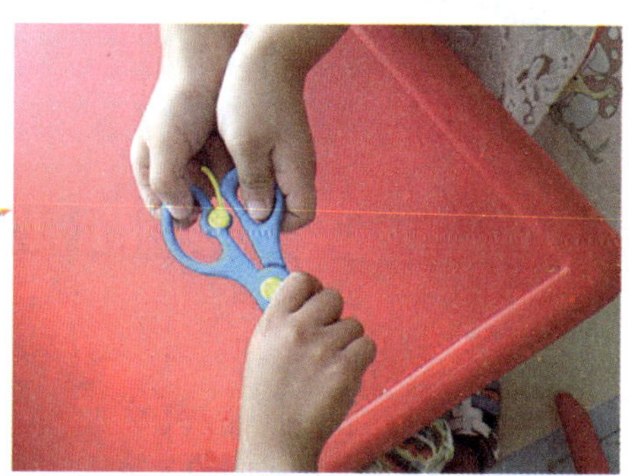

图 13—2　剪刀正确传递要点

② 用完的洗衣液、洗衣粉及其容器等需要放回储藏室，不能随意放在盥洗室，避免幼儿误食，从而给幼儿造成伤害。

③ 热水瓶、热水器要放置在幼儿不能接触到的储藏室，倒水时要远离幼儿，避免出现不慎打翻热水对幼儿造成烫伤。

④ 将外用药和内服药严格分开放置，并在日常生活中教幼儿识别，杜绝出现药物错服或外用药内服的情况。

岗位内容十四
配班管理：活动准备

知识 82
了解幼儿教育教学方法

保育员需要了解幼儿教育教学方法，以配合幼儿教师完成教学任务。常见的幼儿教育教学方法有观察法、示范法、提问法、讲授法等。

1. 观察法

观察法是比较直观的教学方法之一，即通过向幼儿出示实物、图片、教具、录像等材料，使幼儿通过观察获得相应的知识和行为技能。对于不同的对象，采用的观察方法也不同，具体见表 14—1。

表 14—1　　观察方法说明表

方法	方法说明	举例
比较观察法	组织幼儿观察两种或两种以上的物体、现象，比较它们之间的异同点	如认识图形：正方形和长方形、圆形和椭圆形
追踪观察法	在较长的时间内，组织幼儿连续的对某一物体或现象的发展变化进行间断性的、系统的观察	如观察植物变化、种子发芽等
顺序观察法	对观察对象按照先后顺序，从不同的角度细致的观察	一般观察动物时是按照从头到脚、从上到下的顺序观察
特征观察法	对观察对象的最主要或某一方面特征进行相对静止的观察	如孔雀的尾巴、骆驼的驼峰
分解观察法	对观察对象各部分进行仔细分解观察，然后再综合起来，达到清晰地了解全貌的目的	如对大象的头、身体、尾巴等进行分开观察

2. 示范法

通过语言、动作所做的教学表演，为幼儿提供具体的模仿范例。一般语言、艺术、健康领域用得较多。

① 完整示范。对新的教学内容，从头到尾的示范，给幼儿完整的印象，便于理解和掌握，形成整体的概念。如：新授歌曲、诗歌、早操时经常用到。

② 部分示范。在幼儿学习过程中出现难点、错误时，教师进行部分示范以帮助解决局部问题，对已经会的内容不再示范。

③ 分解示范。把学习材料分成几部分，分部、分段地示范，使幼儿掌握每一处要领和学习的重点。

④ 不同方向示范。从正面、背面或侧面进行示范，使幼儿从不同角度得到完整的印象。一般舞蹈、律动时用得较多。

3. 提问法

提问法是幼儿教育教学常用的教学方法之一，是指导幼儿学习的主要方法。常见的提问方式如图 14—1 所示。

描述性提问	◎ 提示幼儿细致地观察并描述事物，一般这样提问“你看到鹅是什么样的？”
比较性提问	◎ 启发幼儿比较事物的异同，如“正方形和长方形哪里一样，哪里不一样？”
分类性提问	◎ 启发幼儿运用概念进行思维的提问，如“你认为桔子是属于哪一类呢？
解释性提问	◎ 提示幼儿了解事物及变化的原因并清楚的加以说明，如“雨是怎样形成的？”
选择性提问	◎ 对几种结论进行取舍的提问，如“你们说，葡萄干是属于水果还是干果呢？”
反诘性提问	◎ 对幼儿在观察、感知过程中得出的判断进行反问，如“小海马是妈妈生的吗？”

图 14—1　提问方法说明图

4. 其他方法

保育员在掌握了上述教育方法之后，还需要掌握以下的一些方法，具体见表 14—2。

表 14—2　其他教育方法说明表

方法	方法说明
讲授法	教师通过口头语言向幼儿描绘情景，叙述事实，解释概念，说明道理。包括讲解法、讲述法、描述法
讨论法	在教师的指导下，幼儿对提出的问题进行争论，来表达自己的不同认识和看法
操作法	教幼儿按照一定的要求和程序通过自身的实践活动进行学习的方法

知识 83 幼儿教育活动的组织形式

学前教育机构组织幼儿学习的教育活动形式有三种，具体包括集体教育活动、小组合作教育活动和个别教育活动。

1. 集体教育活动

集体教育活动是以整个班级为单位进行，全班幼儿共同参与，以引导幼儿交流、分享各自的经验，解决共同问题的教育活动。

集体教育活动通过短时间提供大量共同经验从而使幼儿在活动中相互启发，提升自律及合作意识。集体教育活动的缺点是容易导致不能充分考虑每个幼儿的特点、兴趣、需要，幼儿的表现机会少，不利于有针对性地培养各种能力。集体教育活动的场景如图 14—2 所示。

图 14—2　集体教育活动

一般来说，集体教育活动适合以下教学情景：一是大部分幼儿对某些话题都有兴趣，需解决共性的疑问和困惑时，二是需要帮助幼儿积累、提升和分享必需的经验与重要的体验时。

2. 小组合作教育活动

小组合作教育活动是指将一个班级的幼儿分为几个小组，每组由保育员配合教师带领开展不同内容的教育活动，活动结束后，各小组再轮换其他活动内容。分组教学能有效解决班级学生人数过多的情况，使保育员和教师能更好地关注每个幼儿。事实上小组合作教育活动只是小型的集体活动，其场景如图 14—3 所示。

保育员和教师在开展小组合作教育活动时，需要注意以下事项：

① 小组合作活动一般以 4～6 人为单位进行。

② 可按就近原则进行分组，也可以让有共同兴趣的幼儿自由结伴。

③ 确保小组活动的正常交换，使每个幼儿能获得同等的学习机会。

图 14—3　小组合作教育活动

3. 个别教育活动

个别教育活动是以幼儿为单位单独进行的，它是以个别操作、个别思考、积累个体经验为主的教育活动形式。个别教育活动一般适用于幼儿个体有不同的兴趣和需要时，或者个别教育活动的方式更能发挥幼儿不同的认知风格而提高其活动效率时。

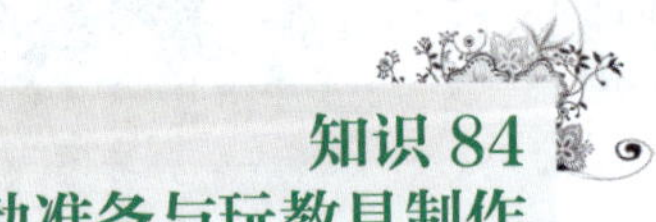

知识 84 室内教学活动准备与玩教具制作

1. 室内教学活动的准备工作

活动室环境的布置　在实施室内教学活动时，保育员需要提前布置室内教学活动室。保育员在布置室内教学活动室时需要掌握教育机构对室内环境的具体要求，以便布置的符合幼儿的身心发展。

① 环境布置要符合审美的规律，让幼儿得到美丽的熏陶。

② 可让幼儿参与其中，使其成为环境布置的参与者和设计者。

③ 在引导幼儿进行环境布置时，可使用多样化的材料和装饰进行。

④ 活动室四周的环境应以幼儿的视线高度为准，让每一位幼儿都能很容易、很舒服地欣赏。具体可参照图 14—4。

⑤ 活动室环境布置时应注意安全，不要悬挂太重的装饰物，以防砸伤幼儿；墙壁上的装饰不要太硬而且凸出，以防幼儿靠近时被刮伤。

图 14—4　活动室的四周环境以幼儿视线高度为准

室内教学活动常规准备工作　室内教学活动开展前，保育员还需做好以下准备工作。

① 准备教学用具。保育员需要在教学活动前准备教学用具，协助教师摆放和发放教学用具，保证数量充足，无损坏。

② 做好值日。保育员要擦好桌椅、黑板、地面等，并指导中、大班值日生做些力所能及的工作。

③ 调节光线。若活动室内照明度不够，需开灯照明；光线太强时，应适当拉上窗帘。

④ 摆放桌椅。保育员根据活动特点及教师要求摆放桌椅。摆放桌椅时要考虑到个别听力差、视力差和不爱讲话幼儿的实际情况，最好把他们的座位摆放在距离教师较近也最易观察到的位置，这样便于教师有针对性地进行指导。

2. 玩教具制作

认识玩教具种类　保育员在协助班级教师制作玩教具之前，需要了解玩教具的种类，以便有效的制作。玩教具的种类根据不同的标准有不同的分类，如根据制作材料可划分为纸玩教具、木玩教具、竹玩教具、泥玩教具；根据其功能划分可分为认知益智类、角色游戏类、体育操作类。玩教具根据功能的分类情况如图 14—5 所示。

认知益智类玩教具
包括拼图、棋子、计算器、乐器、美工制作等，主要功能是帮助幼儿认知世界、开发智力

角色游戏类玩教具
包括角色表演中的头饰、面具、布娃娃、听诊器、小推车，指模仿社会活动游戏时需要的道具

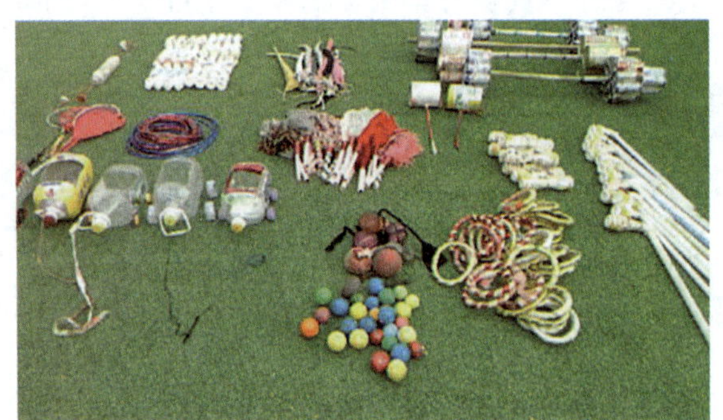

体育操作类玩教具
包括沙包、沙袋、飞环、纸球等，主要功能是以培养学前儿童身体协调能力

图 14—5　玩教具根据功能的分类示意图

制作玩教具　保育员需协助班级教师根据教学需要制作教玩具。在制作教玩具之前，保育员需要注意收集和选择合适的玩教具制作材料，充分利用各种自然物和废旧物品，如核桃、树皮、树叶、易拉罐、碎布等。玩教具制作材料的收集过程如图 14—6 所示。

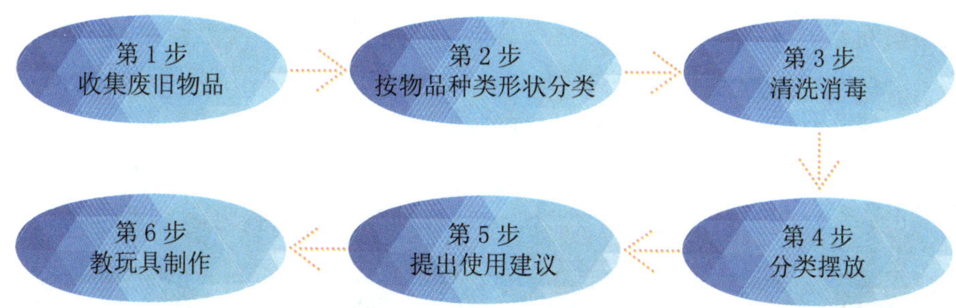

图 14—6　玩教具制作材料的收集过程

在制作材料收集齐全之后，保育员就可以配合教师动手制作玩教具。保育员在制作玩教具的过程中需要遵循以下要求：

① 在制作玩教具时，要积极协助、配合教师进行玩教具制作，发挥主观能动性。

② 在制作玩教具时，需要选择合适的制作材料，以便确保玩教具安全、结实和耐用。

③ 保育员可以协助教师组织、启发幼儿自制玩教具，并鼓励幼儿在游戏活动中充分使用自制玩教具。

④ 制作的玩具和教具大小、轻重符合该年龄段的幼儿使用。

⑤ 根据幼儿的需求量，制作适量的玩教具，避免浪费。

⑥ 根据幼儿的情况对玩教具及时进行调整，以便达到最佳的使用效果。

知识 85　室内游戏活动准备与游戏设计

1. 室内游戏活动准备

室内游戏活动区域设置　在学前教育机构活动室内设置各种游戏活动区域，有助于幼儿根据自己的兴趣和爱好随意选择游戏活动。保育员可根据幼儿年龄特点、实际需要、活动特点及活动场地的条件等设置好游戏活动区。常见的游戏活动区域包括游戏材料区、美工区、自然角、科学实验角、图书角等区域。具体的区域如图 14—7 所示。

游戏材料区
为幼儿准备专门做游戏的玩具，如木偶、娃娃、积木、智力拼图等玩具

美工区
为幼儿准备树叶、碎布、贝壳、鹅卵石、海螺壳、黄土、剪刀、浆糊、乳胶、纸、纸壳、彩笔、线绳等，供幼儿绘画粘胶

自然角
根据教育教学要求实际，精心安排自然角，并随季节变化不断充实、更新内容

图书角
为幼儿准备各种儿童图书，并定时更换

图 14—7　游戏活动区域示意图

室内游戏活动前的常规准备工作　为了确保室内游戏活动能够安全有序的进行，保育员还需要配合教师做好室内游戏活动前的以下准备工作，具体见表 14—3。

表 14—3　室内游戏活动前的常规准备工作

准备工作项目	具体准备工作
1. 游戏玩具的准备	◎ 保育员应配合教师为幼儿配备安全卫生、数量充足的玩具 ◎ 保育员应经常检查玩具，如有破损，应及时整修，因为破损的玩具容易造成幼儿不爱惜玩具的心理，有时也会对幼儿造成伤害 ◎ 保育员应保持玩具清洁、无灰尘、无黏附物，1～2 周消毒一次 ◎ 保育员将玩具放在适合幼儿高度的玩具柜、玩具架、玩具箱中，便于幼儿取放和使用
2. 游戏场地的准备	◎ 保育员应提前清洁地面，保持地面清洁卫生、无杂物 ◎ 保育员保持室内良好的通风以及适宜的光照
3. 幼儿衣着的检查	◎ 游戏活动前，保育员应检查幼儿的衣着，以幼儿方便进行游戏活动为宜。保育员也可指导幼儿相互检查衣着 ◎ 保育员应注意检查幼儿是否携带有不安全物品，尤其是金属小刀、针等，为幼儿暂时保管必需物品 ◎ 结合检查物品，指出携带不安全物品的危险性，以便对幼儿进行安全教育
4. 排除与幼儿游戏活动无关的人与物	◎ 幼儿自我控制能力差，注意力容易被新异的人与物所吸引，因此，为了保证幼儿游戏的质量，保育员在游戏活动之前应尽量排除与幼儿游戏无关的人与物

2. 游戏活动设计

保育员在进行室内游戏活动准备时，需要配合教师进行室内游戏的设计。在设计游戏之前，保育员需要了解游戏的类型。学前教育机构游戏种类繁多，并且各具特色，主要可分为见表 14—4 所示的几个种类。

表 14—4　游戏的种类

游戏种类	具体说明
1. 创造性游戏	能创造性地反映现实生活的游戏，包括主题角色游戏、建筑造型游戏、表演游戏
2. 教学游戏	利用游戏的形式完成一定的教学任务，这类游戏通常按学科科目来区分其教学职能，如体育游戏、语言游戏、智能游戏、音乐游戏等
3. 主动性游戏	幼儿运用肢体、肌肉的活动来进行游戏，如绘画、手工、玩水等
4. 被动性游戏	幼儿通过观看、聆听或欣赏等不需要体力的活动来接受信息，如看书、看录影、听音乐等

为确保游戏合理、可实施，保育员在配合教师进行室内游戏的设计时应主要考虑以下几点内容。

① 每种游戏都有不同的特点，保育员需要根据幼儿的需要合理地选择游戏类型。

② 保育员根据游戏的性质，合理地设计游戏场地。

③ 需要进行恰当安排，精心组织，以提高幼儿游戏活动中的主动性、积极性和创造性。

④ 在设计游戏时，还需要设计足量的、安全的、合理的游戏玩具，方便幼儿玩耍。

知识 86 室外体操活动选择与用品准备

幼儿开展室外体操活动可促进其身体全面均衡发育，增进健康，培养良好的身体形态。

1. 室外体操活动选择

为了提高幼儿的身体素质，保育员可合理地选择室外体操活动来对其进行锻炼。幼儿体操活动主要分为两大类：一类是徒手操；另一类是轻器械操，具体见表 14—5。

表 14—5 室外体操活动类型表

类型	分类	具体说明	适用范围
徒手操	模仿操	与儿歌相结合，简单地模仿动物、植物等形态或动作的体操	4 岁以下幼儿
	韵律操	将简单的舞蹈动作、韵律动作与徒手体操动作进行结合的体操	4~5 岁幼儿
	武术操	将武术动作与徒手体操动作进行结合的体操	5~6 岁幼儿

续表

类型	分类	具体说明	适用范围
轻器械操	击响操	有哑铃操、响筒操、铃鼓操、竹板操、筷子操、腰鼓操等	4～6 岁幼儿
	棍杆操	竹竿操、花棍操、霸王鞭操、纸筒操等	
	圈环操	健身圈操、藤圈操、花环操和手环操等	
	绳类操	绳操、彩条操、皮筋操	
	其他	彩旗操、花束操、扇子操、玩具操	

徒手操的和轻器械操示意图如图 14—8、图 14—9 所示。

图 14—8　徒手操

图 14—9　轻器械操

同时，保育员在选择室外体操活动时，还需要注意以下要点：

① 在选择成套的体操动作时，要注意幼儿身体的全面锻炼与发展。

② 根据不同的季节，选择不同活动量的体操。

③ 合理安排体操动作程序及活动量。成套体操动作要循序渐进，由浅入深，由易到难。

2. 体操用品准备

保育员根据体操的名称，就大致可以知道体操的用品。因此在组织体操活动之前，保育员可组织幼儿到体操用品管理室去领取体操用品，以保证幼儿顺利做操。领取时，对于弄脏的体操用品要立即清洁，发现有破损的要及时更换。

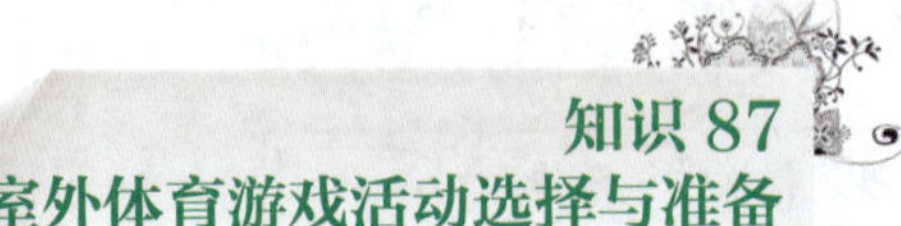

知识 87 室外体育游戏活动选择与准备

室外体育游戏活动的开展不仅能促进幼儿的生长发育，增强体质，而且对幼儿的心理发展也产生一定的影响。保育员要认识到室外体育游戏活动的重要性，认真地、有计划地引导幼儿进行室外体育游戏活动，让幼儿带着愉快的情绪参室外体育游戏活动，提高室外体育游戏活动的质量，使每个幼儿在原有的基础上得到协调发展。

1. 室外体育游戏活动选择

保育员可在室外体育游戏活动之前，根据幼儿的活动需要，结合室外场地的实际情况，选择合适的室外体育游戏活动，常见的室外体育游戏活动如图 14—10 所示。

动作类体育游戏	器械类体育游戏	传统体育游戏
◎ 走、跑游戏	◎ 球类体育游戏	◎ 老鹰捉小鸡
◎ 跳跃游戏	◎ 绳子类体育游戏	◎ 推小车
◎ 钻、爬类游戏	◎ 圈、轮胎类体育游戏	◎ 老鼠偷蛋
◎ 抛、投掷类游戏	◎ 盒、积木类体育游戏	◎ 抢凳子
◎ 平衡类游戏	◎ 纸、垫、袋子类体育游戏	◎ 骑木马
	◎ 塑料瓶类体育游戏	◎ 摇木马等

图 14—10 室外体育游戏活动

2. 室外体育游戏活动准备

安全检查 室外体育游戏活动由于活动场地开阔，幼儿活动范围大而剧烈，很容易发生安全事故。因此保育员要积极协助教师对活动场地进行安全

检查，确保体育游戏可安全顺利进行。

① 检查地面有无积水、沙石、坑洼等危险因素。

② 检查设备、活动器械等是否存在安全隐患。

器材准备　在室外体育游戏活动开展之前，保育员应提前准备适当的体育游戏器材，确保体育游戏安全顺利进行，防止安全事故发生。

① 在窄小场地内准备器材种类不宜过多，否则会因无法全面指导而出现伤人现象。

② 每次体育游戏活动中，准备的新器材种类也不宜过多，因为幼儿可能对新器材使用不当而发生伤害。

③ 体育游戏活动器材不宜准备的过少，避免导致幼儿因争夺器材而发生伤害。

岗位内容十五
配班管理：活动过程配合

知识 88 组织故事教学

一些生动、有趣的故事不仅能吸引幼儿快速进入学习情境，也符合幼儿以形象思维为主的心理特点和学习认知特点。因此，保育员可配合教师在教学中利用故事开展教学，以激发幼儿的兴趣，提高教学质量。

1. 内容选择

不同年龄的幼儿理解水平和接受事物的水平是处于完全不同的层面的，因此保育员需要根据幼儿的年龄特征选择合适的教学内容，具体的内容选择说明见表 15—1。

表 15—1　故事教学内容选择说明

教学对象	选择说明
小班幼儿	由于小班幼儿较小，因此选择内容较为简单的故事
中班幼儿	选择故事内容丰富一些的故事
大班幼儿	选择较长的、离幼儿生活较远，但可以理解和想象的故事

除了上述的简单的选择办法之外，保育员在选择故事教学内容时还需注意以下事项。

① 幼儿喜欢拟人和夸张的作品，不大考虑故事内容的真实性，因此保育员可选择如童话故事之类的内容，幼儿会比较喜欢。

② 幼儿喜欢动作多、对话多、故事性强、情节发展迅速又有适当反复的作品。

③ 幼儿不喜欢叙述冗长、描述过细、低层灰暗、充满恐怖气氛、枯燥说教的作品，保育员也需要考虑到。

2. 教学方式

幼儿的形象思维决定了幼儿学习方式的形象化，保育员可配合教师利用多媒体课件、碟片、投影机、挂图等形象化的方式进行教学。用直观生动的形式配合语言向幼儿讲述故事，比单纯抽象的用语言更易于幼儿理解和接受，也能提高幼儿对故事内容的兴趣。

为了更好地发展幼儿的想象力和创造力，有的故事可以适当引导幼儿进行续编或创编。创编故事需要一定的知识经验和口语表达能力，所以教师和保育员刚开始要慢慢引导幼儿，提供幼儿一些图片，让幼儿自由排序并想象出不同的故事情节，最大限度地发挥幼儿的积极性和创造性。

知识 89　组织诗歌朗诵教学

1. 了解幼儿诗歌

保育员配合教师组织诗歌朗诵教学时，需要了解幼儿可以学习的诗歌类

型和特点。幼儿诗歌是以幼儿为欣赏对象的诗歌，包括儿歌、儿童诗、古诗、谜语、绕口令、散文诗等。幼儿诗歌主题单纯，内容浅显；语言凝练，节奏明快，韵律和谐，富有儿童情趣；读起来朗朗上口，易于朗读和记忆，是幼儿接触较多而又非常喜爱的一种文学形式。例如，图 15—1 是一则幼儿诗歌，供参考。

图 15—1　幼儿诗歌示范

2. 诗歌朗诵教学注意事项

保育员配合教师组织幼儿进行诗歌朗诵时，应注意以下要求。

① 保育员配合教师组织形式多样的朗诵会，并给幼儿创设朗诵的有利场所，为他们的模仿与练习提供机会。

② 保育员可为幼儿选择合适、优秀的朗诵素材，使幼儿通过倾听播音员的朗诵以及教师或保育员对优美词句的描述解释，在理解诗的大意基础上，从内心产生要去朗诵的愿望。

③ 要分析好诗歌的节奏。诗歌朗诵是有节奏的，讲求轻重缓急、抑扬顿挫，所以在朗诵前保育员可帮助幼儿划分好节奏。一般来说，七字句的分为四个音节，五字句的分为三个音节，同时还要考虑诗歌中作者的思想感情和说话的习惯。

④ 找出诗歌的韵仄关系。诗歌一般是押韵的，所以读出来朗朗上口。一般来说，诗歌在偶数诗行末尾押韵，有一韵到底的，有中途换韵的，保育员可指导幼儿朗诵时把韵脚重读或适当延长，以显示诗歌韵律的音乐性。

⑤ 读出诗歌的感情。教导幼儿朗诵诗歌要充满感情、富有表情，并运用适当的动作，声情并茂，以加强诗歌的感染力。

知识 90 室内教学活动的保育

1. 室内教学活动中的保育

教学活动中的保育工作主要包括两个方面：一是协助教师进行教育活动；二是帮助并辅导幼儿学习。其具体的保育工作见表 15—2。

表 15—2　教学活动中的保育工作

保育工作	具体保育工作
1. 协助教师进行教育活动	◎ 及时、适时、周到、适当地配合教师进行教学活动，并提供适当的帮助 ◎ 协助教师稳定幼儿的注意力，及时提醒个别注意力分散的幼儿 ◎ 善于运用恰当的方式维持教学活动的秩序，以保证教学活动的正常进行 ◎ 及时处理活动中发生的特殊情况，以保证教育活动的顺利进行
2. 帮助并辅导幼儿学习	◎ 及时纠正幼儿不正确的学习姿势或习惯 ◎ 发现有违反纪律的幼儿，要及时制止 ◎ 发现幼儿做作业有困难时，要进行简单的辅导 ◎ 对于性格敏感和学习能力差的幼儿，要对其进行照顾

保育员在室内教学活动中开展保育工作时，需要注意以下事项：

① 要注意指导方式，以免因对幼儿限制过多，而挫伤幼儿活动的积极性。

② 教育活动纪律，不要随意走动，不要讲话，以免分散幼儿的注意力，影响教学活动的进行。

③ 不随意打断教师的活动，不随意进出活动室，保持安静。

室内教学活动的保育场景如图 15—2 所示。

图 15—2　室内教学活动的保育场景

2. 室内教学活动后的保育

活动结束后，保育员根据需要将桌椅归位，并摆放整齐，如果活动中产生垃圾或脏污，要进行擦洗，同时把活动废弃物扔到垃圾桶。

知识 91 室内游戏活动的保育

1. 室内游戏活动中的保育

游戏安全保护 在室内游戏活动中，保育员应做好幼儿的安全保护工作，具体的安全防护工作如图 15—3 所示。

工作 1
◎ 应及时发现和制止幼儿的危险或不卫生的举动，如把玩具含在口中、在幼儿密集处挥舞玩具等

工作 2
◎ 当幼儿有冒犯或干扰他人、不礼貌或粗野行为时，保育员也要及时制止

工作 3
◎ 要经常清点人数，若有缺失，及时与带班教师联系，采取对策

工作 4
◎ 根据幼儿活动量及气温的变化，及时帮助或提醒幼儿擦汗和增减衣服

工作 5
◎ 照顾体弱幼儿，减少其运动量，对于心肌炎患儿等特殊幼儿，要根据病情给予特殊照顾和护理

图 15—3 游戏安全保护工作事项

游戏秩序维护　根据各类游戏的特点，保育员协助教师维护游戏活动时的秩序，发现问题，及时处理。

游戏帮助和指导　保育员应注意观察幼儿游戏的进展情况，对幼儿给予一定帮助和指导，但是决不能代替、包办。必要时，保育员还可扮演游戏角色，加入幼儿的游戏活动，推动游戏情节进展。

2. 室内游戏活动后的保育

在室内游戏活动结束后，保育员协助教师做好游戏结束工作，其具体的工作如下所示。

适时结束游戏　在组织幼儿结束游戏时，保育员应配合教师，注意掌握时机，尽量采用游戏的方式，使幼儿愉快地结束游戏，以保持幼儿对游戏的兴趣。

收拾游戏场地和游戏材料　保育员应协助教师收拾整理游戏场地和游戏材料，进一步清点、整理玩具，看是否摆放整齐，是否有遗失或损坏。如果发现问题，保育员应及时与教师联系，查问原因。清点整理玩具时，保育员可组织幼儿一起做，以培养幼儿善始善终的良好品德。

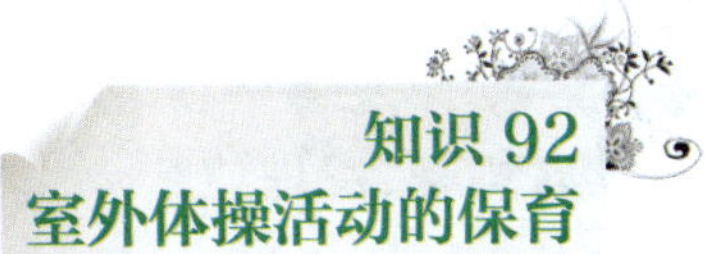

知识 92 室外体操活动的保育

1. 室外体操活动中的保育

协助教师组织全体幼儿到室外　保育员要组织幼儿安全有序的下楼，排好队按指定的位置进入操场，一般是老师在前面领队，保育员在后面维持秩序。在去室外之前，保育员要协助带班教师一起，提醒和帮助幼儿，根据天气的变化及时增减衣服。

帮助教师整理幼儿队形　幼儿开展体操活动时，进行队形排列时比较困难，此时保育员要协助教师安排好合理的队形与位置方向。具体的队形安排要点如下。

① 队形位置要选择让幼儿背风、背光的方向，以防风沙或逆光影响幼儿对前面示范教师的观察与模仿。

② 要保证幼儿都能看到教师的示范动作，教师也能看到全体的幼儿。

维持体操活动中的秩序

① 做操时，带班教师一般在队列前面示范带操，保育员一般站在队列的后面，随时观察幼儿的活动情况，如发现不遵守纪律的要过去制止，发现不规范的要过去纠正等。

② 幼儿做操时，保育员最好站在队伍的后面一起做操（见图 15—4），并随时观察幼儿的情况，不要来回走动或讲话，以免分散幼儿的注意力。

图 15—4 保育员站在队伍后面一起做操的情景

 2. 室外体操活动后的保育

做操结束后，保育员需要协助教师清点人数，组织幼儿安全有序的返回教室，一般是教师走在队伍前面，保育员走在队伍后面。幼儿回教师后，保育员应组织幼儿洗手、如厕、饮水，必要时还应组织幼儿洗脸。

知识 93 室外体育游戏活动的保育

1. 室外体育活动中的保育

在室外体育活动中，保育员要协助教师密切观察幼儿的活动情况，避免意外事故发生，保证活动安全顺利进行。具体保育工作如下所示：

① 保育员要辅助教师观察场地上每一个幼儿的活动状况，提前发现可能存在的安全隐患并及时制止，确保幼儿的活动安全。

② 保育员要果断制止幼儿进行不符合其身心发展的、有损健康的自发练习。具体需禁止自发练习项目如图 15—5 所示。

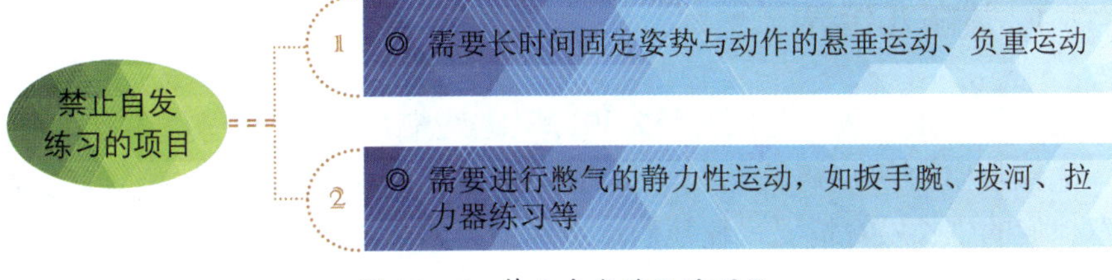

图 15—5　禁止自发练习的项目

③ 幼儿进行一定危险性的练习活动时（如翻滚运动、走平衡木、爬攀登架、荡秋千、扔掷球等），保育员需站在幼儿旁边或附近做好指导和保护，如图 15—6 所示。

图 15—6　保育员从旁进行指导和保护

④ 保育员适时地对幼儿进行运动安全卫生教育，指导幼儿掌握动作安全要领，学会自我保护。

⑤ 保育员要协助教师观察并提醒幼儿休息，以免因过度疲劳而伤害幼儿的身心健康。

2. 室外体育活动后的保育

体育游戏活动后，保育员要和教师一起收拾体育器材、整理场地。对使用过的体育器材按规定整理并分类收好，以备下次使用。对于年龄大点的幼儿，可以指导他们一起来收拾整理工作，培养他们的动手能力和责任感。

知识 94 活动中对四类幼儿的个别指导

在活动过程中，保育员需要对特殊情况的幼儿进行个别指导，确保其按要求安全顺利的完成相关活动。常见的特殊情况的幼儿包括体弱幼儿、肥胖幼儿、多动儿和胆怯儿等。

1. 体弱儿指导

体弱幼儿是指早产儿以及经常患呼吸道感染、哮喘疾病及患先天性心脏病、缺铁性贫血等疾病的幼儿。保育员应给予体弱幼儿更多的照顾和关心，注意他们的生长发育情况，使他们逐步地强壮起来。具体的指导工作如下：

① 针对体弱儿的病种和病情，制定合理的矫治方案，注意动静结合、劳逸配合，安排适合体弱儿的身体锻炼活动。

② 在相关活动中，保育员需要仔细观察体弱儿的身体状况和精神状态，给予特别照顾，并做好相关记录。

③ 保育员应根据季节变化做好体弱儿的降温、保暖工作，并根据体弱儿的不同情况区别对待，注意活动量和运动强度。

2. 肥胖儿指导

保育员需要在相关活动中对肥胖幼儿进行个别指导，具体的指导工作如下：

① 保育员需鼓励肥胖幼儿适当的参加室外活动。在室外活动中，保育员应及时提醒不爱活动的肥胖儿要运动起来，以增加其运动量。

② 保育员在指导幼儿运动时，要遵循循序渐进的原则，逐步提高其运动强度和延长运动时间，最初由不少于 3～4 次 / 周、每次 10～30 min，增加至 2 次 / 日、每次 10～30 min。

③ 同时保育员还需要掌握安全的运动量，儿童适宜的最大运动强度通常为心率每分钟 130～160 次，以皮肤潮湿出汗为限。

3. 多动儿指导

活泼好动是幼儿的天性，但过分的好动会影响幼儿正常的发育，导致这些幼儿普遍存在心理、情绪、行为方面的问题。保育员在活动中如果发现幼儿有如图 15—7 所示的行为表现，就可以怀疑其为多动的倾向。

行为 1：注意力集中困难	行为 2：活动过度	行为 3：冲动任性
表现为注意力不集中、且注意的时间短，东张西望，很容易被一些声响吸引，不能专注于一件事情	在上课的时候坐不住，在座位上来回移动，干扰同伴，明显表现出不能控制住自己活动的倾向	表现为行为比较冲动，有的幼儿好打斗、执拗、霸道，有的幼儿情绪不稳、易哭易闹

图 15—7　多动幼儿行为表现

对于多动儿保育的重点在于培养和发展其自制力和注意力，首先可通过认知活动改善其注意力；其次通过训练，减少儿童的过多活动和不良行为。其具体的指导要点见表 15—3。

表 15—3　　多动儿指导要点

指导目的	指导要点
培养自制力	◎ 在活动中，保育员可以有意识的以语言、表情、动作给予暗示，提醒多动儿克制自己的行为 ◎ 制定一些行为准则，以便其约束自己的行为，养成良好的行为习惯
培养注意力	◎ 多动儿上课时注意力不集中，保育员组织幼儿进行活动时，可以站在多动儿的旁边，不时用手势、眼神、动作或轻声提示提醒幼儿参加活动 ◎ 可以以拼图游戏等来督促其集中精神完成任务，逐步培养其耐心、专注的习惯

4. 胆怯儿指导

胆怯是一种常见的心理反应，是一种缺乏自信的表现。胆怯儿的胆小退缩行为很大程度上影响了他们的活动。因此，保育员必须对胆怯儿进行指导和帮助，引导他们最大限度地参与活动。其具体的指导要点如下：

① 保育员需多鼓励幼儿，对幼儿的评价要以积极肯定为主，善于发现胆怯幼儿的闪光点。

② 保育员要给胆怯的幼儿提供锻炼和表现的机会，要放手让幼儿独立地完成一些简单的任务。

③ 保育员可多鼓励胆怯幼儿和同伴交往，同时适当地教给他们正确的交往技能。

岗位内容十六
配班管理：参与家长工作

知识 95 关注家园共教共育

保育员需关注家园共教共育工作，协助教师与幼儿家庭配合工作，帮助家长创设良好的家庭教育环境，向家长宣传科学保育、教育幼儿的知识，共同担负教育幼儿的任务。

1. 家园共教共育工作

保育员可以通过下面两个方面的工作参与到家园共教共育工作中。

① 保育员与教师应该在学期初，根据本班幼儿的年龄特点共同制定家园共教共育内容，然后有目的、有计划地实施，并根据本班幼儿的情况不断调整。

② 保育员与教师要利用各种机会主动向家长宣传正确的育儿知识，使家庭教育和本学前教育机构的要求同步，共同促进幼儿能力的提高。

2. 家园共教共育要点

家长和保育员、教师应在教育孩子的过程中，互相沟通、互相配合、共同提高、密切配合，才能形成共育局面。为做好家园共教共育，保育员应掌握见表 16—1 所示的几个要点。

表 16—1　家园共教共育要点

要点	要点说明
让家长构筑良好的教育环境	◆ 家庭环境决定和影响着幼儿的心境，因此家长要建立一个好的成长环境 ◆ 保育员应适当提醒家长配合自己和教师构建良好的教育环境
让家长树立良好的教育理念	◆ 保育员配合教师指导家长树立良好的教育理念 ◆ 保育员可配合教师给家长传授教育知识，让家长参与到学前教育机构的教育活动等，从而辅助家长树立良好的教育理念
让家长参与教育活动	◆ 组织家长参与幼儿园教育，是家园共育的重要方式 ◆ 注意不能让家长做旁观者，而是重在参与，发挥家长这一重要教育资源的作用
让家长了解教学内容	◆ 让家长了解学前教育机构的教育目标和教学内容 ◆ 保育员可配合教师将幼儿的教学内容、周计划贴在“家长园地”中，向家长通报，提示家长观看，并可让其提出更好的意见和建议，或召开家长会、家访、电话访及时与家长沟通，通过沟通双方取得共识，共同设计教育对策，相互配合教育
与家长经常性沟通	◆ 实现家园共育，需要保育员、教师与幼儿家长以幼儿发展为中心，进行经常性的双向沟通，双方相互商讨、沟通，取得共识，有了共识才能做到共育 ◆ 保育员、教师要随时向家长介绍幼儿在园里的生活、学习情况，进步与不足 ◆ 家长也要及时向保育员、教师反映孩子在家里的表现与变化

知识 96 建设家园沟通渠道

保育员除了做好日常的幼儿生活管理之外，还需要协助教师建立家园沟通渠道，以便家园沟通能够顺利进行。运用比较多的家园沟通渠道如下所示。

1. 画面类渠道

家长阅读“家园小报”“家园之窗”“家园联系册”上有关幼儿教育的文章和图片与保育员、教师交流幼儿发展的信息。

2. 交流类渠道

参加以幼儿为主题的“家长会”“经验交流会”“辩论会”“家长学校讲座”“×× 知识咨询”等活动，或通过“接送交流”“电话交流”等形式与保养员和教师交换意见。

3. 活动类渠道

通过参加丰富多彩的“亲子活动”，置身于教师、幼儿的联欢会、运动会、比赛、参观、郊游之中，直接感知幼儿园教育的途径和方法。

4. 体验类渠道

家长利用“开放日活动”来园进班，和幼儿一起玩玩具，拼搭社会建筑，加深对幼儿园教育内容与要求的认识。

5. 网络渠道

利用网络优势，扩展家园沟通渠道，实现快速便捷的家园互动。家长可以在网上与教师对话、了解园内外幼教新动态、园所教育教学近况、家长热点话题等，同时保育员、教师可通过后台操作，及时与家长沟通，共同探讨有关幼儿教育的话题，使家长能了解幼儿在园学习和生活的情况。

沟通渠道建立后，保养员与教师要合理的利用家园沟通渠道，适时与家长进行沟通，及时了解幼儿的情况。

岗位内容十七 配班管理：工作记录与总结

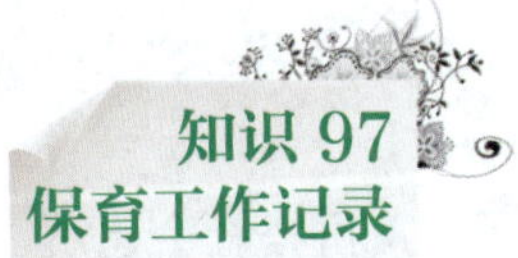

知识 97 保育工作记录

保育工作记录可方便保育员把每天的工作及时分析整理，及时发现工作的不足，有效避免工作的漏洞，并为日后工作的开展提供参考和借鉴。

1. 保育工作记录类型

根据工作记录的反映形式不同，可以将记录分为图表记录和文字记录。而根据保育工作记录内容的不同，可将工作记录分为卫生消毒工作记录、全日工作记录、幼儿服药记录、配合教育工作记录和家长沟通交流记录等。下面以全日工作记录为例进行说明，具体见表 17—1。

表 17—1　　全日工作记录表

工作时间	工作环节	保育内容	教育内容
7：30—8：00	来园准备		
8：00—8：30	早餐		
8：30—9：00	活动区活动		
9：00—10：20	集体教育活动		
10：20—11：00	课间操、户外活动		
11：00—11：20	餐前准备		
11：20—11：50	中餐		
12：00—14：00	午间休息		
14：00—14：20	起床		
14：20—15：00	午间操		
15：00—15：50	下午游戏活动		
15：50—16：10	下午点		
16：10—16：50	户外体育活动		
16：50—17：00	离园准备		
备注			

2. 保育工作记录注意事项

在填写保育工作记录时，保育员需要注意以下事项：

① 记录应及时，养成随时记录的习惯。

② 记录应全面、细致、真实、客观。

③ 工作记录要规范、认真、持之以恒。

知识 98　保育工作总结

保育员每天需对自己的保育工作进行反思和总结，这样既有利于保育员

保持认真负责的工作态度，又有利于保育员及时发现工作中出现的问题并进行调整和改进，从而不断提升自己的工作水平。

1. 保育工作总结类型

① 按保育工作总结内容范围的大小，可以将保育工作总结分为全面工作总结和专项工作总结。

② 按保育工作总结时间跨度长短，可以将保育工作总结分为周工作总结、月工作总结、学期工作总结等。

2. 保育工作总结内容

① 政治思想方面。保育员需要对其自身的思想政治面貌进行总结，以便提高自身的职业道德修养和素质，搞好班级的团结，相互配合，努力完成领导交给的任务。

② 日常工作总结，保育员需要对日常卫生消毒工作、幼儿生活管理工作、配班管理工作等进行总结，以便发现工作中的不足之处，进行有效的改进。

3. 保育工作总结要求

保育员在工作总结时，要做到反思中肯，总结要深刻，自我评价要客观，必要时要提出改进措施与方案。

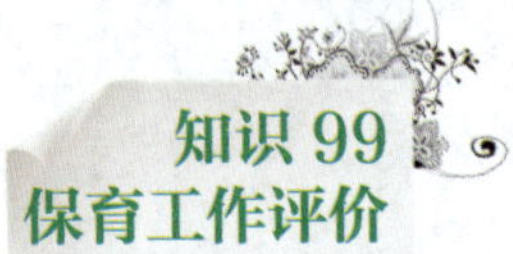

知识 99 保育工作评价

1. 保育员评价主体

保育工作评价实行以保育员自评为主，园长及有关管理人员、教师和家长等参与评价。各具体评价主体的说明如图 17—1 所示。

自我评价	◎ 保育员需定期对自己的工作进行反省和总结，通过自我评价发现其不足之处，从而分析解决，帮助自我成长
家长评价	◎ 由于家长对保育员的评价直接关系到对学前教育机构的认可程度。为了提高其对本机构的认可，需要家长参与到保养员工作评价过程中
教师评价	◎ 保育员作为幼儿教师的助手，能够直接影响到保教工作，因此教师需要参与到保养员的工作评价过程中
管理人员评价	◎ 学前教育结构管理人员应制定科学的考核量化标准，客观评判保育员质量，从而提高其保育工作水平

图 17—1　保育员评价主体

2. 保育员评价的内容

保育员评价的内容主要包括生活管理、生活保健、卫生清洁、安全工作、保教结合等工作。管理人员可根据内容制定评级标准和评价表，相关人员在对其进行评价时，可根据制定的评价表进行评价。具体的评价表见表 17—2。

表 17—2　　保育员工作评价表

项目	评价要求	等级	得分	备注
生活管理	妥善保管班上幼儿衣物及本班设备、用品			
	负责领取和保管本班所需物品			
	每天幼儿起床后整理清洁好卧室，周末整理好幼儿离园的衣服和背包			
	午睡和夜间睡眠时按规定巡视，注意纠正幼儿的不良睡姿，及时抹汗和盖被			

续表

项目	评价要求	等级	得分	备注
医疗保健	经常观察幼儿情绪、食欲、睡眠及大小便情况并做好记录，发现病情及时报告医务人员			
	发现有传染病时要及时对玩具、被褥、用具进行消毒，对体弱幼儿要做特殊照顾			
	做好日常消毒工作			
	能处理几种幼儿常见的皮外损伤及简单护理，能鉴别幼儿常见病			
卫生保洁	做好卫生包干区的卫生工作和保洁工作，每天下班前必须清倒垃圾			
	定期换洗被褥、枕套、桌布、窗帘等物品			
	保持班内环境和设备的清洁、整齐，做好餐前餐后的准备和收拾，负责指导幼儿值日生工作			
	负责幼儿的个人卫生，指导幼儿洗脸、刷牙，帮助幼儿洗头、洗澡、剪指甲			
安全管理	每天及时统计幼儿人数			
	下班前关好门窗，关熄电源，保证水电等处于安全状态			
	定期检测园内设施，定期维护			
	有一定的防火救急知识及相应解决措施			
教学活动	热爱幼儿，关心、耐心、细心、热心地对待幼儿			
	配合正副班主任教师，全面、细致地照顾幼儿每日生活，做好保健、教育工作			
	熟悉本班教学计划，做好活动前的准备和收拾工作，协助教师组织各项活动和游戏			
	根据教育要求自制玩具并协助教师搞好环境布置			
总分	100 分			

注：① 本考核表分 5 大项，每项 20 分，每小项 5 分。
② 每小项工作可根据表现划分为 5 个等级，各等级对应相应的分值。
③ 评价人员可根据保育员的工作表现进行打分。

岗位内容十八
保育员自我提升与管理

知识 100 人际交往常识

保育员需要掌握人际交往的基本常识，以提升自我人际交往能力。

1. 人际交往的过程

保育员首先需要掌握人际交往的流程。人与人之间从彼此生疏到彼此交往，有一个循序渐进的过程，一般来说，这个过程可以分为六个步骤，其过程如图 18—1 所示。

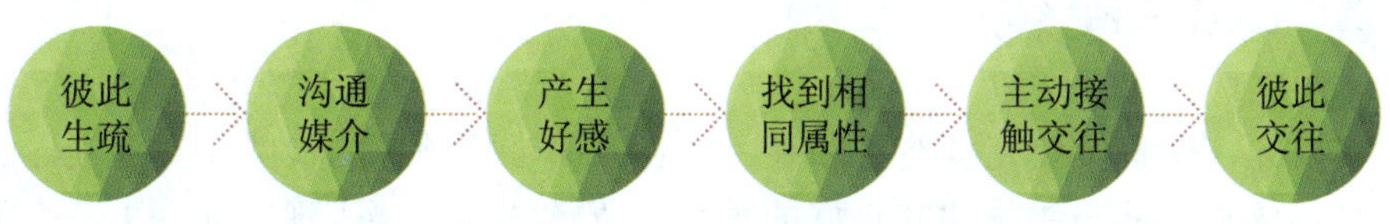

图 18—1　人际交往的过程图

2. 影响人际交往的主观因素

保育员在提升人际交往能力时，需要了解影响人际交往的主观因素，具体因素见表 18—1。

表 18—1　影响人际交往的主观因素

影响因素	具体说明
1. 人格特质	有些人生性木讷，不苟言笑，朋友自然不多；有的人主动外向，总有许多人围绕在他身旁
2. 认知差距	对事情认知的差异性，也会造成不同的人际距离
3. 态度习惯	不同的生活环境、家庭教育培育出不同的习惯，每个人都有自己的处世习惯，如果习惯一致，则容易相处
4. 沟通协调	有效沟通能拉近两个人的距离，而失败的沟通则恰恰相反，正所谓“话不投机半句多”
5. 利益冲突	人们之间最常见的冲突就是利益冲突，在利益的面前，需要技巧把获得利益和保持友谊协调起来

知识 101 与领导的沟通

在日常工作中，保育员要与领导保持良好的沟通，建立良好的人际关系，以使工作愉快、事半功倍。保育员可通过以下技巧提高与领导沟通的效果。

1. 尊重领导

首先，保育员要充分尊重领导，在各方面维护领导的权威，支持领导的工作，这样才能与领导建立良好的关系，尊重领导主要表现在如图 18—2 所示的四个方面。

尊重领导主要表现

1 ◎ 支持、尊重和配合领导的工作，让领导对其产生好感

2 ◎ 在生活上关心领导，让领导产生信任

3 ◎ 领导有困难时，保育员要尽量为其排忧解难

4 ◎ 当保育员与领导产生冲突时，要主动出面化解冲突

图 18—2　尊重领导的主要表现

2. 请示而不依赖

一般来说，保育员在自己的职权范围内大胆负责、创造性地工作，是值得倡导的，也是受领导欢迎的，如果事事请示、遇事没有主见，大小事不能做主，这样领导会觉得你办事不力。因此，关于请示汇报，保育员必须掌握好度，该请示汇报的必须请示汇报，但绝对不要依赖、等待。

3. 敢言、善言

保育员应在工作方面积极主动，敢于直言，善于提出自己的意见，不能唯唯诺诺，凡事只求四平八稳。在处理领导的关系上要克服如图 18—3 所示的两种错误认识。

错误认识

(1) 领导说什么是什么，完全顺从

(2) 自恃高明，对领导的工作思路不理解、不落实，甚至另搞一套，阳奉阴违

图 18—3　处理领导关系的两种错误认识

4. 不妨主动沟通

作为下属，保育员可以积极主动地与领导交谈，渐渐地消除彼此间可能存在的隔阂，使上下级关系相处得正常、融洽。当然，这与“巴结”领导不能相提并论，因为工作上的讨论及打招呼是不可能缺少的，这不但能祛除对领导的恐惧感，而且也能使自己的人际关系圆满，工作顺利。

5. 巧妙提问

保育员在向领导表达自己的想法时，要善于提问，在表达完自己的观点后可以询问上级的看法，或者在领导故意刁难的时候可以用反问来反驳他，这样才能让自己的表达更有效、更易于接受。

知识 102 与同事的沟通协作

为了提高幼儿的保教水平，保育员需要提升与同事沟通协作的能力。保育员只有与其他保育员或者配班老师密切配合，才能照顾好幼儿。

1. 日常沟通协助

为了与同事建立良好的人际关系，保育员与同事沟通协作时，需要掌握表 18—2 中所示的沟通技巧。

表 18—2　日常沟通协助技巧

沟通协作技巧	具体说明
1. 要有协作意识	认识到自己和同事不能独自为政，只有相互配合才能做好工作；认识到要想得到同事的支持，首先需要给同事提供支持和协作
2. 保持积极乐观的心态	幼儿园的保育工作很辛苦，因此必须拥有积极乐观的心态，学会微笑和运用幽默，这样才能给人以积极向上的风貌
3. 与同事分享快乐	要善于和同事分享自己工作中的快乐，让同事也能感受到幼儿教育的工作乐趣

续表

沟通协作技巧	具体说明
4. 主动让利	在工作中要大度、主动让利，这样会使自己赢得更多同事的信任和尊重
5. 向老同事学习	老同事的经验都是宝贵的，很值得员工学习，因此需要虚心的向老同事学习

2. 异议与分歧处理

同事之间很容易发生一些分歧，如果保育员不能正确对待，就很容易与同事产生隔阂。保育员在处理异议与分歧时，可采取如图 18—4 所示的技巧。

◎ 以大局为重，多补台少拆台

◎ 对待分歧，求大同存小异

◎ 对待荣誉，保持平常心

◎ 与同事交往时，保持适当距离

◎ 发生矛盾时，要宽容忍让，学会道歉

图 18—4　异议与分歧处理的技巧

知识 103 与家长的沟通

1. 与家长的沟通方法

保育员在与家长沟通过程中，应注意把握一定的方法。下面介绍几种常见的沟通方法。

表 18—3　　与家长的沟通方法

沟通方法	方法说明	适用情况
一句话沟通法	可以利用接送环节用一句话向家长反映幼儿情况	在幼儿本身各方面发展不存在明显问题，而家长也很少过问的情况下使用
引起注意法	利用半日开放、作品展示等让家长发现自己幼儿和别人幼儿的差距，从而引起家长的关注，再根据不同情况和家长沟通	针对幼儿本身存在较多问题，但是没有引起家长重视的情况下
真情感动法	保育员要及时向家长汇报幼儿的情况，让家长感到保育员很了解自己的幼儿，用细致的工作感动家长，从而让家长放心	针对幼儿本身在各领域的发展中不存在问题，但家长有很多的不放心的情况下

2. 与家长的沟通技巧

保育员在与家长的沟通过程中语气要委婉，不能采用告状式沟通，要先说进步，后说不足，同时耐心地对待家长，对于不同的家长可采取不同的沟通技巧，具体如图 18—5 所示。

爱挑剔的家长

◎ 对于爱挑剔的家长，保育员不能表现出反感或简单的敷衍了事，更不能置之不理，以消极的态度应对，而是尽量满足家长的要求，主动向家长介绍自己对幼儿的关注与教育措施

有意见的家长

◎ 对于有意见的家长，保育员要以一颗平常心和耐心对待他们，以宽厚的胸怀接受幼儿家长不同的意见，以积极的态度和方法来改变家长怀疑的眼光

总不放心的家长

◎ 对于总不放心的家长，保育员要主动帮助他们调整好教子的心态，使其意识到应当培养孩子的独立性，树立正确的教育观

图 18—5　与不同家长的沟通技巧

知识 104 与幼儿的沟通

由于保育员是与幼儿接触最紧密的人员，因此保育员需要提升自己，掌握好沟通的技巧，这样才能使自己与幼儿之间更容易沟通，也更容易让幼儿对自己产生依赖和信任。具体来说，为实现与幼儿的良好沟通，保育员需要掌握以下 5 种沟通技巧。

1. 善于倾听

倾听是有效沟通的前提。只有认真倾听幼儿的心里话，知道幼儿想什么、关注什么和需要什么，才能有针对性地给予幼儿关心和帮助，才能使以后的沟通更加容易。

为做到幼儿愿意向你倾诉或是喜欢与你交流，在幼儿有沟通需求时，保育员就应该暂时放慢或是停下来手中正在做的事情，表现出对幼儿表达内容的兴趣，这样幼儿才愿意继续说下去，后面的沟通才会更顺畅。

2. 善于发现

保育员不但要认真倾听，而且要善于思考和发现，在沟通中发现幼儿的闪光点，并且还应该有适度的回应，这样幼儿不但愿意经常和你沟通，还能提高沟通质量。

3. 细心照顾

保育员一定要细心关注每个幼儿，精心照料好每个幼儿的生活起居。幼儿对于细心照料自己的人，自然会产生一种依赖和信任，也愿意向照料自己的人表达自己的愿望和见闻，遇到困难也更愿意想照料自己的人求助。

4. 肢体抚摸

保育员对幼儿的肢体的安抚可以弥补少数不太被关注幼儿的情感需求。

保育员对幼儿的肢体安抚包括抱一抱幼儿以及轻轻抚摸幼儿的脸、手、头发等。通过肢体的接触能让幼儿感觉到保育员的善意，从而接受保育员的关心。

5. 保持童心

保育员在学前教育机构接触的都是幼儿，幼儿天生是好玩的、富有想象力。因此保育员应该保持童心，如果没有一颗童心，就很难和幼儿交知心朋友，也就谈不上真正的沟通。

知识 105 定期参与培训

学前教育机构组织定期培训能够提高保育员素质、促进保育员自我成长，以此增强保育员的使命感和道德素养，提高保教质量。同时保育员也应主动、积极定期参与培训，提高其自身能力。

一般来说，保育员培训包括理论培训和技能培训，其培训的方法如下所示。

1. 理论培训

保育员要掌握幼儿卫生管理、生活管理和配合教育活动等相关理论知识。相关理论知识掌握得越好，其实施时就会落实得越到位。保育员在参与理论培训之前，需要掌握理论培训的方法，以便更好的学习。具体理论培训的方法见表 18—4。

表 18—4 理论培训的方法

方法	具体说明
讲解法	◎ 教师在课堂上用简明、生动的语言，辅以表情姿态，向保育员传授知识、传递信息的一种教学方法 ◎ 讲解法有利于听者系统、快速地接受理论知识，了解理论知识的来龙去脉，提高整体理论水平
讨论交流法	◎ 保育员把所学到的理论知识与自己的工作实际结合起来进行讨论交流的方法 ◎ 讨论交流法可以帮助保育员理解理论知识，更好地将理论知识运用于实践

2. 技能培训

保育员技能培训是确保保育员工作质量，提高其工作水平的重要方法。保育员在参与技能培训之前，需要掌握技能培训的方法，以便更好的学习。具体技能培训的方法见表 18—5。

表 18—5　　技能培训的方法

方法	具体说明
示范教学法	◎ 示范教学法是指教师运用教具、教学仪器、样品、样本、模型或实物进行表演和示范操作，向保育员展示实施操作的过程 ◎ 对初级和中级的保育员进行实践操作指导的过程中采用示范教学法，更便于其观察和模仿
操作练习法	◎ 保育员在教师的指导下，依靠自觉的控制和校正，反复地完成一定动作或活动，借以形成技能、技巧或行为习惯的教学方法

岗位实用手册·技能全图解丛书

保育员

人力资源和社会保障部教材办公室　组织编写

中国劳动社会保障出版社

内容简介

本书是关于保育员岗位技能培训的指导手册，是保育员进行自我培训、提升服务技能的指导用书。

本书根据《国家职业技能标准·保育员》对初、中、高三个级别保育员均需掌握的知识与技能要求进行了总结，梳理了保育员的工作内容，列明了各工作事项所需掌握的知识要点和技能要点，理论性与实操性兼具，能有效帮助保育员提升岗位技能。

技能全图解包括 9 个岗位任务，43 个技能点，其主要内容包括：室内清洁整理、日常消毒、安全教育、组织幼儿就餐、组织幼儿饮水、指导幼儿盥洗、指导幼儿如厕、组织幼儿午睡、玩教具制作等。

本书适合保育一线从业人员、管理人员使用，也可作为保育员岗位培训教材。

目 录

Contents

目录
Contents

保育员

目录
Contents

岗位任务一 室内清洁整理

技能 1　门清洁工作图解

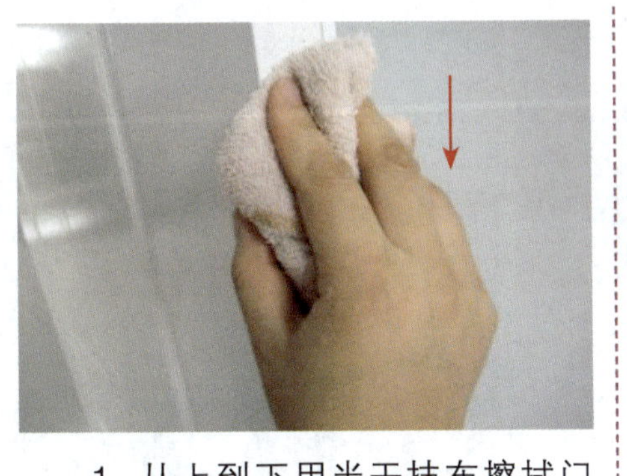

1. 从上到下用半干抹布擦拭门框和门边棱。

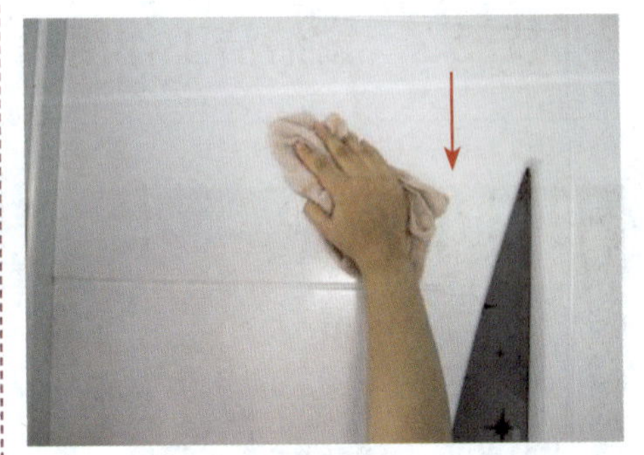

2. 从上到下用半干抹布擦拭门主体。

3. 湿抹布擦拭门把手。

4. 用清洁剂彻底擦拭门把手有油污处。

5. 用半干抹布擦拭干净门把手。

技能 2　窗清洁工作图解

1. 用湿抹布从上到下擦拭纱窗。

2. 用干净的湿抹布擦拭玻璃，再用干抹布擦拭到光亮。

3. 用干净的湿抹布擦拭窗框。

4. 用干净的湿抹布擦拭窗台。

技能 3　灯具清洁工作图解

1. 用鸡毛掸子掸掉灯具上的灰尘。

2. 用干净的半干抹布擦拭灯具。

3. 用干净的半干抹布擦拭开关。

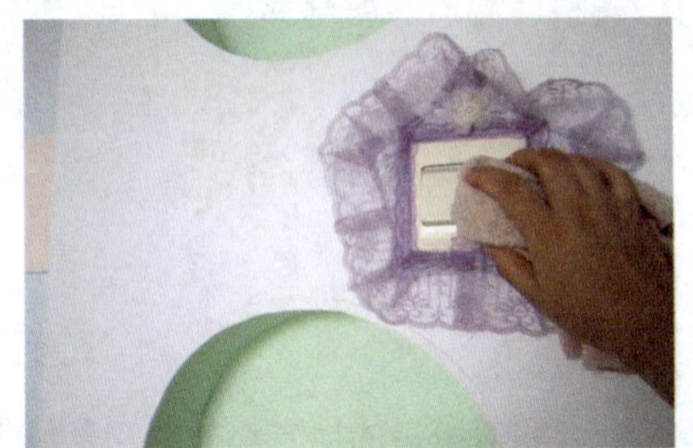

技能 4　墙壁清洁工作图解

1. 许久不擦而积灰尘的墙面。

2. 准备海绵球、洗洁剂、抹布、纸巾等物品。

3. 在海绵球上滴少许清洁剂，然后蘸水揉出泡泡。

4. 用海绵球擦拭墙面。

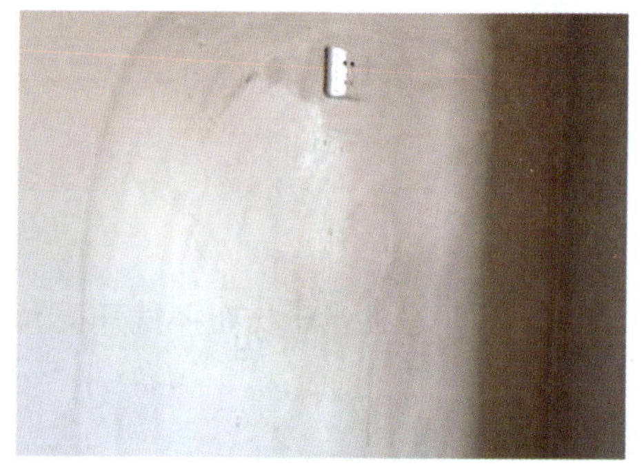

5. 将有脏污的地方都擦到，直到海绵球脏污。

6. 清洗海绵擦。

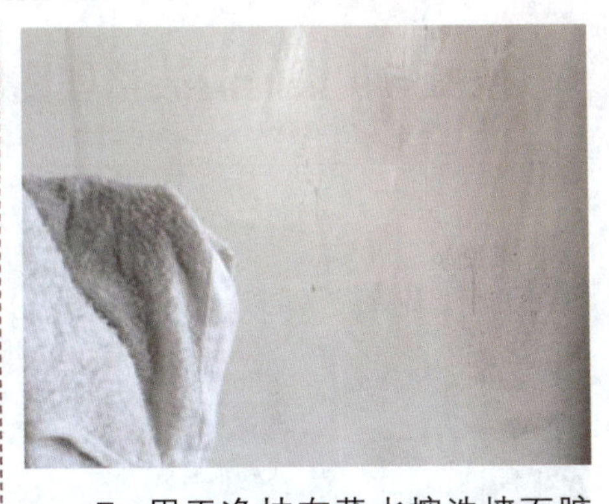

7. 用干净抹布蘸水擦洗墙面脏污不是很多的地方。

8. 擦过的墙面和没擦的墙面形成鲜明对比。

9. 借助梯子擦墙面的高处。

10. 直至整面墙都擦洗干净。

技能 5　桌椅清洁整理图解

1. 将清洁剂倒少许在干净的湿抹布上。

2. 用干净的湿抹布擦拭桌椅表面。

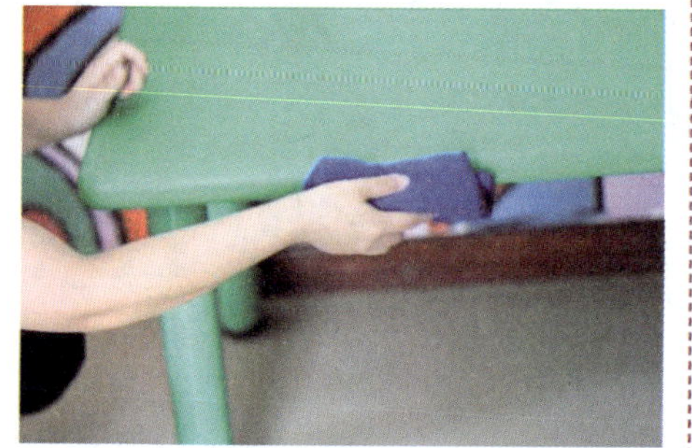

3. 用干净的湿抹布擦拭桌椅的棱角。

4. 用干净的湿抹布擦拭桌椅的腿部等。

技能 6　玩具柜清洁整理图解

1. 将玩具从玩具柜中取出。

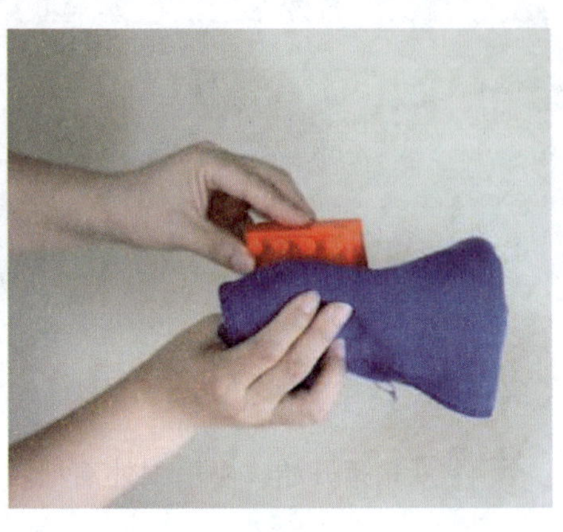

2. 用半干抹布擦拭玩具。

3. 用干净的湿抹布擦拭玩具柜里层。

4. 用干净的湿抹布擦拭玩具柜外层。

5. 将玩具有序放好。

技能 7　地面清扫清洁图解

1. 从角落开始，由里向外清扫。

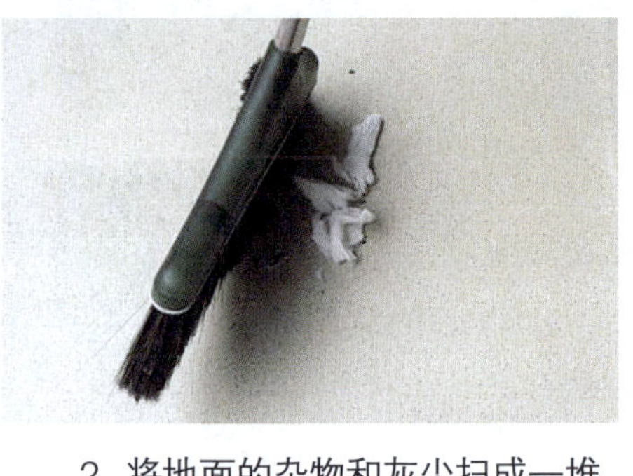

2. 将地面的杂物和灰尘扫成一堆。

3. 将杂物和灰尘扫到簸箕里揽起。

4. 将杂物和灰尘倒入垃圾桶。

技能 8　床铺整理清洁图解

1. 用半干抹布清洁床，先床头、然后床栏、再床框、最后床腿等处。

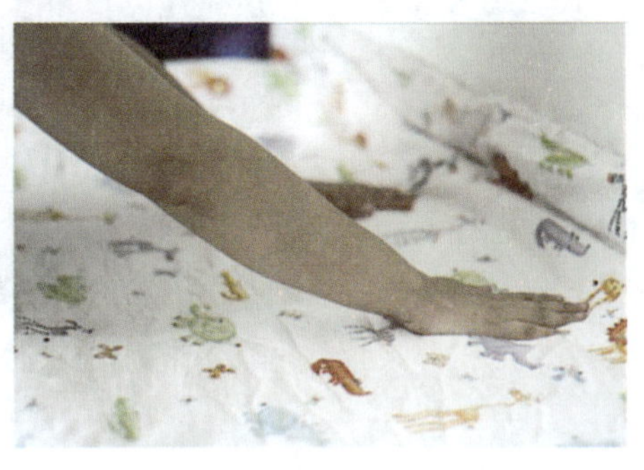

2. 将褥子铺好。

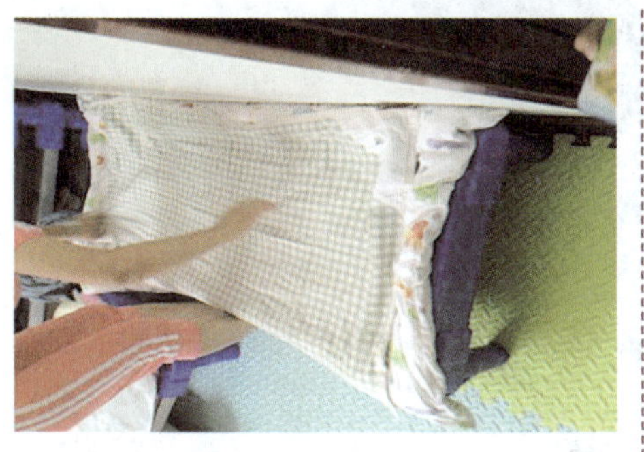

3. 把床单铺好。

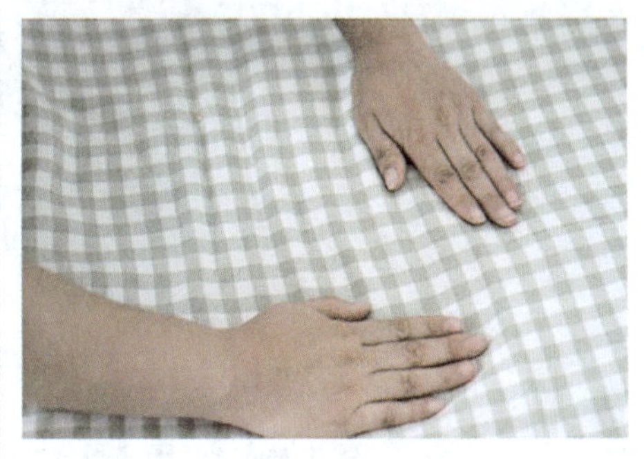

4. 清扫铺面。

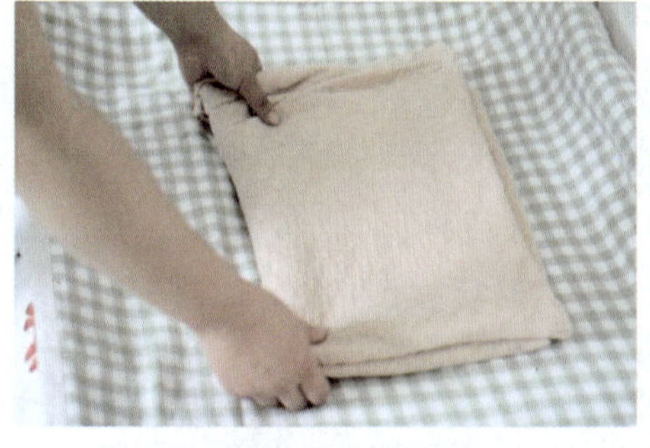

5. 叠好被子并摆放整齐。

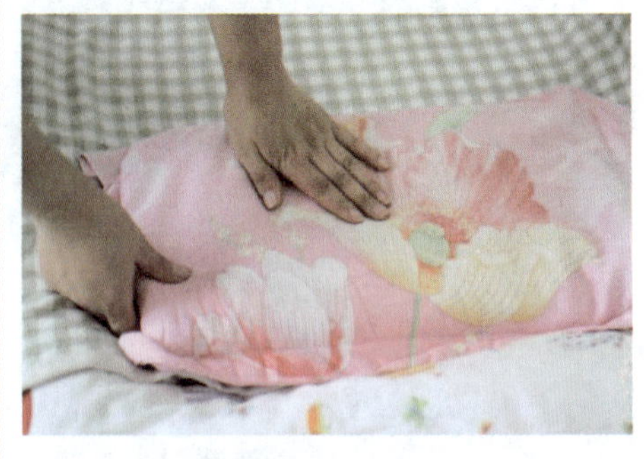

6. 将枕头摆放整齐。

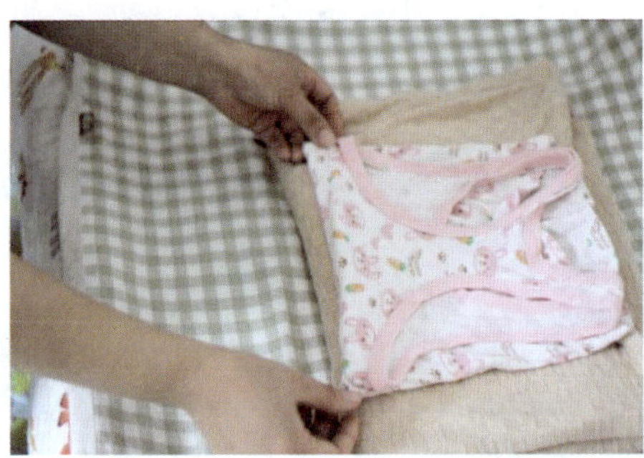

7. 将小睡衣叠放整齐放在被子上。

技能 9　水杯清洁工作图解

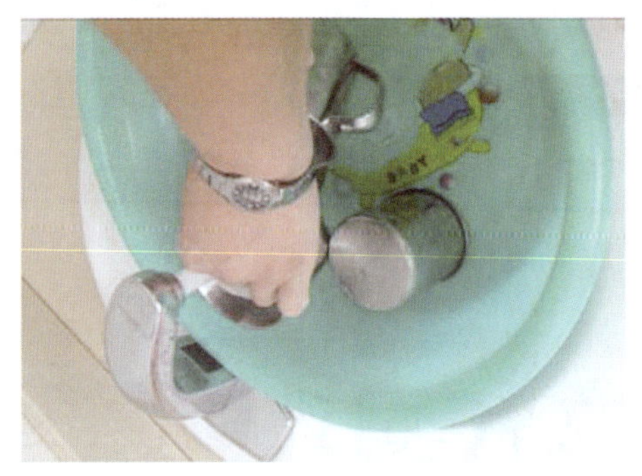

1. 用清水冲洗水杯。

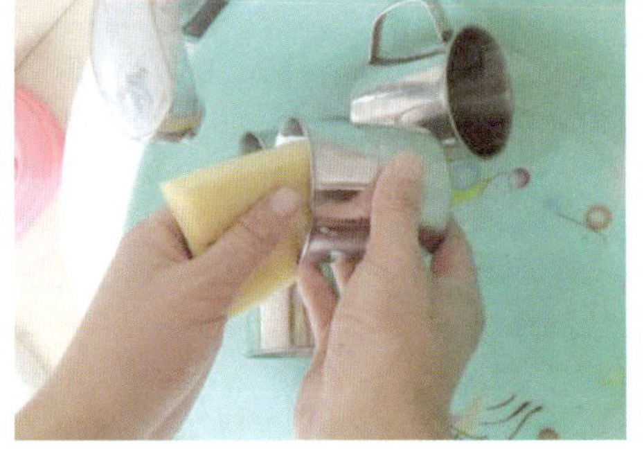

2. 倒入一点清洗剂，用百洁布清洗水杯里边和外边。

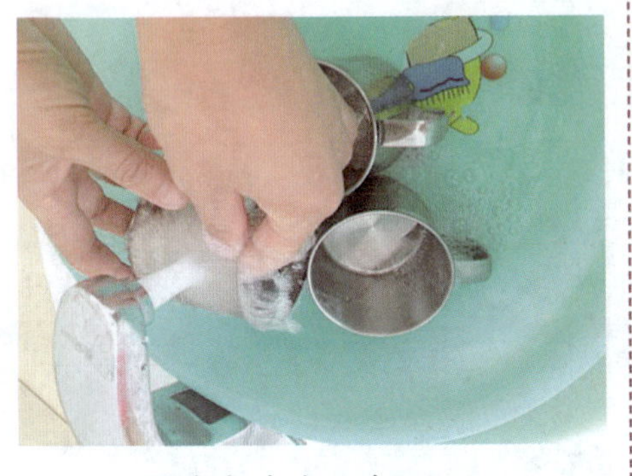

3. 用清水冲洗干净。

4. 杯口朝下放置在专用晾杯框子上晾干。

5. 摆在专用盘中待用。

技能 10　水池清洁整理图解

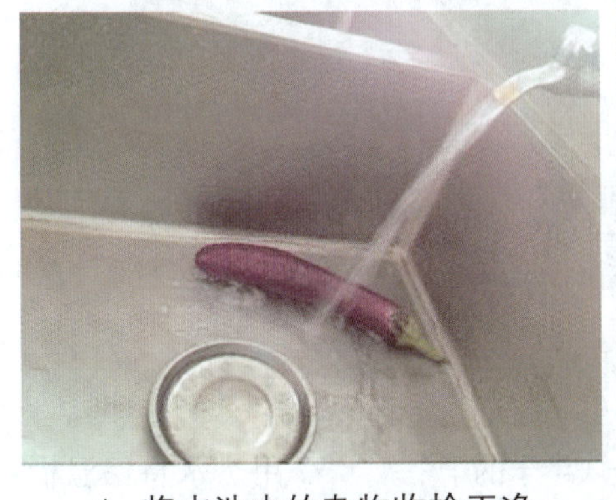

1. 将水池中的杂物收拾干净。

2. 百洁布上滴几滴洗洁精。

3. 刷洗干净水池。

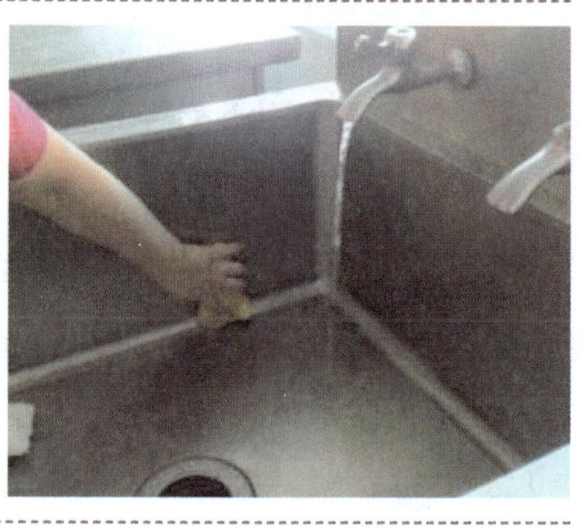

技能 11　保温桶清洁工作图解

1. 将保温桶中的剩水倒掉。

2. 用保温桶专用清洗布擦拭内胆。

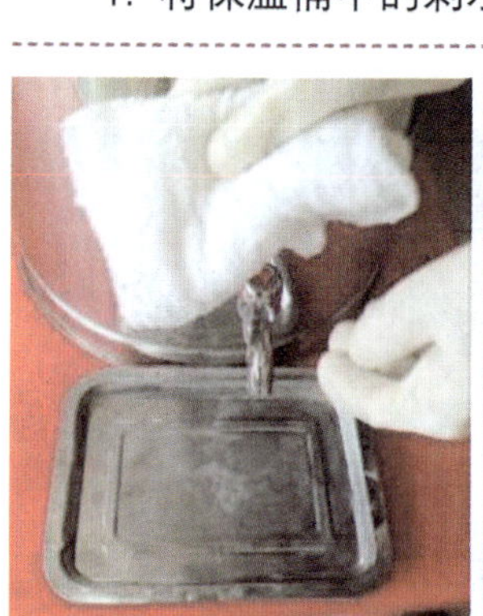

3. 用保温桶专用清洗布擦拭水龙头。

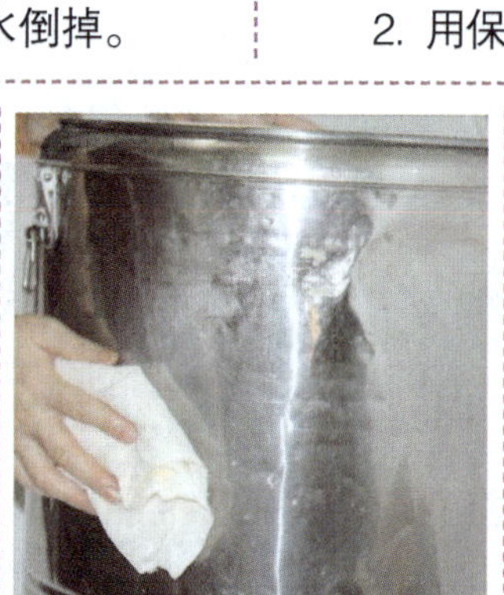

4. 用另一块半干的干净抹布擦拭保温桶外边。

5. 用热水将保温桶里外整个冲洗干净。

技能 12　洗手池清洁整理图解

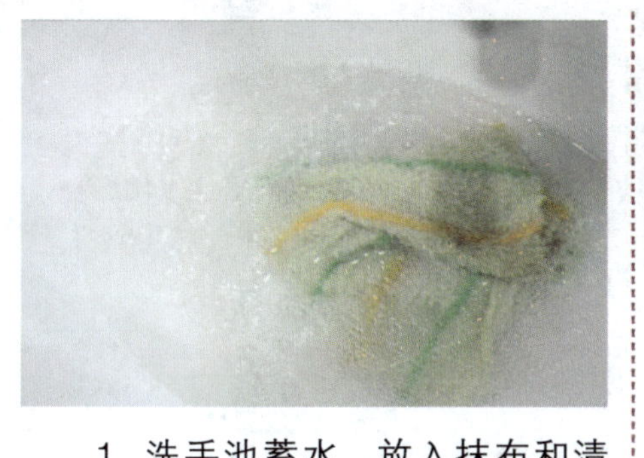

1. 洗手池蓄水，放入抹布和清洁剂。

2. 擦拭水龙头。

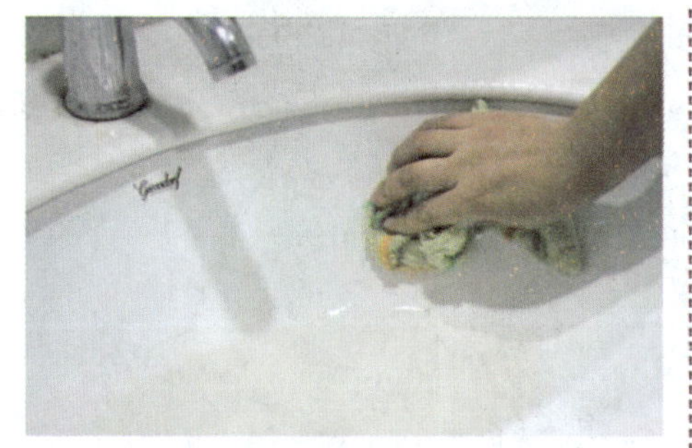

3. 擦拭洗手池脏污。

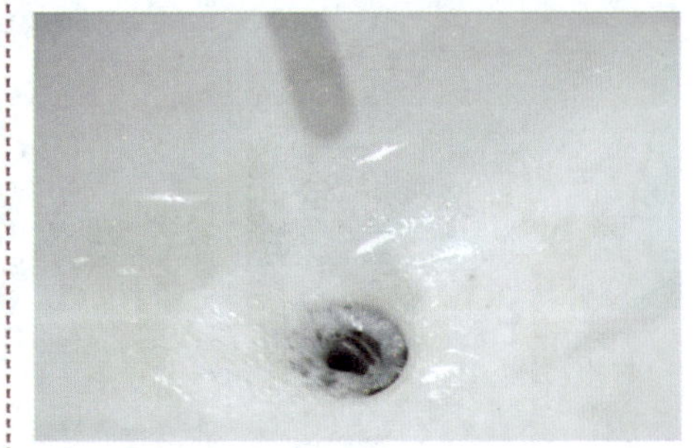

4. 放掉污水。

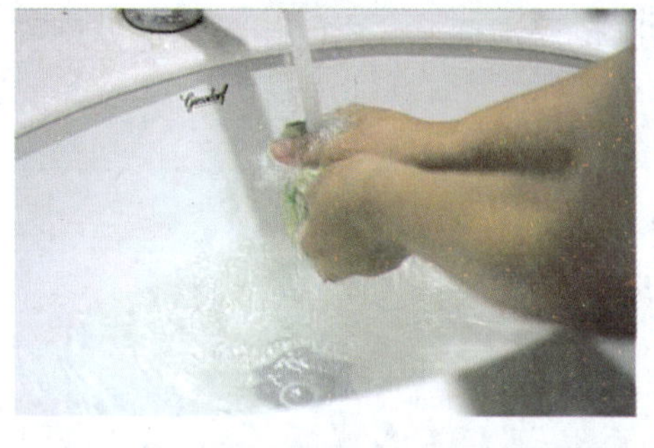

5. 换清水冲洗干净抹布和洗手池。

6. 用干净抹布擦拭水龙头。

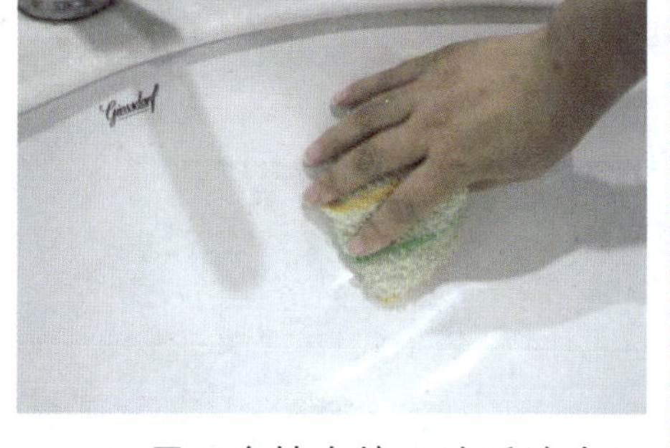

7. 用干净抹布擦干洗手池表面的水。

8. 洗手池光亮如新。

技能 13　便池清洁整理图解

1. 开启冲水阀将便池内的脏污冲洗干净。

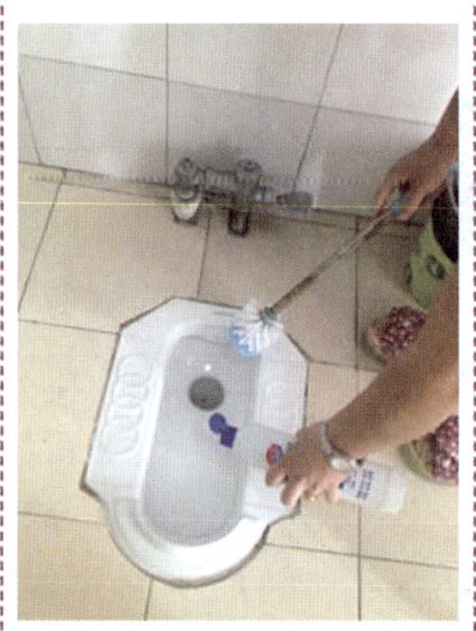

2. 用洁厕灵浸泡便池 20 min。

3. 用带柄尼龙刷刷洗池底。

4. 用带柄尼龙刷刷洗两侧。

5. 用带柄尼龙刷刷洗拐角。

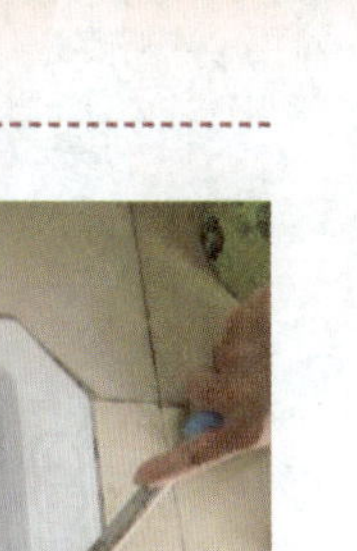

6. 用带柄尼龙刷刷洗外围。

7. 用带柄尼龙刷刷洗下水道口处。

8. 刷洗干净后，用清水冲洗干净。

岗位任务二 日常消毒

技能 14　水杯消毒图解

1. 放入消毒柜中消毒，消毒结束后取出。

2. 按照幼儿的学号或姓名摆放在清洁的水杯架上，杯把朝外。

技能 15　餐具消毒图解

1. 去掉餐具中剩余的残渣。

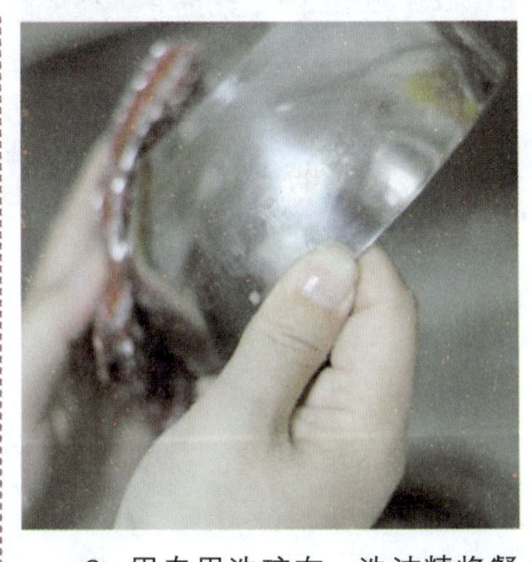

2. 用专用洗碗布、洗洁精将餐具内外清洗干净。

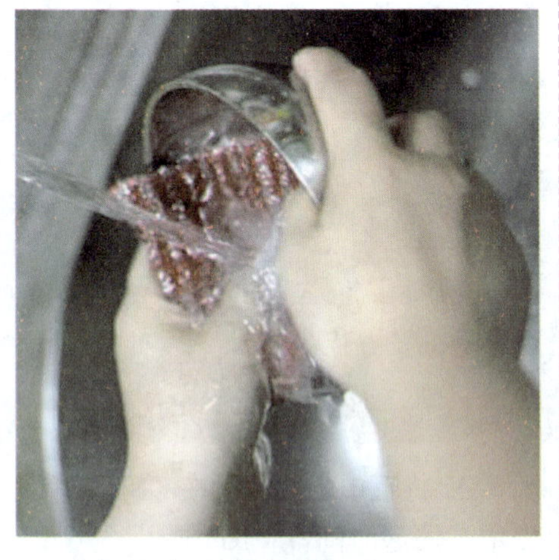

3. 用流动水冲洗两遍。

4. 打开蒸汽消毒柜的门，将待消毒的餐具整齐地放入其中。

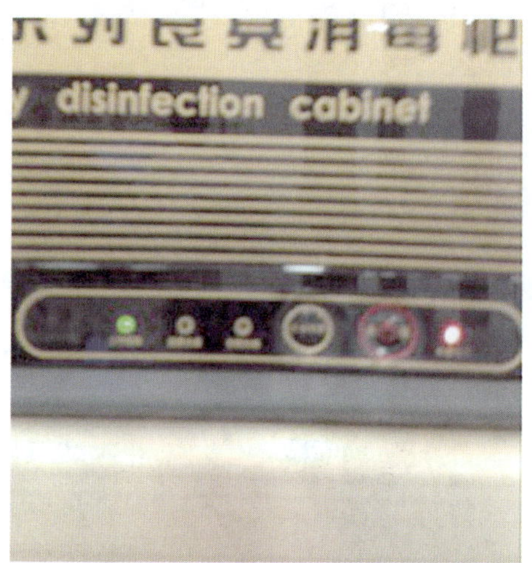

5. 按下相应开关，消毒柜进行消毒。

6. 消毒结束，等待餐具自然冷却后取出。

技能 16　毛巾消毒图解

1. 将毛巾用肥皂搓洗干净。

2. 将毛巾全部浸没在“84”消毒液中，浸泡时间 5 ~ 10 min。

3. 用清水冲洗干净后拧干挂在阳光下暴晒 6 h 以上，暴晒时不得相互叠夹。

4. 暴晒后将毛巾按幼儿学号或姓名挂放整齐，两毛巾不能相互叠夹。

技能 17　玩具消毒图解

1. 将玩具浸泡在“84”消毒液中 30 min。

2. 将浸泡好的玩具用清水冲洗两遍。

3. 将玩具放在阳光下暴晒消毒。

技能 18　盥洗室消毒图解

1. 准备好消毒盆及“84”消毒液，用消毒液瓶盖量取适量消毒液后倒入盆中。

2. 接适量冷水在消毒盆中。

3. 准备好海绵拖把，放入消毒水中静止片刻后沥成半干。

4. 对盥洗室的水池、地面等进行擦拭消毒。

5. 角落处尤其要做好消毒。

技能 19　饮水机消毒图解

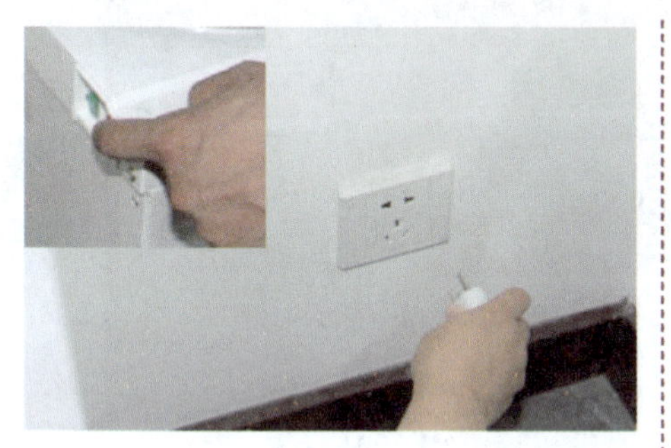

1. 关掉饮水机开关，拔去电源插头。

2. 取下水桶。

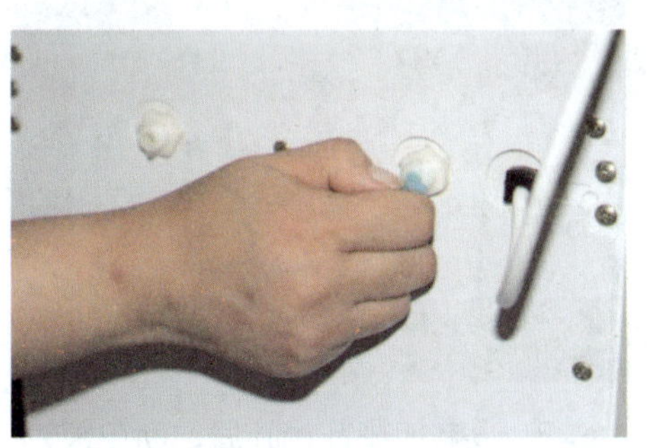

3. 打开饮水机后面的排水阀。

4. 排净机内余水。

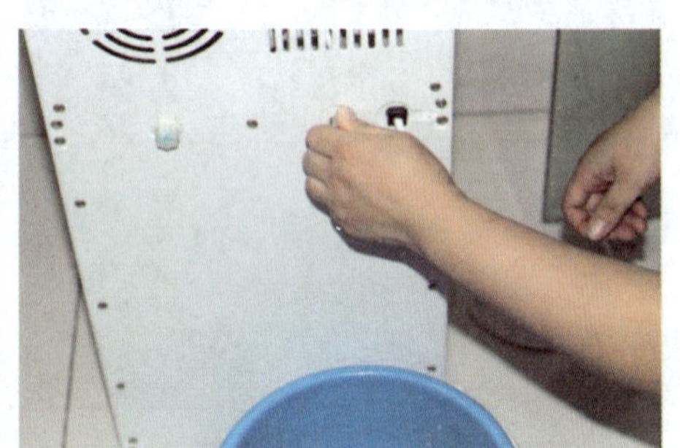

5. 关闭阀门。

6. 用 50 g 清洗精倒入盛有约 1 000 mL 清水的容器中搅拌均匀。

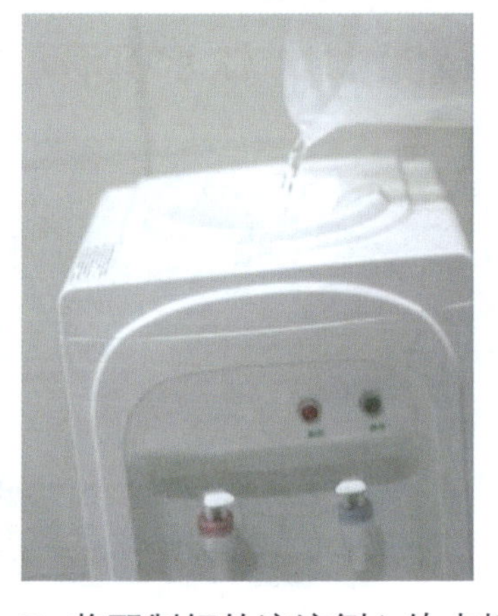

7. 将配制好的溶液倒入饮水机。

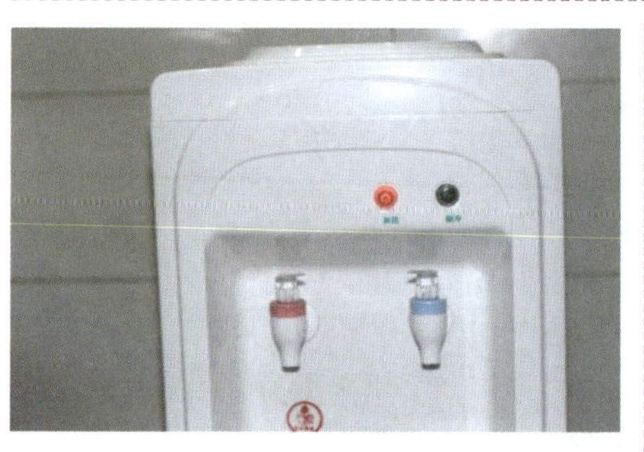

8. 通电加热 5 min 后，断电浸泡 15～30 min。

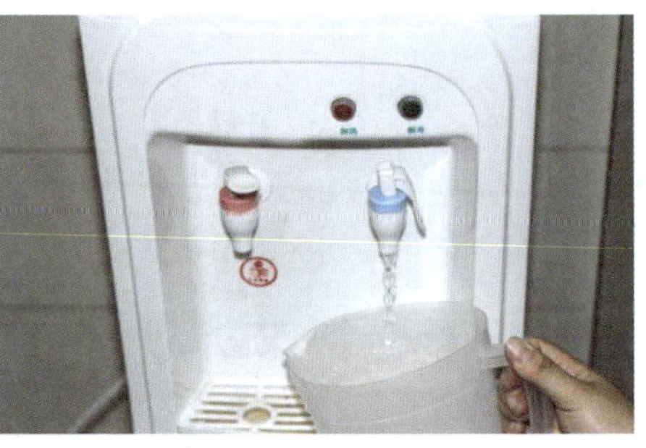

9. 从接水口用水杯接水。

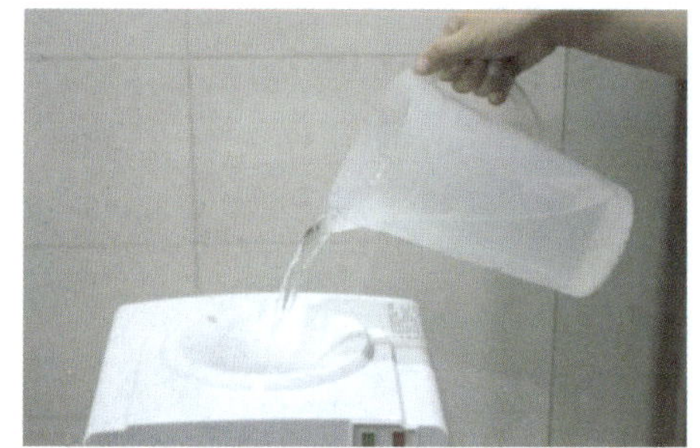

10. 将杯中水再加入机内，循环 3～5 次。

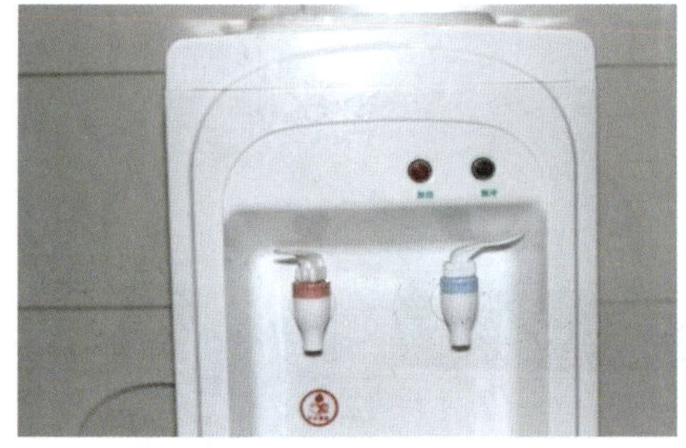

11. 打开排水阀，排净清洗液，用清水冲洗干净饮水机，即可使用。

技能 20　抹布拖把消毒图解

抹布消毒图解

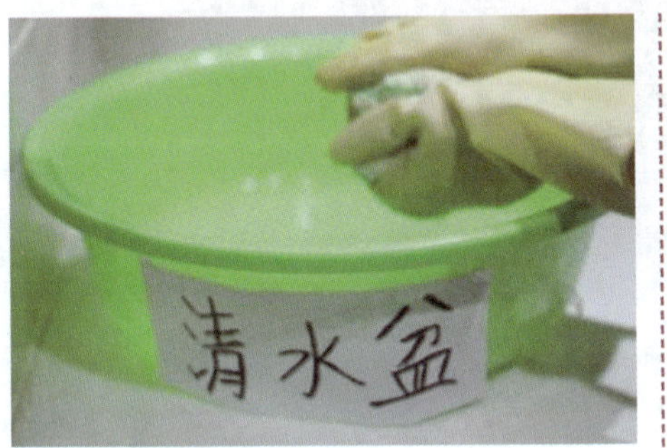

1. 将抹布清洗干净。

2. 用 1∶100 的“84”消毒液浸泡 30 min。

3. 用清水冲洗干净后在阳光下暴晒。

拖把消毒图解

1. 将拖把清洗干净。

2. 用 1∶100 的“84”消毒液浸泡 30 min。

3. 用清水冲洗干净后在阳光下暴晒。

岗位任务三 安全教育

技能 21　安全教育演习过程图解

防震演练一

剧烈晃动时，双手捂头蹲在盥洗室墙边。

防震演练二

撤到室外后，选择空旷的地方如操场，双手捂头蹲下，等待救援。

岗位任务四 组织幼儿就餐

技能 22　进餐姿势示范图解

进餐姿势

身体坐端正，与餐桌保持一定距离，两脚自然落地。左手扶碗，右手用勺子或筷子进餐。

技能 23　餐具使用示范图解

勺子使用示范图

用大拇指、食指握住勺柄上端约1/3处，中指在下边起控制、稳定作用，无名指、小拇指放在中指下边。勺心向上，不要满把抓，也不要抓勺尾。

筷子使用示范图

右手执筷，将筷子两端对齐。用拇指和食指捏住两根筷子上部，中指放在两根筷子中间，食指和中指的指尖夹住上边一根筷子，下边的一根筷子靠在无名指上，小拇指放在无名指下边。使用时活动中指和食指即可。

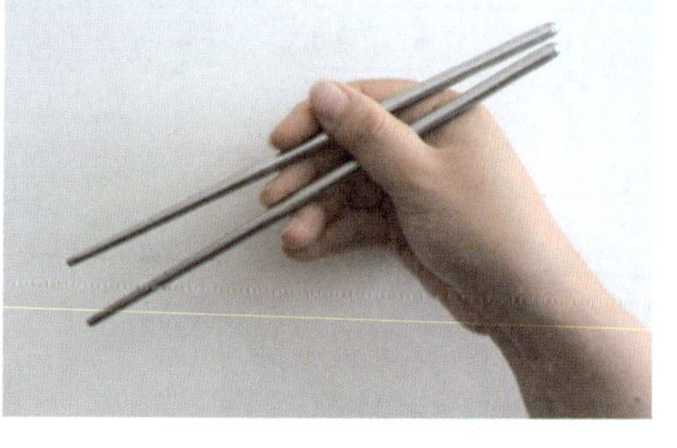

岗位任务五 组织幼儿饮水

技能 24　接水动作示范图解

1. 一手握杯柄，将杯子放在水龙头的正下方 1～3 cm 处。

2. 另一手握住水龙头开关把手。

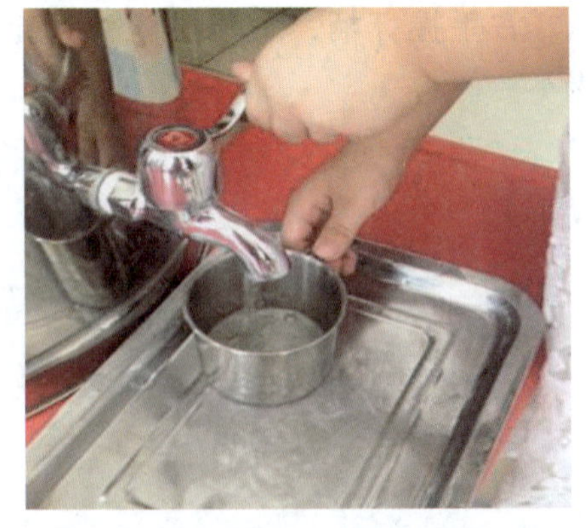

3. 拧开水龙头，水流入杯子。

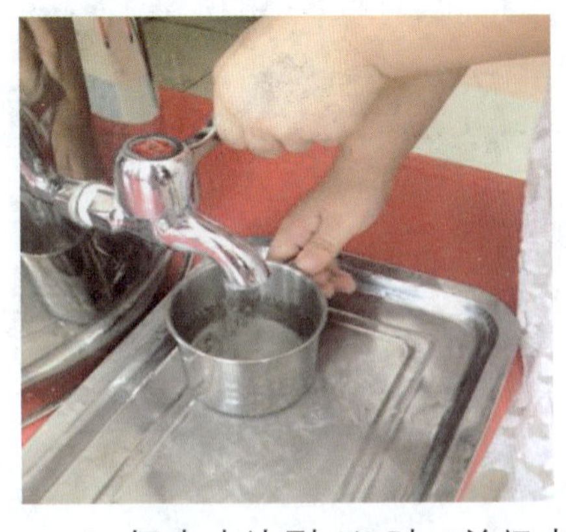

4. 杯中水达到 1/2 时，关闭水龙头。

5. 小口喝完杯中水再接水。

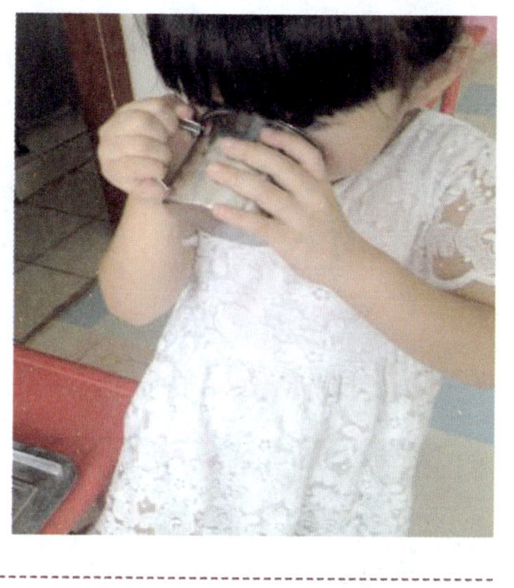

技能 25　喝水动作示范图解

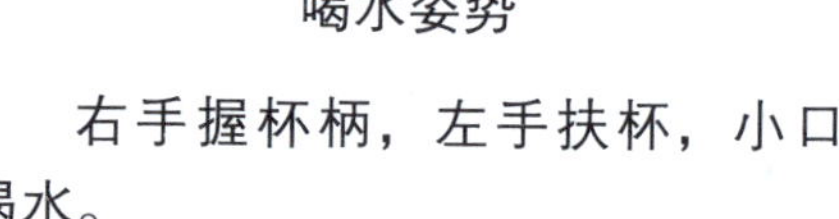

喝水姿势

右手握杯柄，左手扶杯，小口喝水。

岗位任务六 指导幼儿盥洗

技能 26　洗手动作示范图解

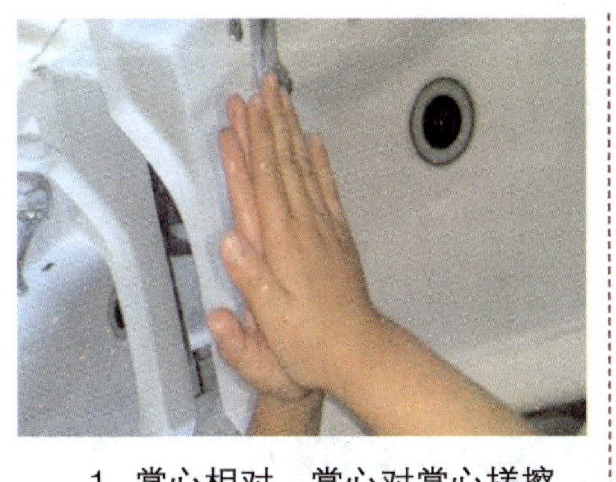

1. 掌心相对，掌心对掌心搓擦。

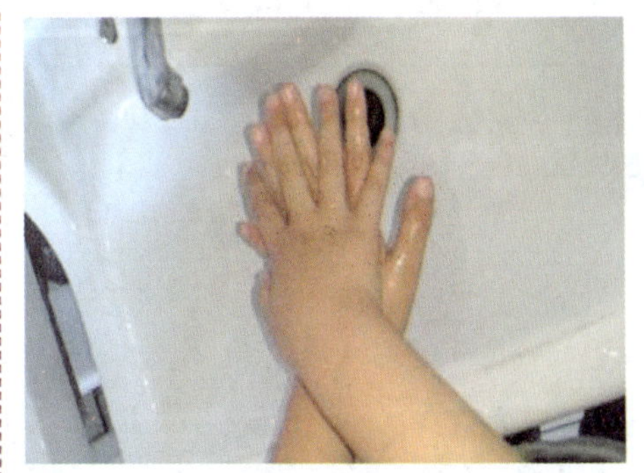

2. 手指交错，掌心搓手背。

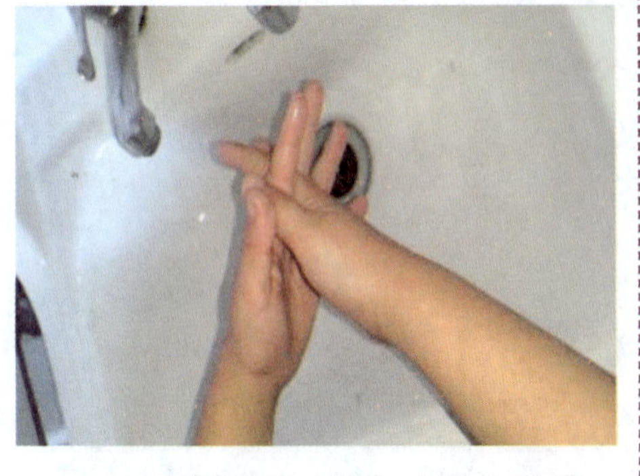

3. 手指交叉，掌心对掌心搓擦。

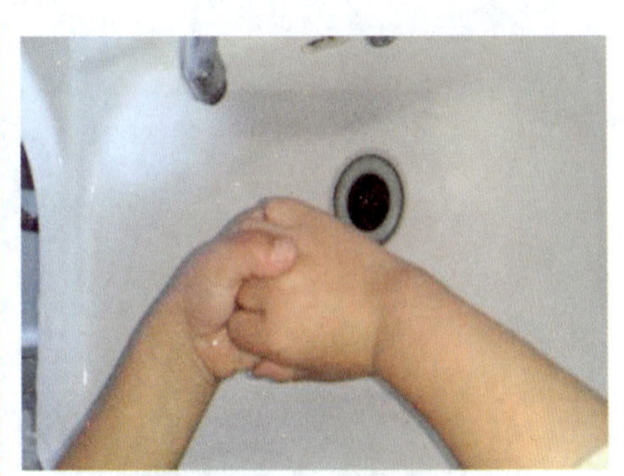

4. 两手互握互搓指背。

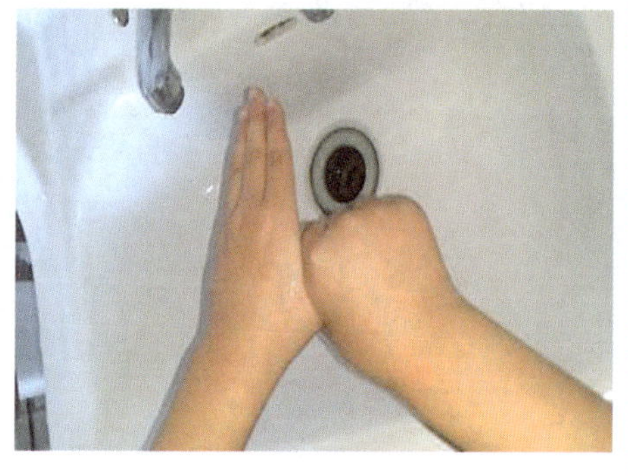

5. 手心旋转，搓揉拇指。

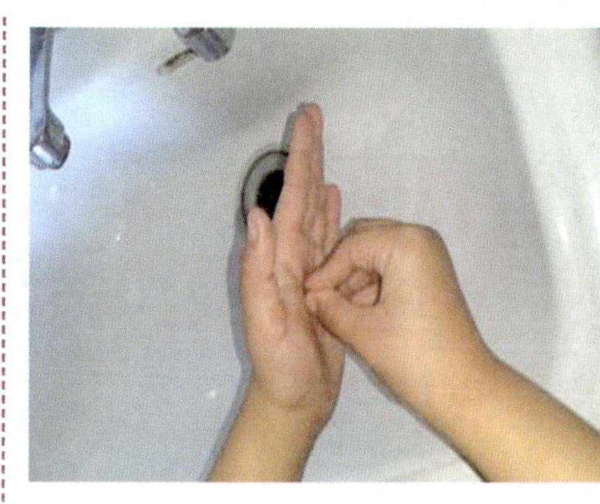

6. 指尖在掌心旋转、搓擦。

技能 27　洗脸动作示范图解

1. 用毛巾擦洗眼睛。

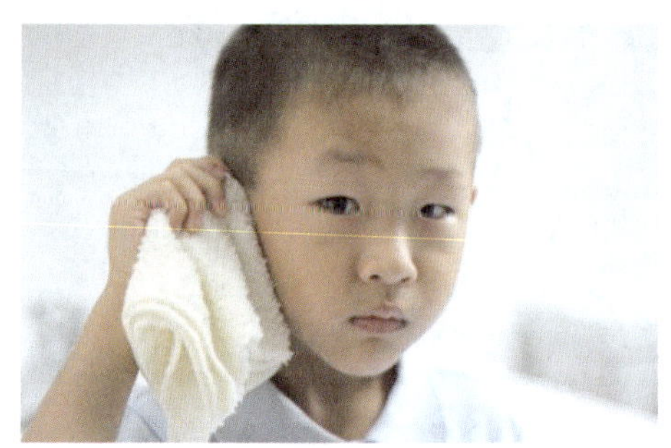

2. 用毛巾擦洗耳朵。

3. 用毛巾擦洗鼻子。

4. 用毛巾擦洗前额。

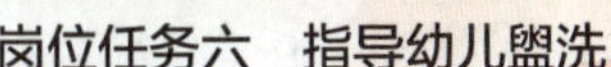

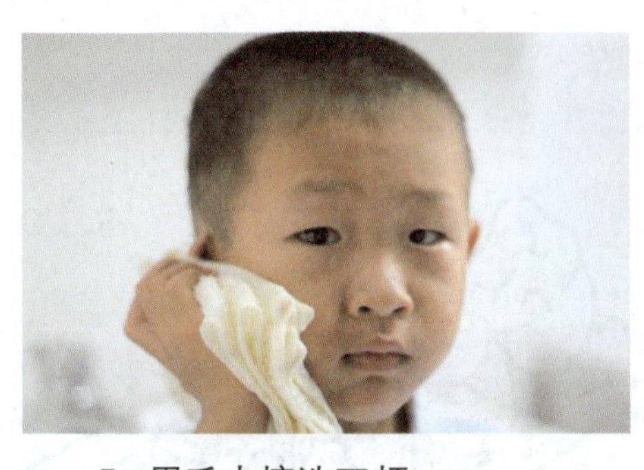
5. 用毛巾擦洗双颊。

6. 用毛巾擦洗口周围。

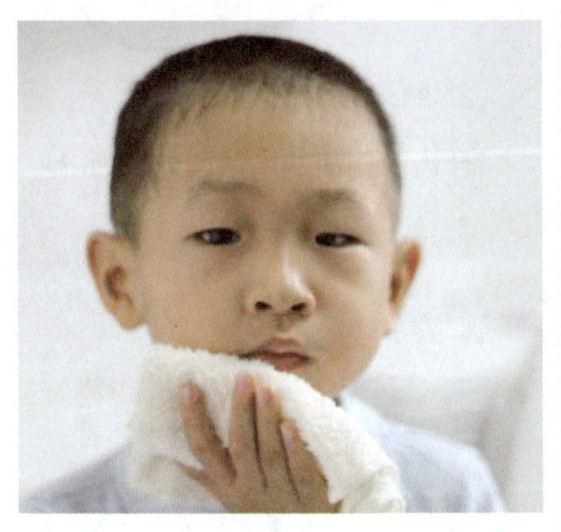
7. 用毛巾擦洗下巴。

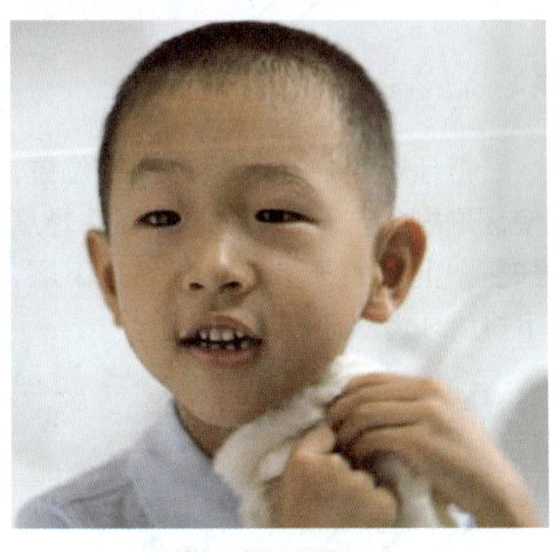
8. 用毛巾擦洗脖颈。

9. 涂擦幼儿润肤油。

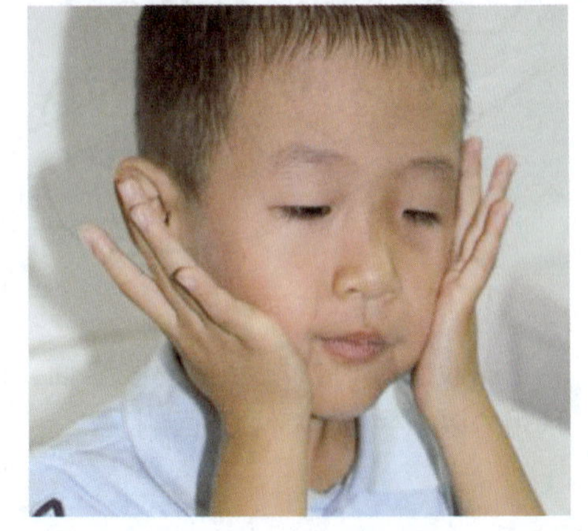

技能 28　刷牙动作示范图解

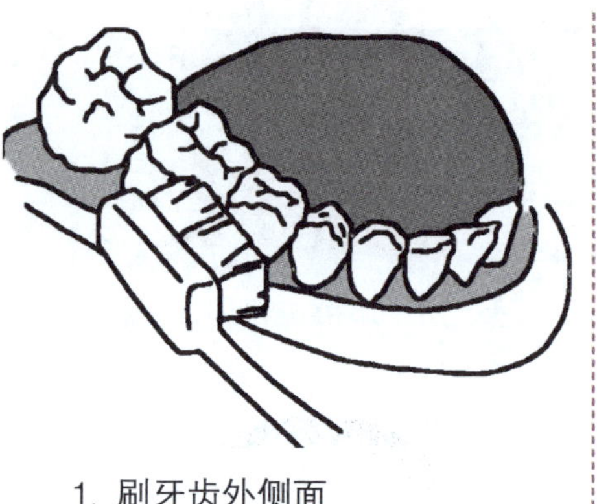

1. 刷牙齿外侧面

把牙刷斜放在牙龈边缘的位置，使牙刷刷毛与牙龈面成 45 度并轻度加压，上排的牙齿从牙龈处往下刷，下排的牙齿从牙龈处往上刷。

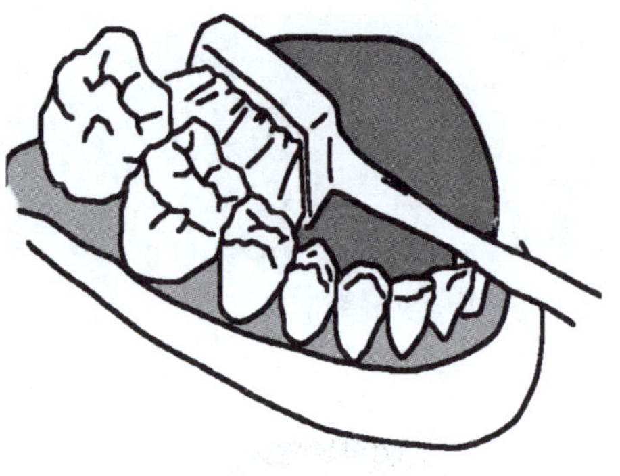

2. 刷牙齿内侧面

牙齿内侧面的刷法同外侧面。

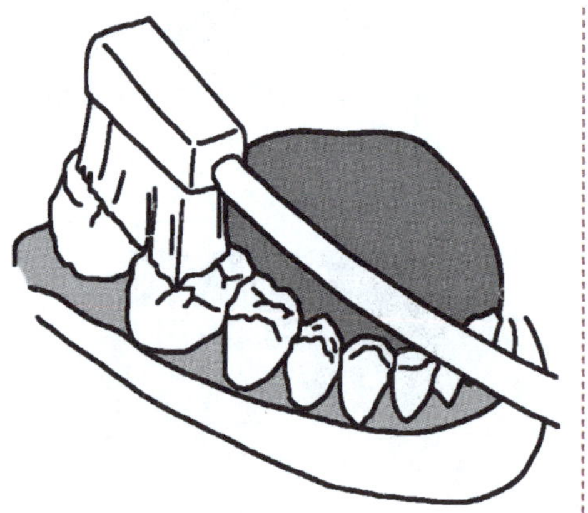

3. 刷牙齿咬合面

刷咬合面时，刷毛指向咬合面，稍用力以水平方向前后来回刷。

4. 刷门牙

刷上门牙内侧的时候，牙刷要直立放置，用适中的力度从牙龈刷向牙冠，下门牙的内侧同理。

技能 29　洗脚动作示范图解

1. 准备好洗脚水。

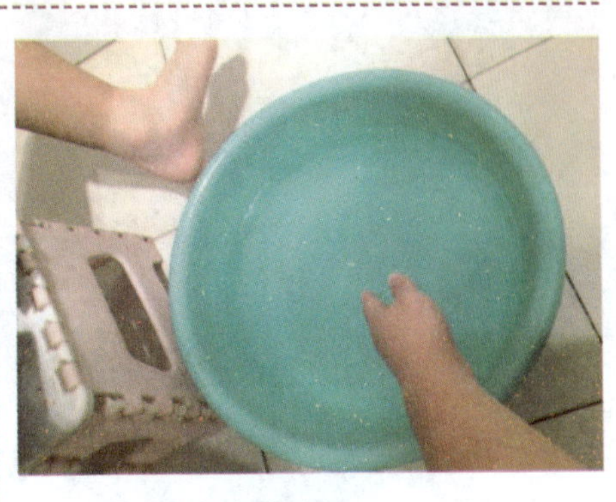

2. 用手试试水温。

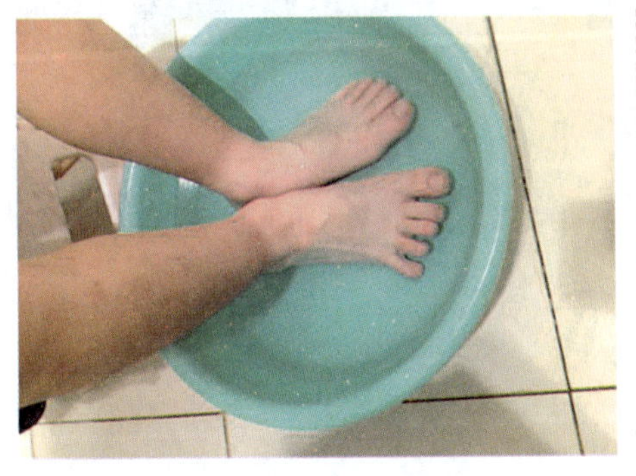

3. 将双脚轻轻放入盆中，浸泡 3～5 min。

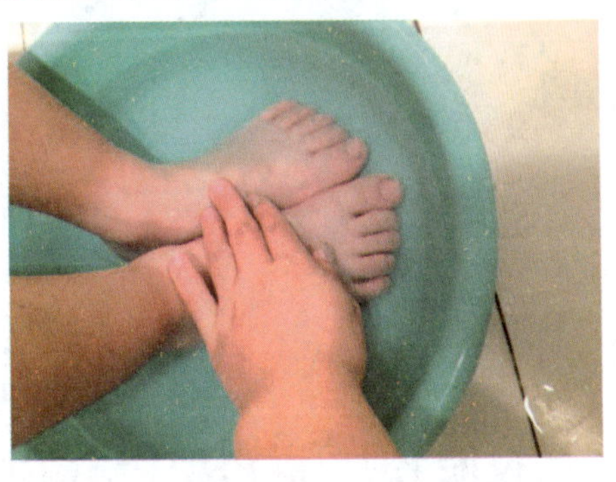

4. 用手搓揉脚面。

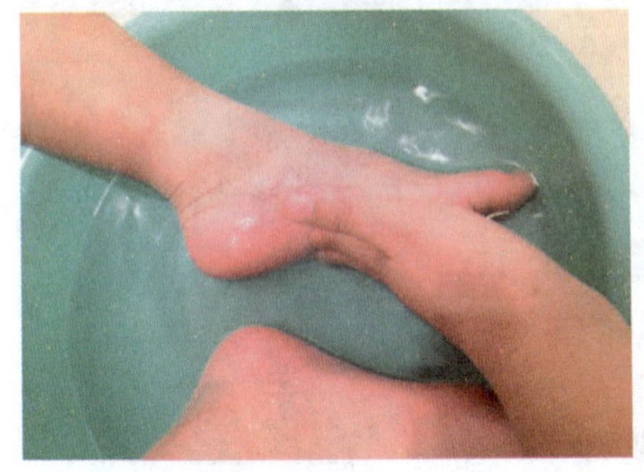

5. 用手搓揉脚心。

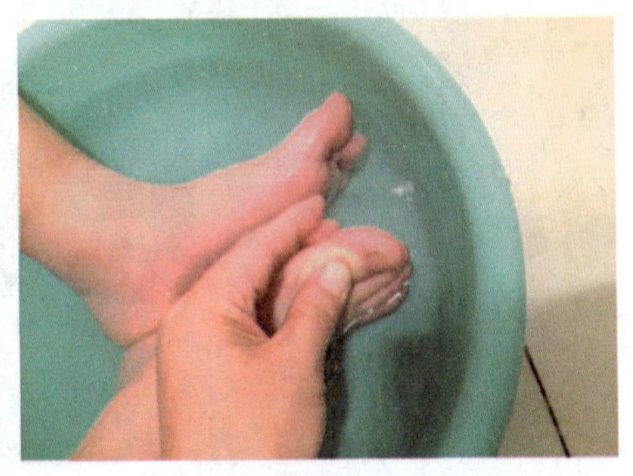

6. 用手搓揉脚趾。

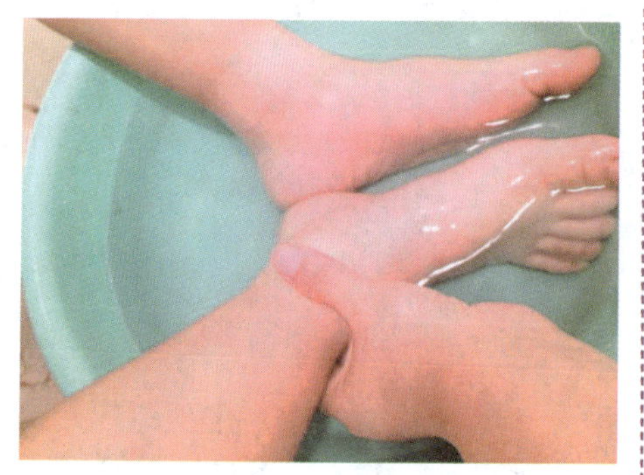

7. 用手搓揉脚裸等部位。

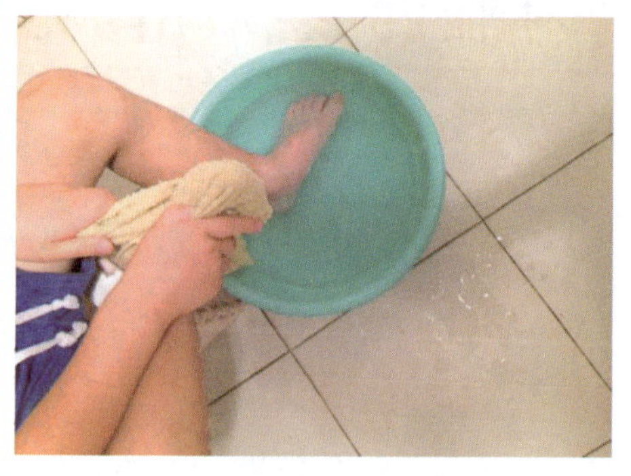

8. 用干毛巾将双脚擦拭干净。

9. 倒掉洗脚水，脚盆放好，清洁地面。

技能 30　淋浴动作示范图解

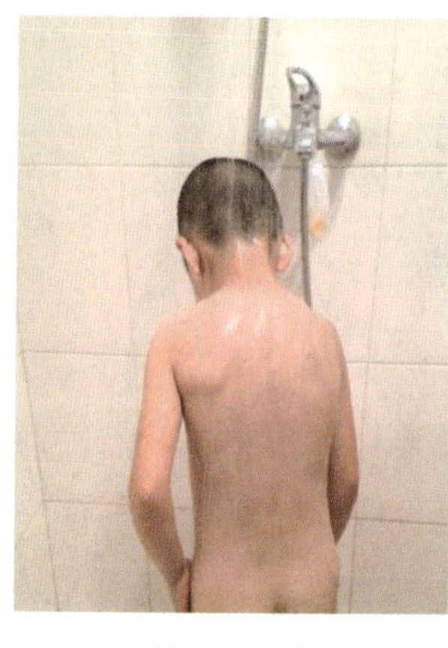

1. 将全身淋湿。

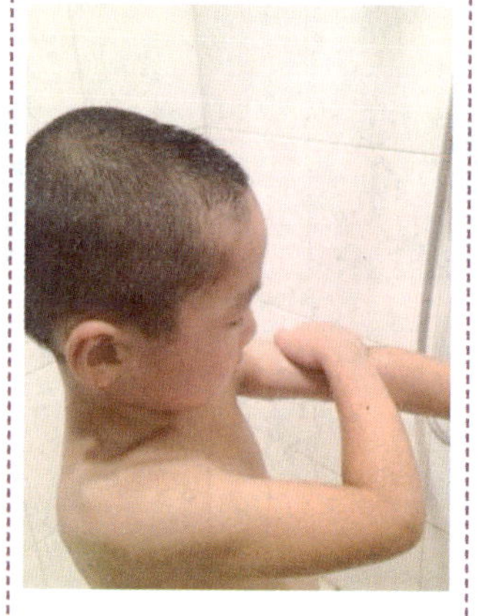

2. 用手搓洗全身。

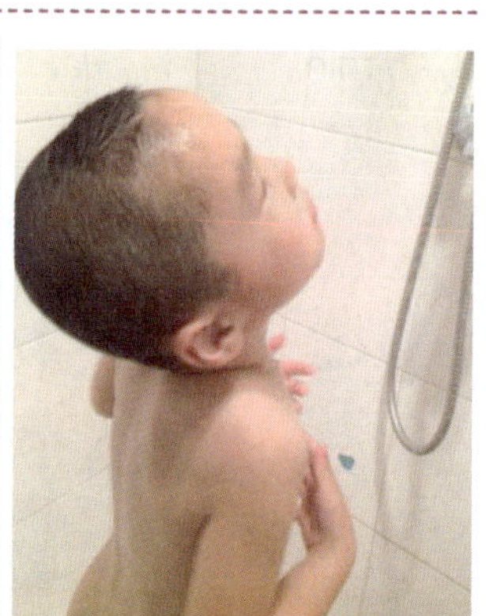

3. 用清水冲洗干净。

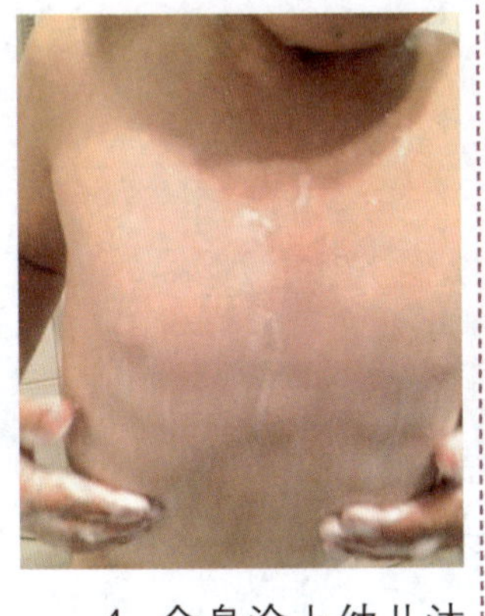

4. 全身涂上幼儿沐浴露，搓洗出泡泡。

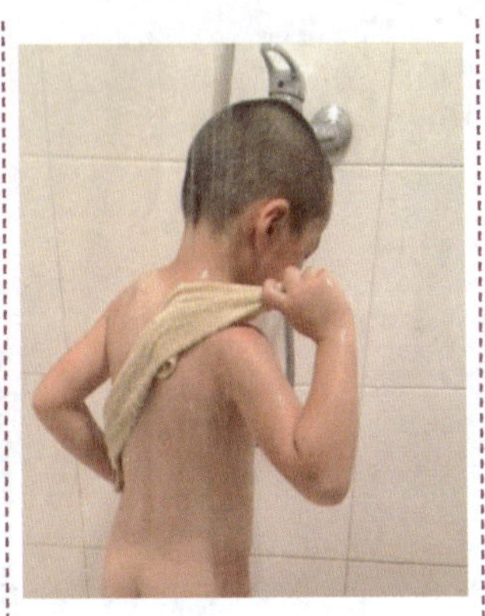

5. 搓洗全身。

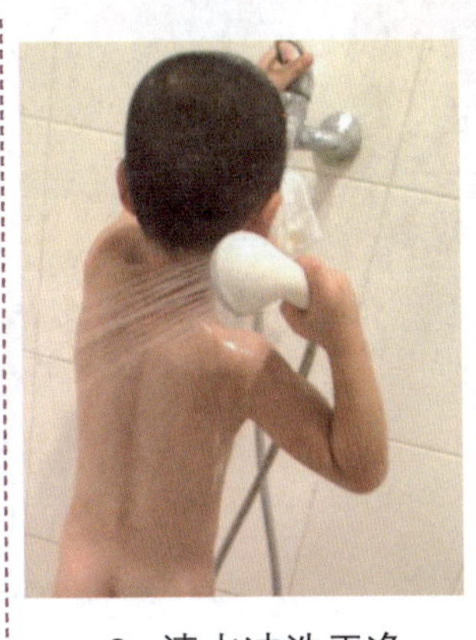

6. 清水冲洗干净。

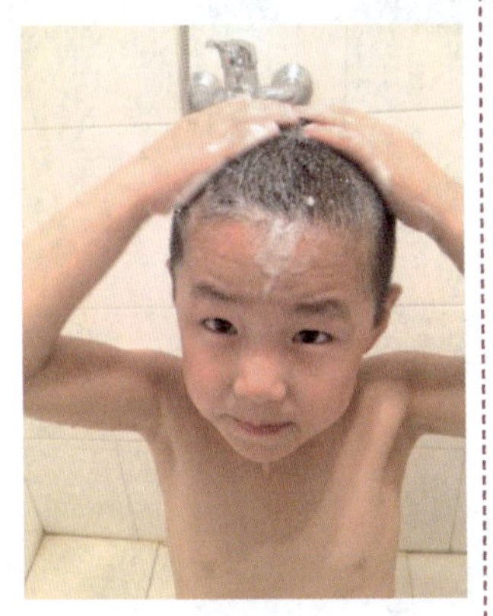

7. 双手挤一些洗发露，洗头。

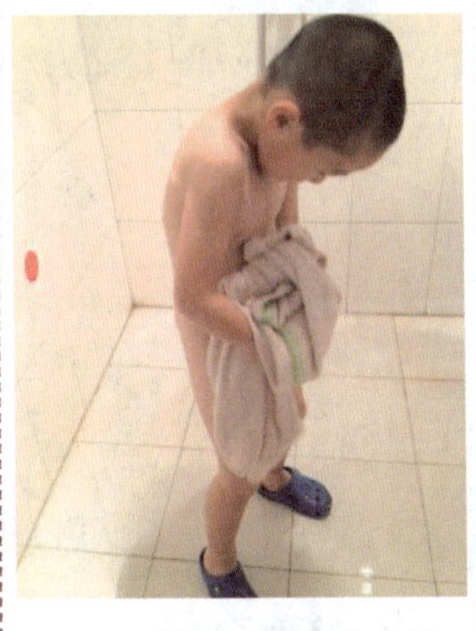

8. 用浴巾擦干身体。

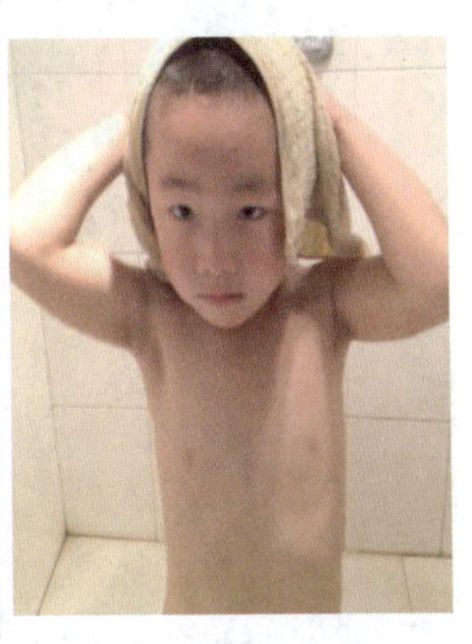

9. 用毛巾擦干头发及脸。

岗位任务七 指导幼儿如厕

技能 31　女幼小便动作示范图解

1. 双手扶好扶手，双腿分开站到蹲位上。

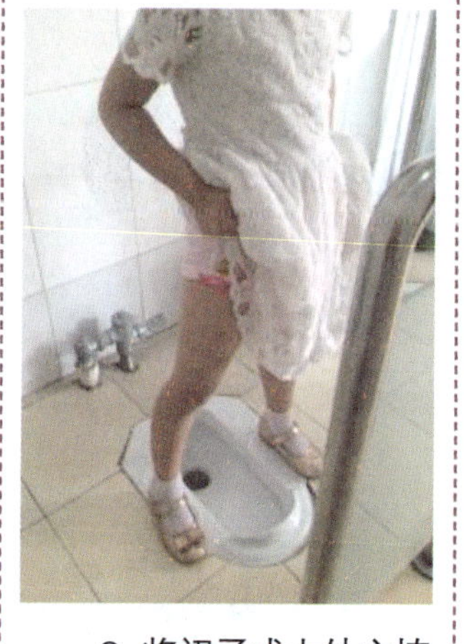

2. 将裙子或大外衣撩起，将裤子脱至膝盖处。

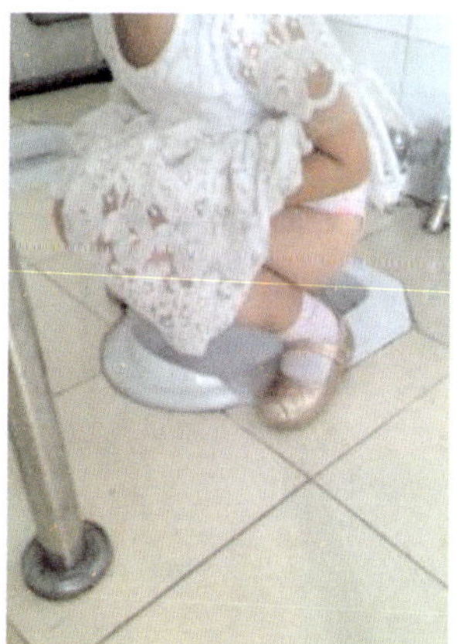

3. 采取蹲位小便。

技能 32　男幼小便动作示范图解

将裤子脱到大腿根部，采取站位。

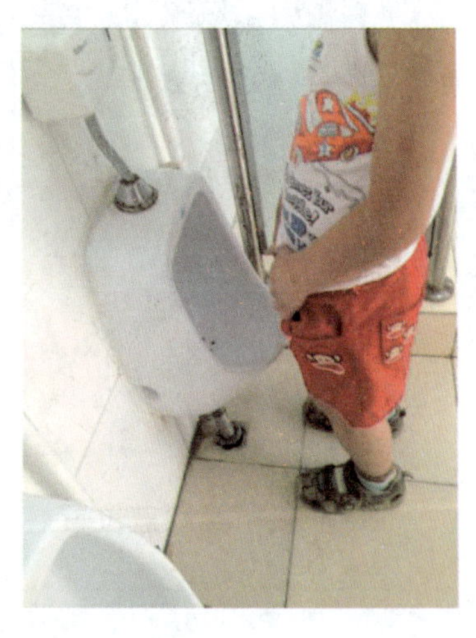

技能 33　幼儿大便动作示范图解

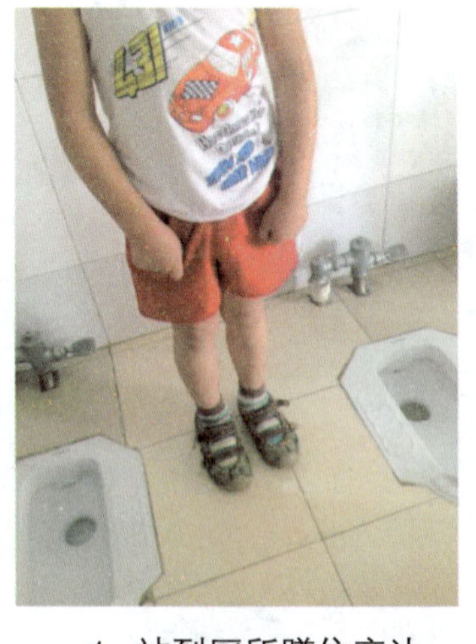

1. 站到厕所蹲位旁边。

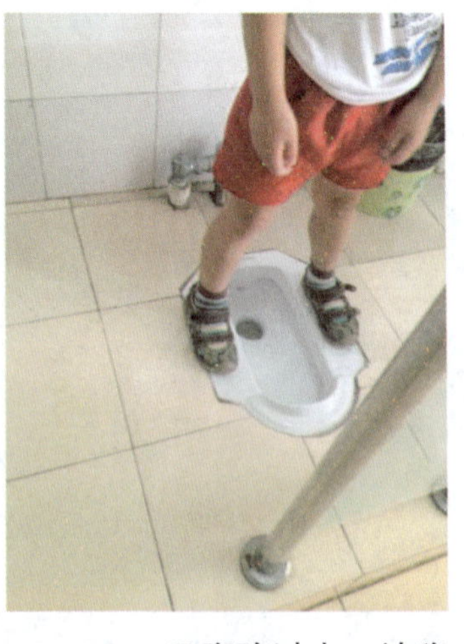

2. 一只脚跨过去，站稳。

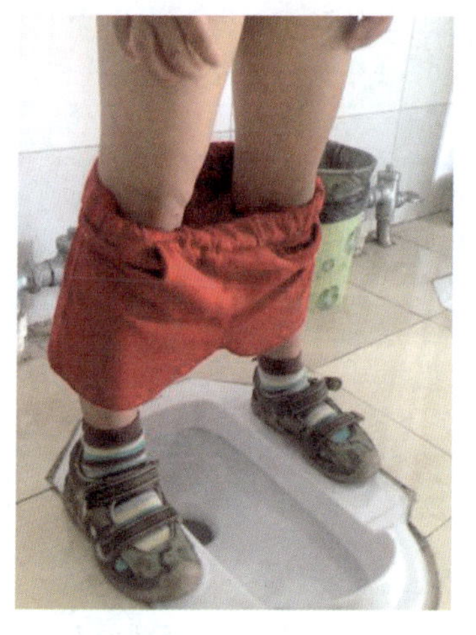

3. 脱裤子至膝盖位置。

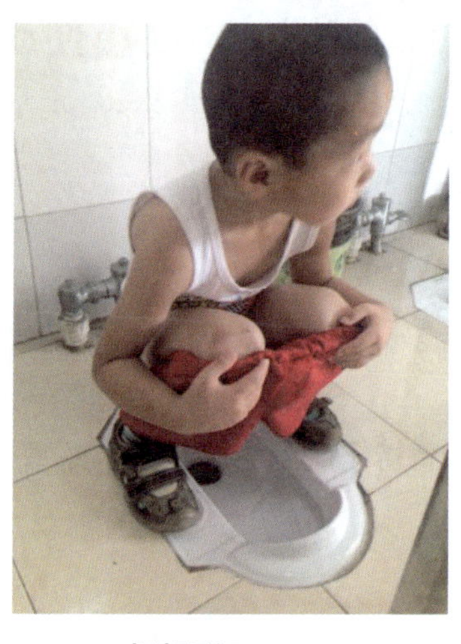

4. 慢慢蹲下。

岗位任务八 组织幼儿午睡

技能 34　幼儿脱衣服动作示范图解

幼儿脱鞋动作示范图解

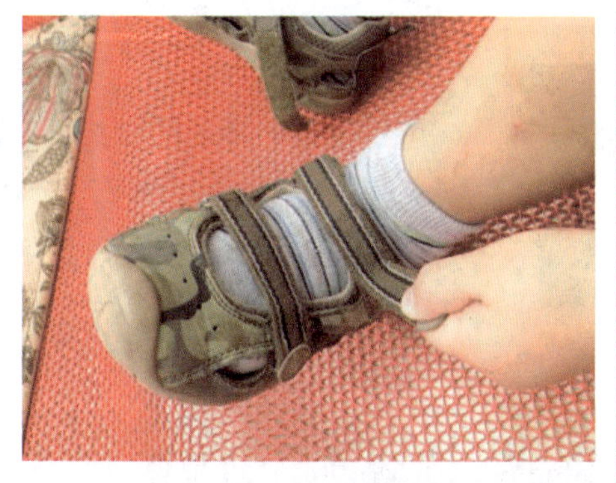

1. 先撕开魔术贴。

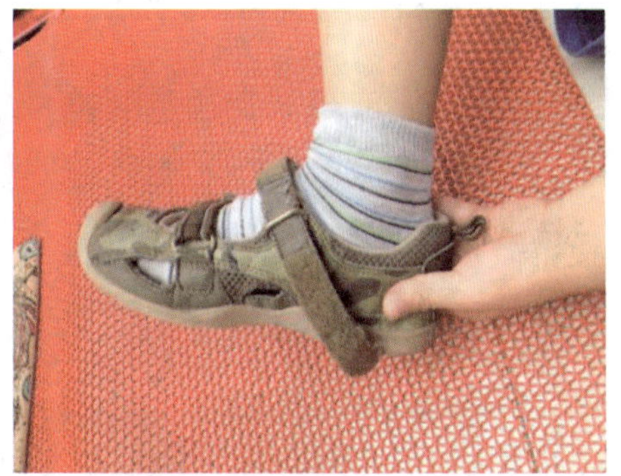

2. 抓住鞋跟。

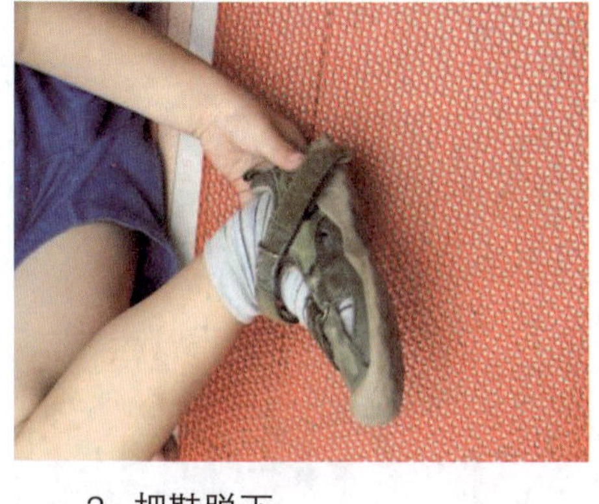

3. 把鞋脱下。

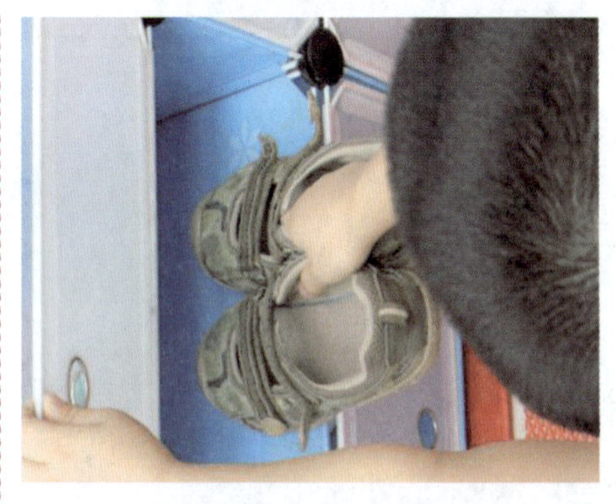

4. 放入鞋柜或整齐摆放在床边。

幼儿脱袜动作示范图解

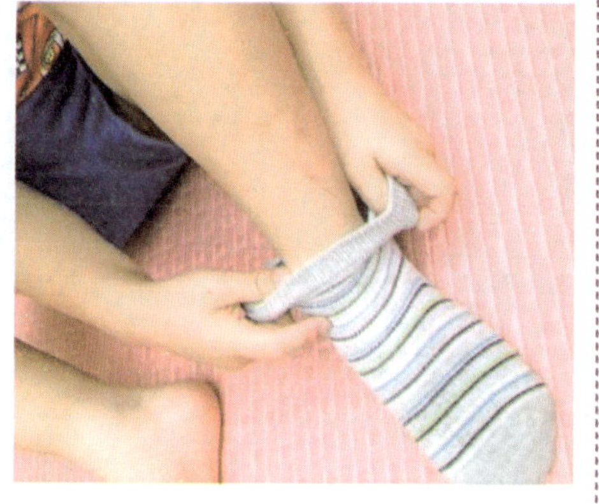
1. 双手抓住袜筒。

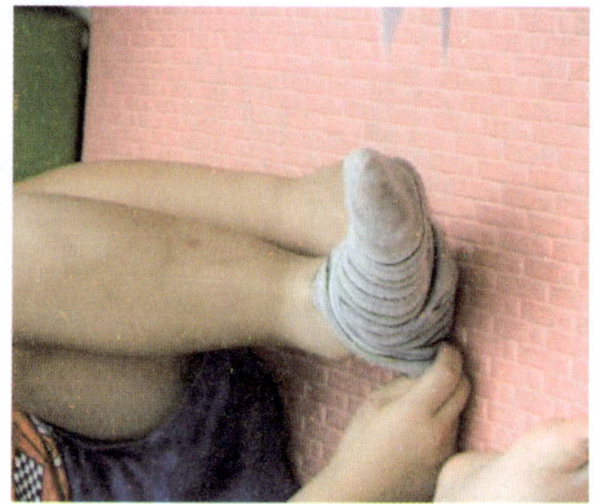
2. 脱至袜跟处。

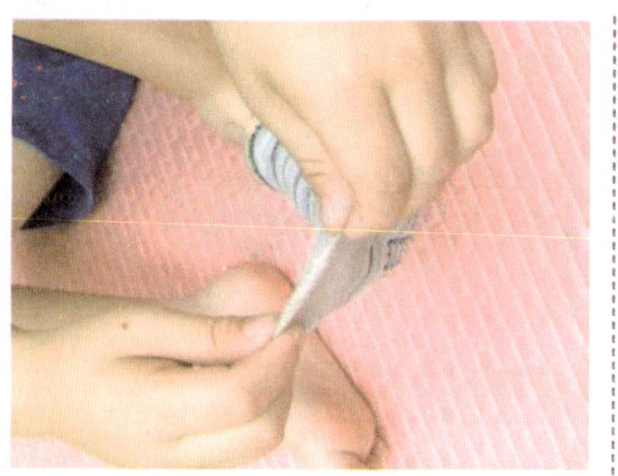
3. 捏住袜头。

4. 把袜子脱下。

5. 袜子放鞋中。

幼儿脱裤子动作示范图解

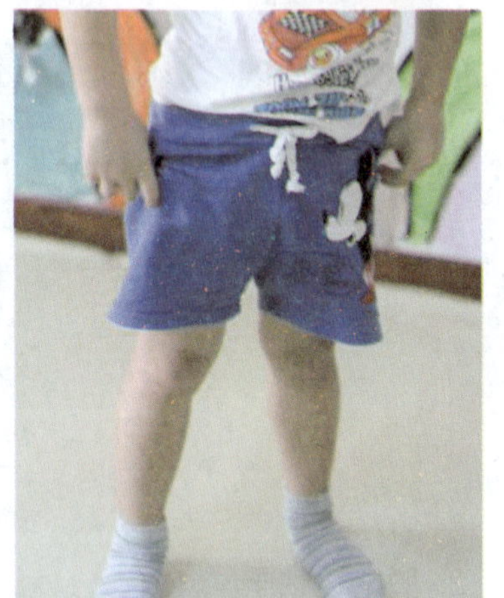

1. 双手抓住裤腰。

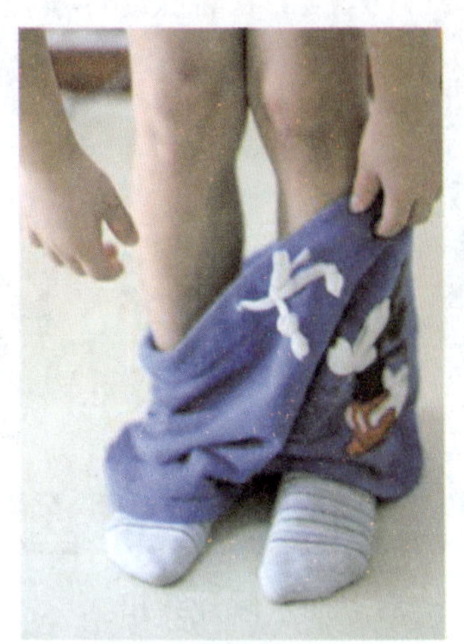
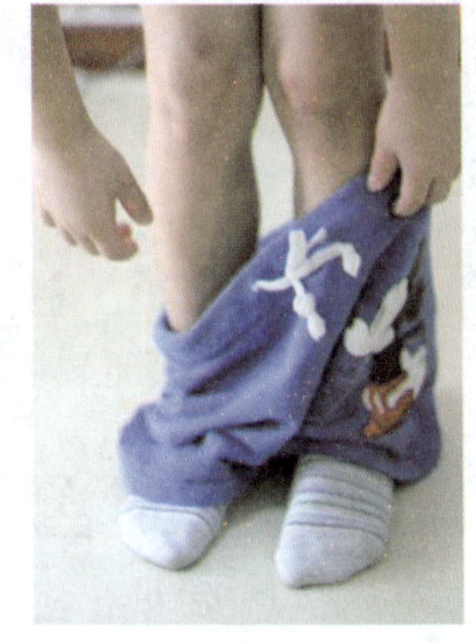
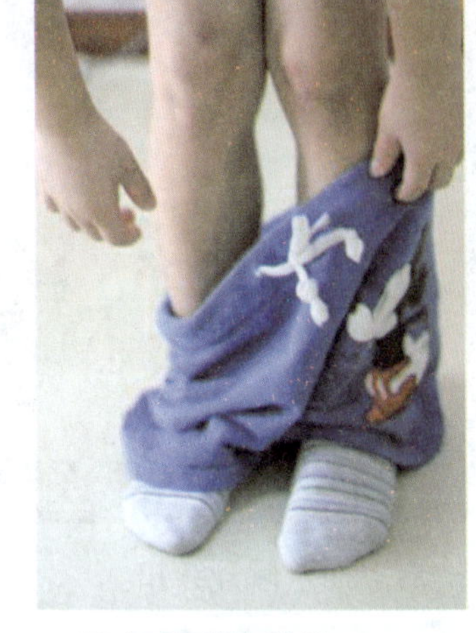

2. 用力脱到膝盖处。

3. 拽下裤子左右裤脚。

4. 将裤子脱下。

5. 将裤子叠好。

幼儿开襟上衣脱衣动作示范图解

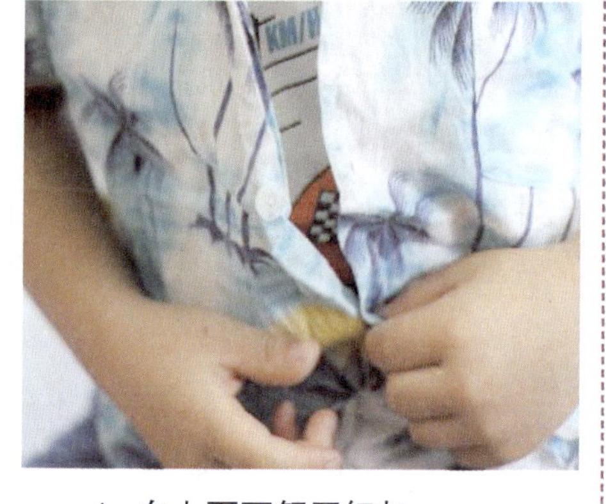

1. 自上而下解开纽扣。

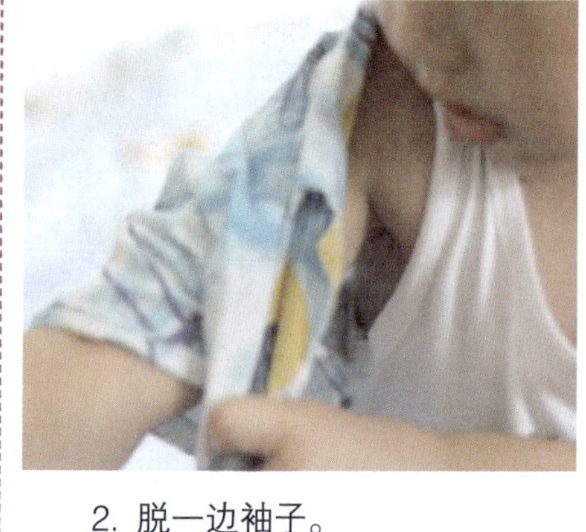

2. 脱一边袖子。

3. 脱另一边袖子。

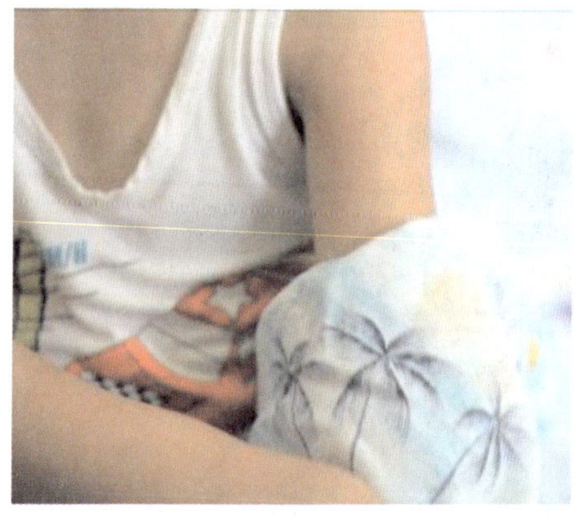

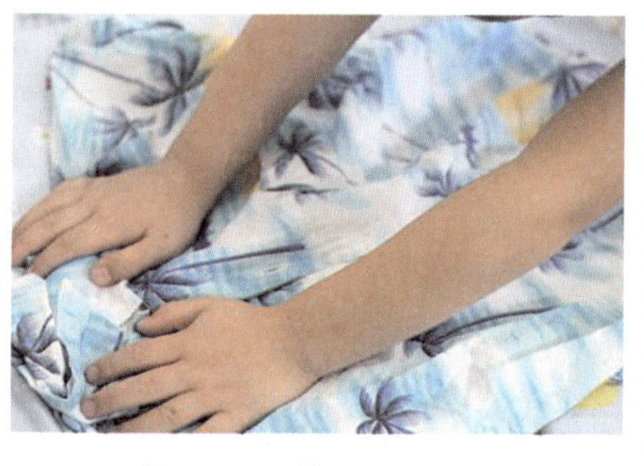

4. 将上衣叠整齐。

5. 将其放在枕头边。

幼儿套头上衣动作示范图解

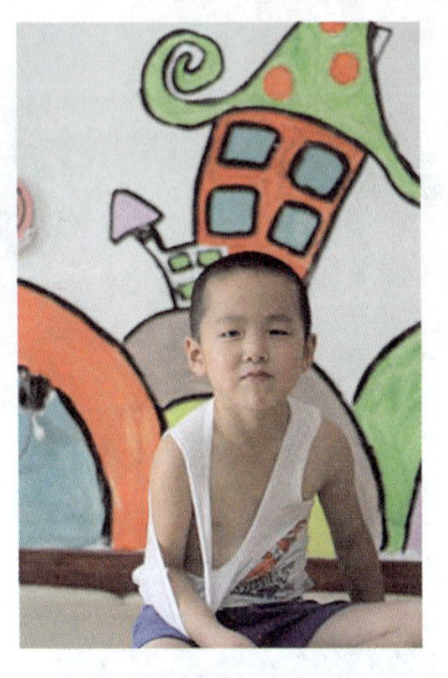

1. 手臂斜向下从袖子中拉出。

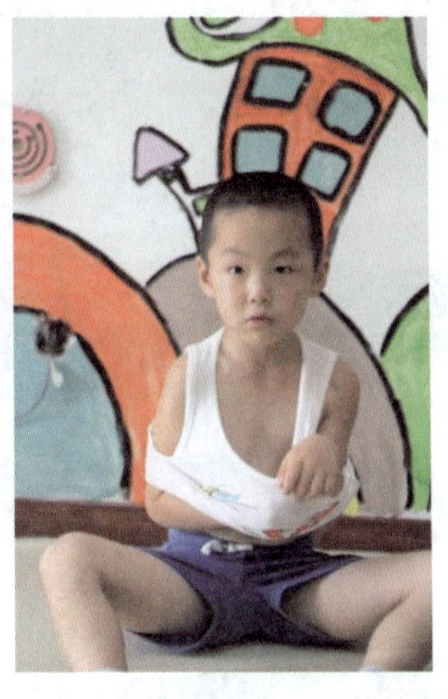

2. 另一只手臂斜向下从袖子中拉出。

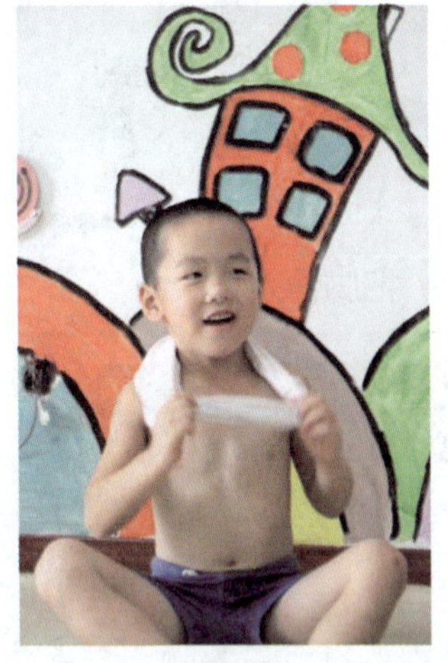

3. 卷起上衣至颈部。

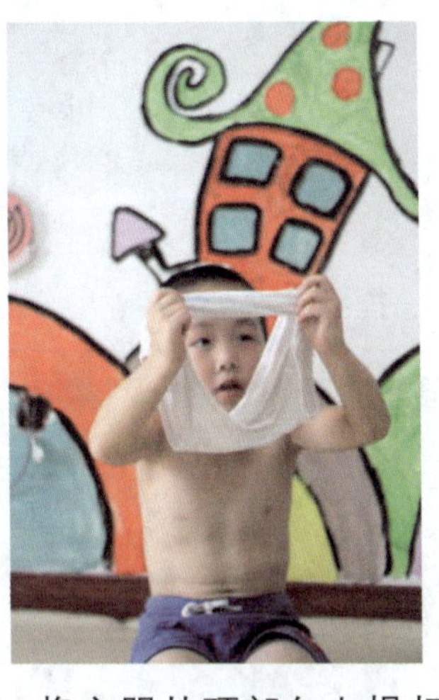

4. 将衣服从颈部向上提起拉出头部。

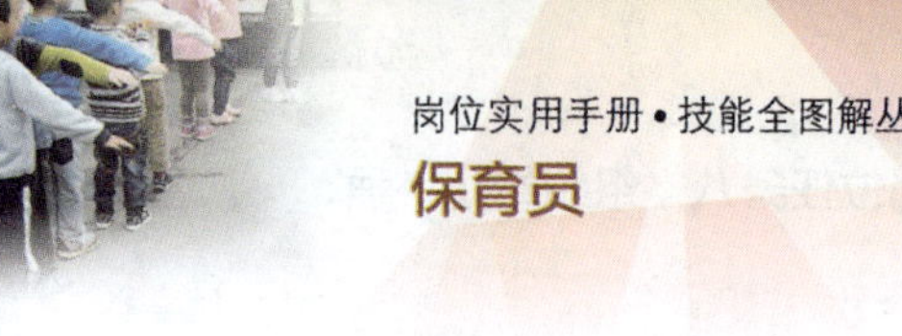

技能 35　幼儿穿衣服动作示范图解

幼儿穿袜动作示范图解

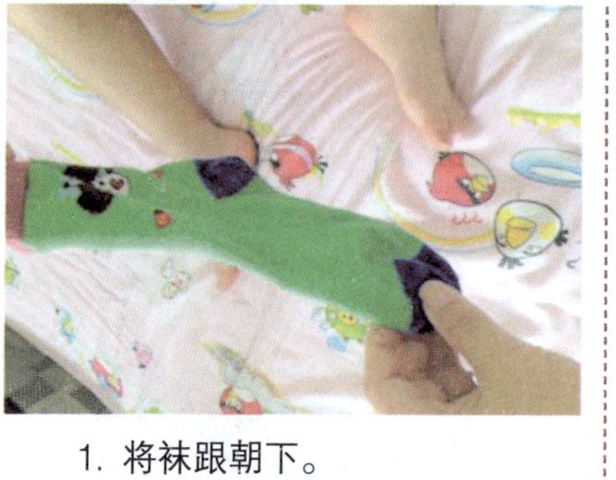

1. 将袜跟朝下。

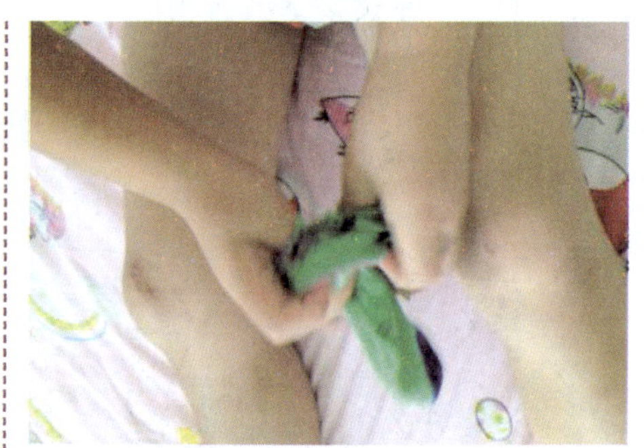

2. 双手抓住袜筒。

3. 捏到袜头处。

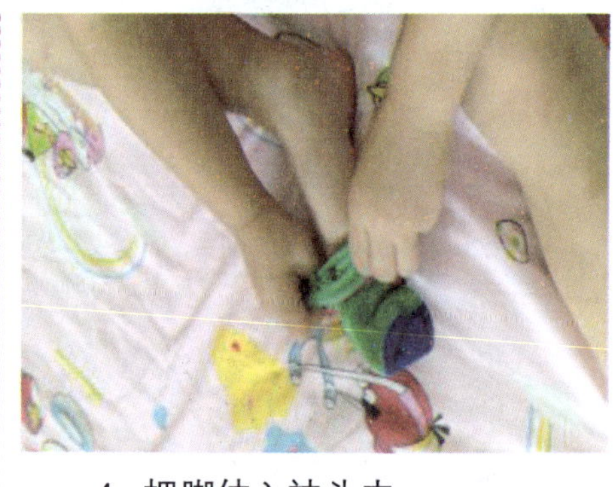

4. 把脚伸入袜头内。

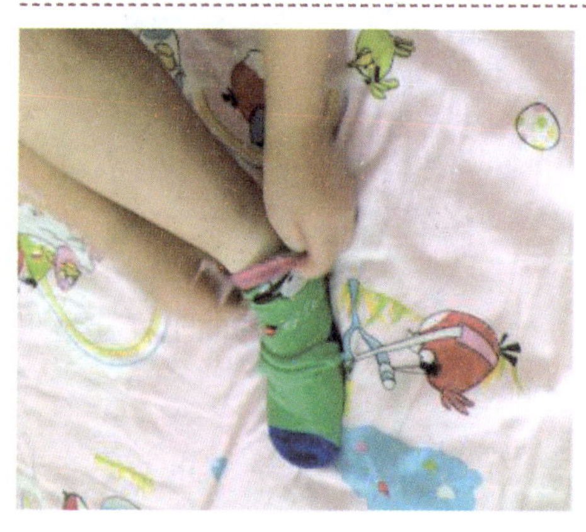

5. 将袜筒向上拉。

6. 同样方法穿好另一只。

幼儿穿裤子动作示范图解

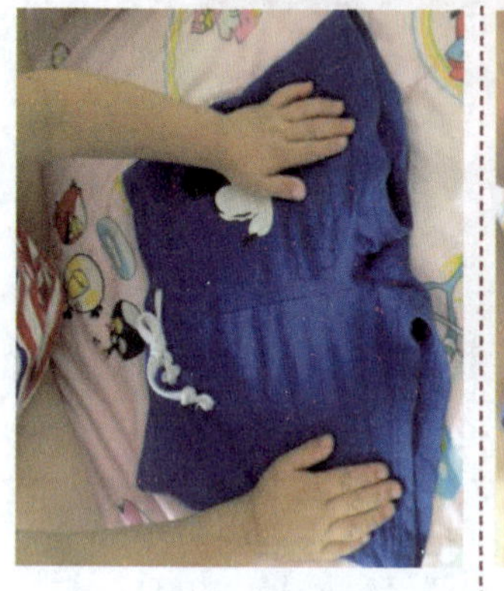

1. 将裤子前面朝上放好。

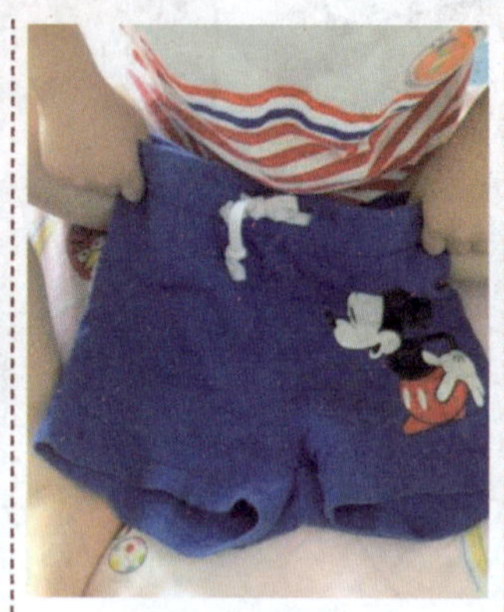

2. 两手抓住裤腰。

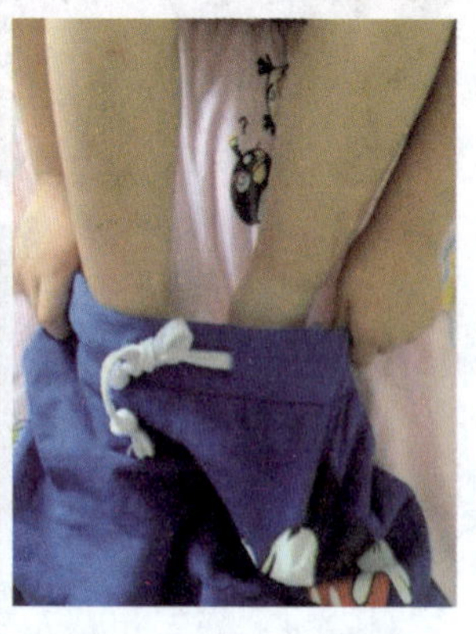

3. 两脚伸入裤腿内。

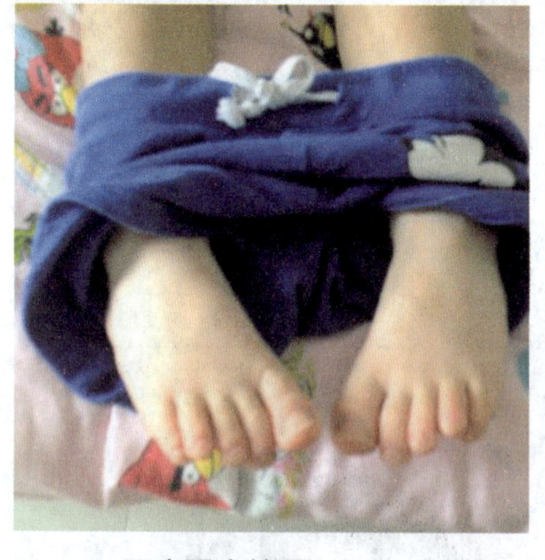

4. 两脚露出裤腿。

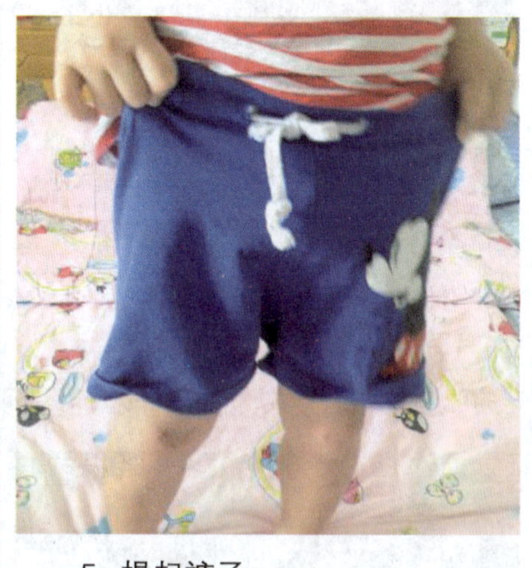

5. 提起裤子。

幼儿穿鞋动作示范图解

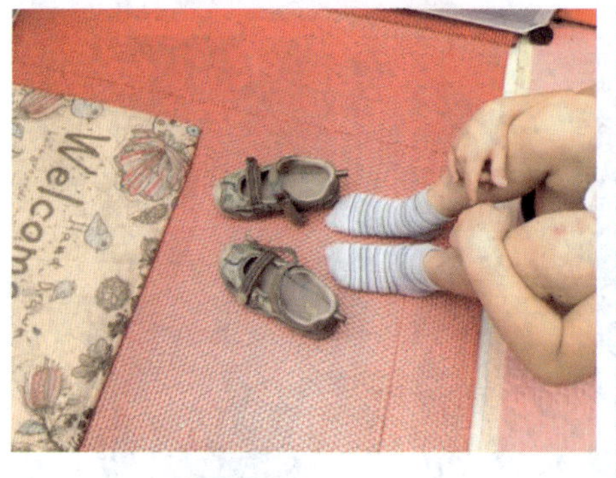

1. 分清左右脚。

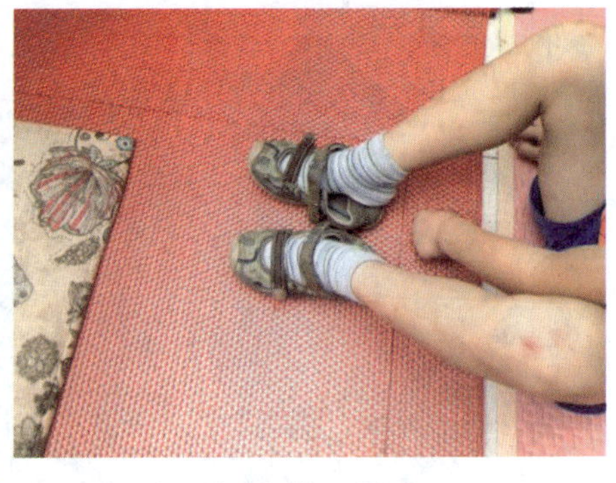

2. 分别把脚伸入鞋内。

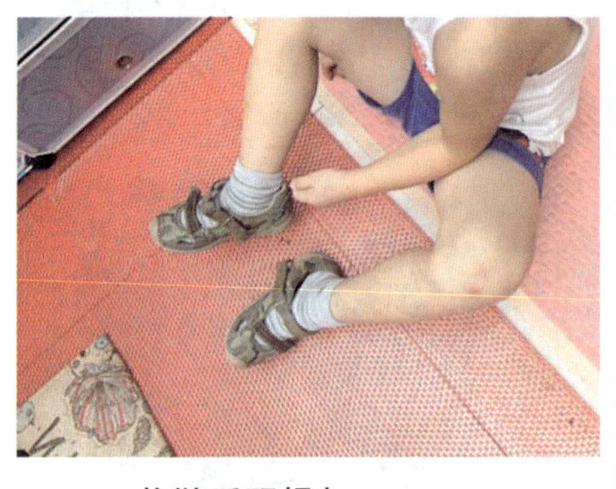

3. 将鞋后跟提起。

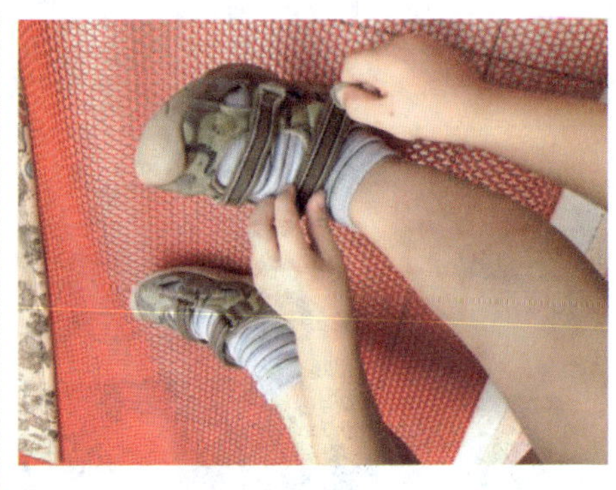

4. 扣好魔术贴。

幼儿开襟上衣穿衣动作示范图解

1. 双手握衣领，衣里向外。

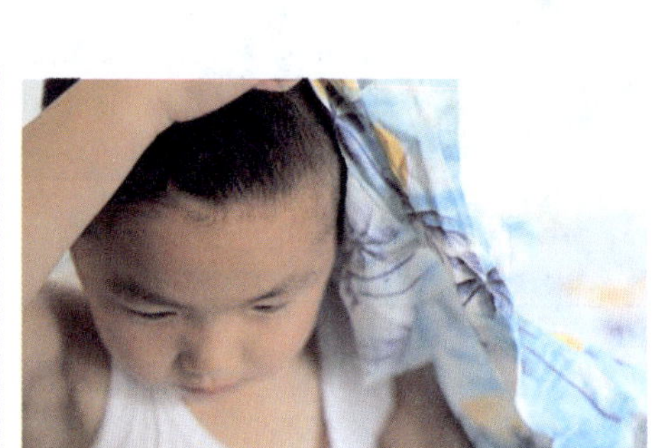

2. 右手经头上，从左绕到右边。

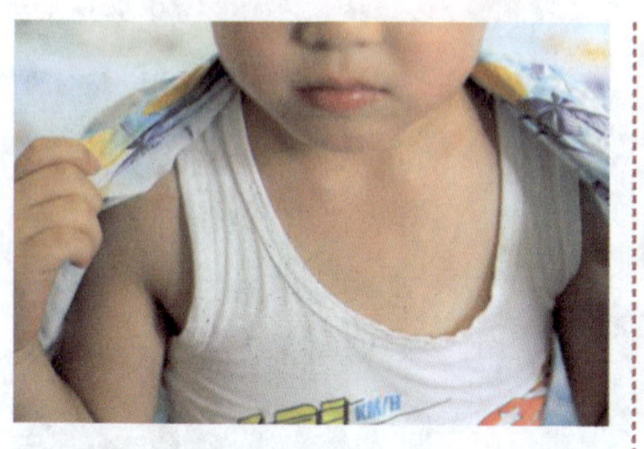

3. 将衣服披在肩上。

4. 左手伸进袖子。

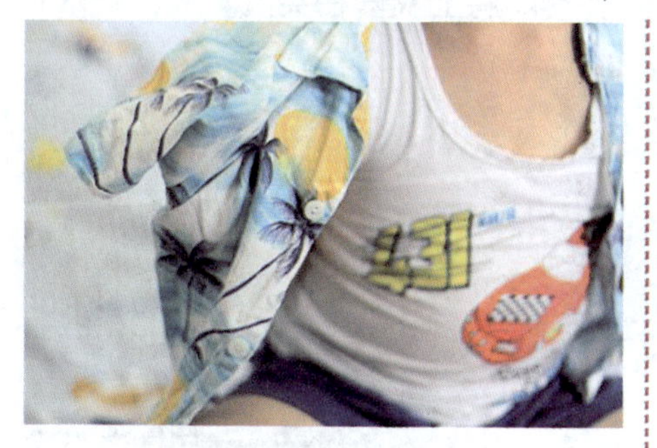

5. 右手伸进袖子。

6. 将上衣穿好前襟对齐，从下往上逐个扣扣子。

幼儿套头上衣穿衣动作示范图解

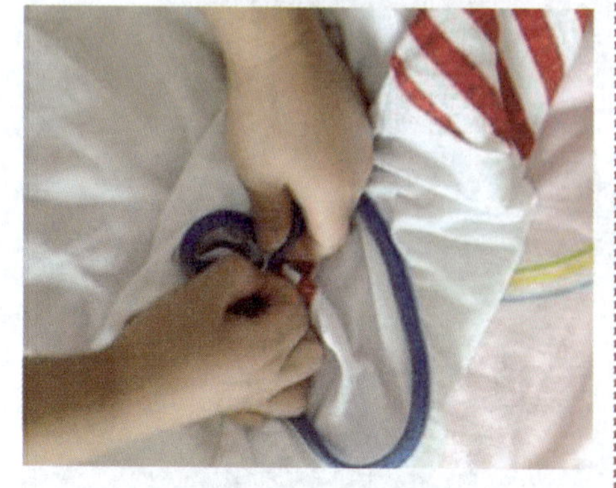

1. 解开套头上衣扣子。

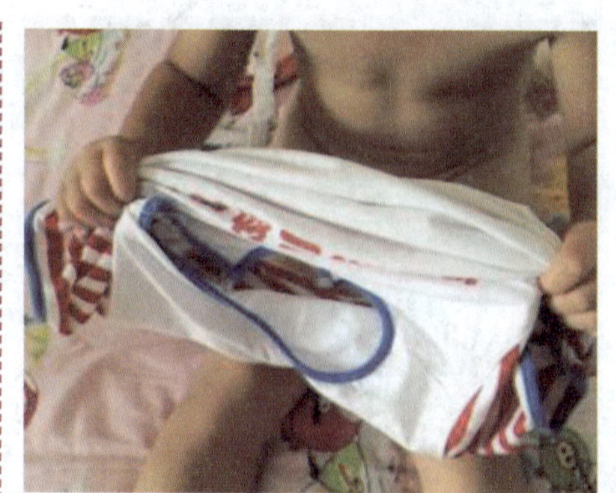

2. 卷起上衣至领口。

3. 用拇指撑开领口。

4. 将上衣套在头上。

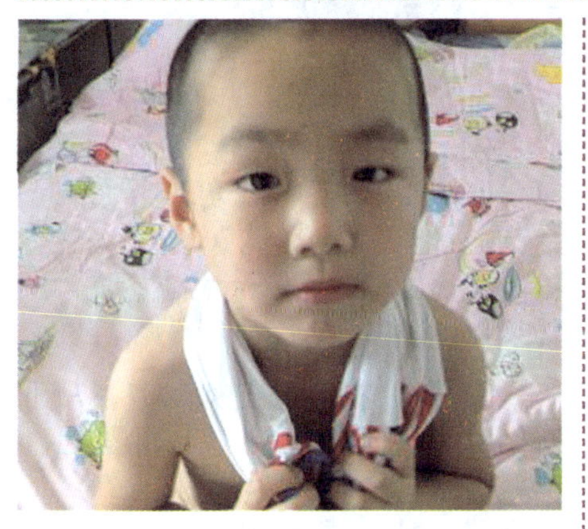

5. 将衣服从头部向下移至颈部。

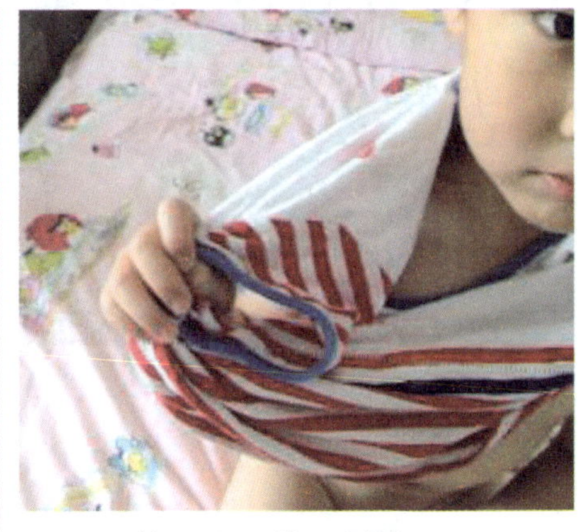

6. 撑开衣服的一侧袖口。

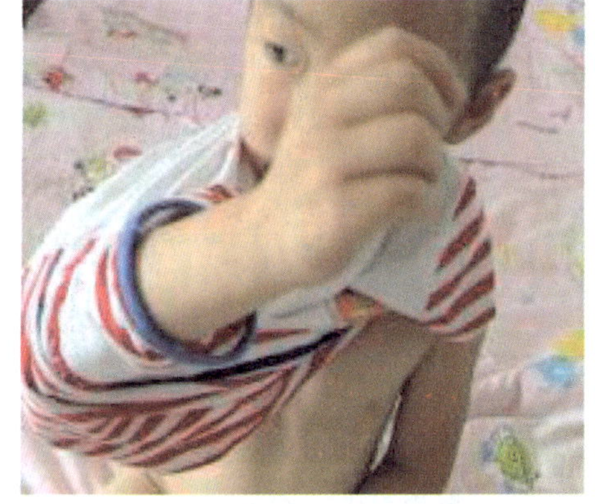

7. 将手臂斜向上穿过袖口。

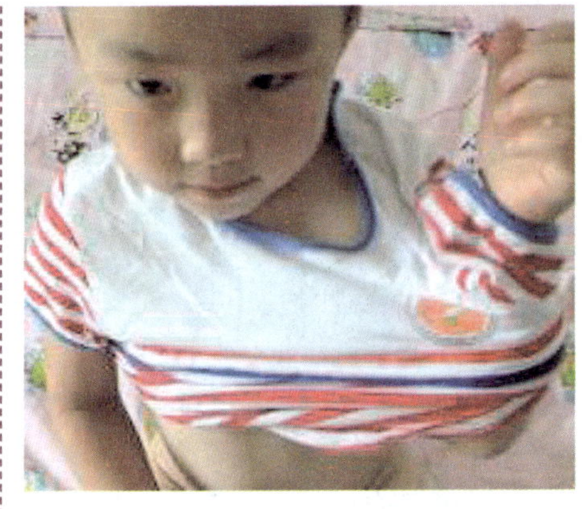

8. 撑开衣服另一个袖口。

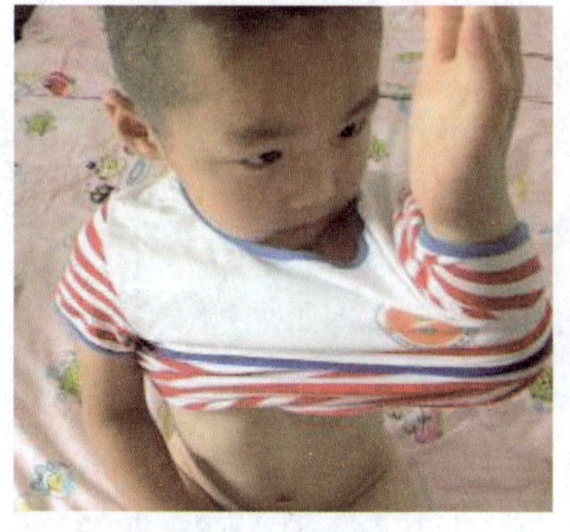

9. 将另一只手臂斜向上穿过袖口。

10. 向下拉衣服并抚平。

技能 36　鼻出血应急处理示范图解

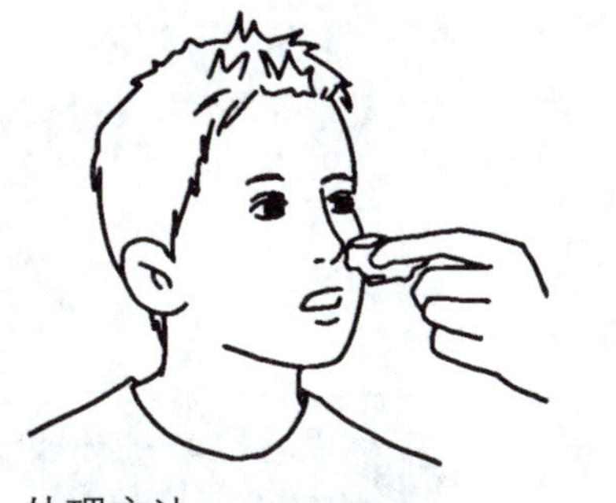

处理方法一

将出血的鼻孔塞上纱布卷、消毒棉花等进行止血。

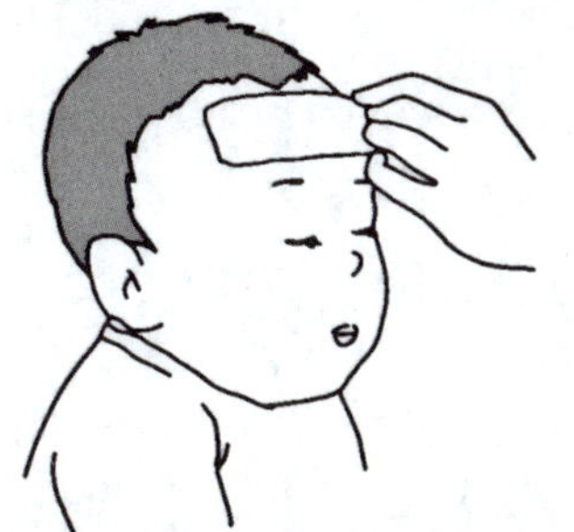

处理方法二

用湿毛巾冷敷前额和后颈部，促进血管收缩减少出血。

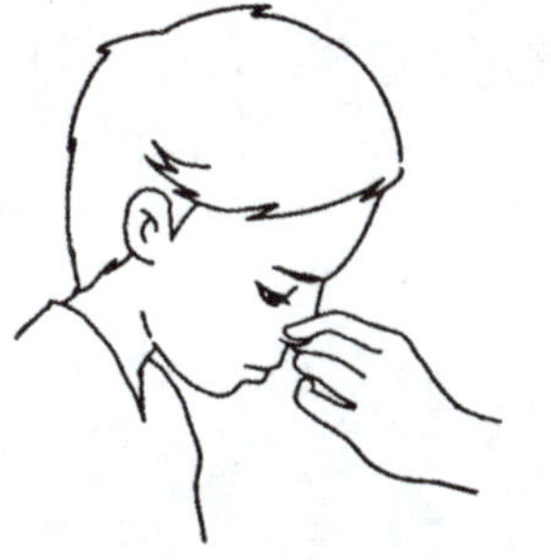

处理方法三

用拇指和食指压迫鼻翼 5 ~ 10 min，进行压迫止血。

技能 37　叠被动作图解

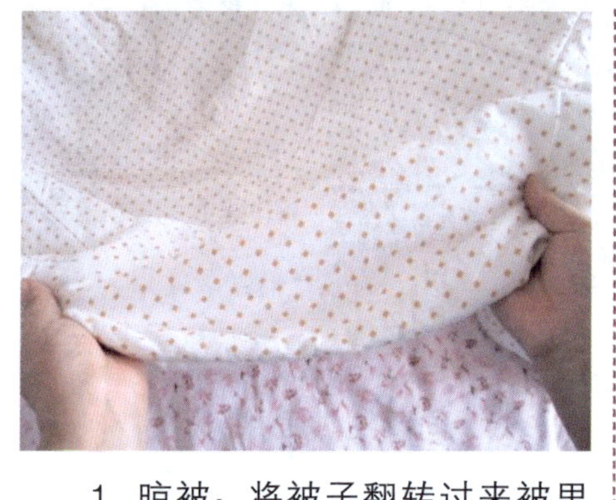

1. 晾被：将被子翻转过来被里向上，晾 10 min 左右。

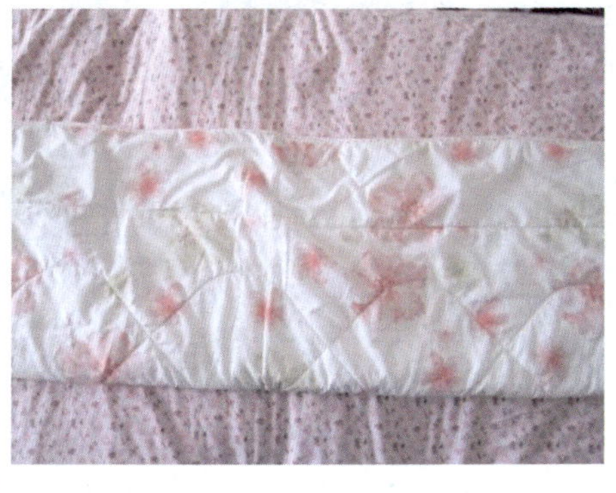

2. 叠两边：将被子的两边向被子中间折叠，保持宽窄相同。

3. 将折好的长条形被子的两端分别向中间对折。

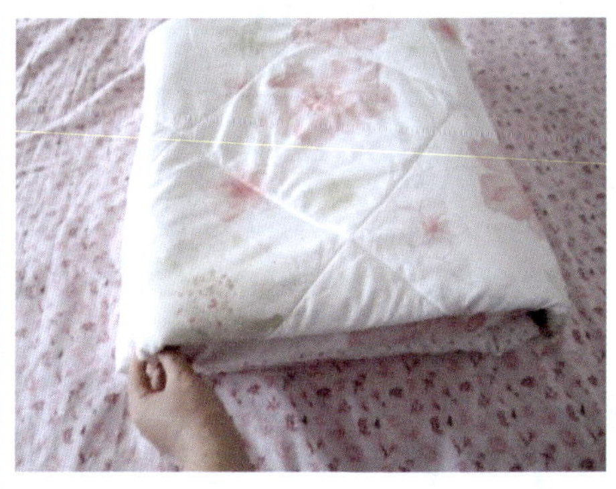

4. 将对折后的被子，再向中间对折，叠成豆腐块的形状，整理出被子的平面和边角。

岗位任务九 玩教具制作

技能 38　沙包制作图解

1. 按照左边所示的纸片将布剪成大小一样的六片正方形。

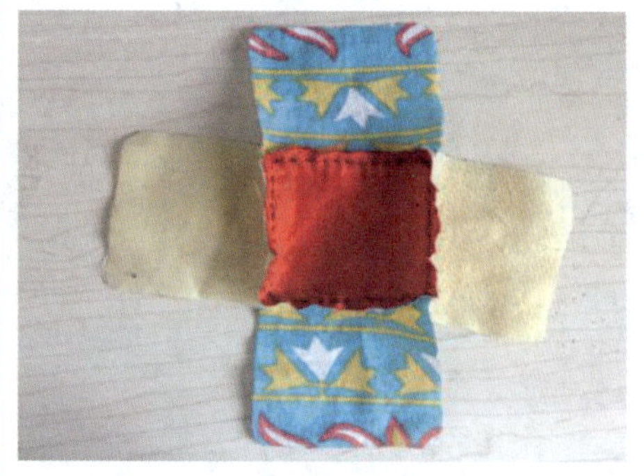

2. 分别把四块正方形布的一边缝到一块正方形布的四个边上。

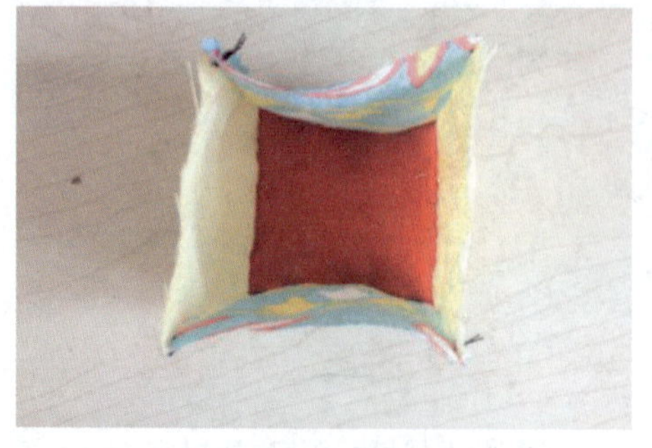

3. 把周围四块布的相邻两边缝起来，形成一个未盖盖的立方体。

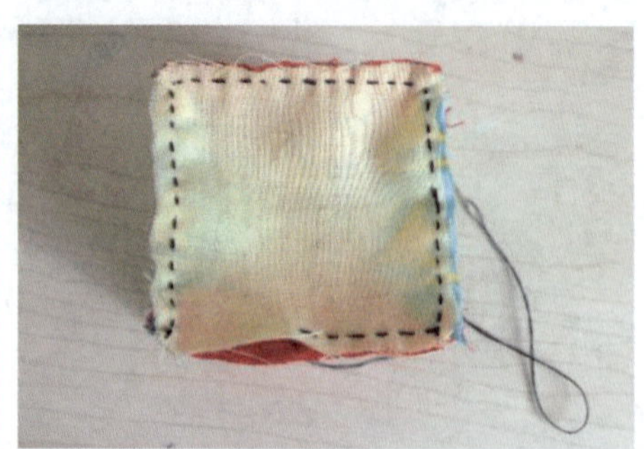

4. 把最后一块布缝到空着的四个边上，缝最后一边时留下一半不缝。

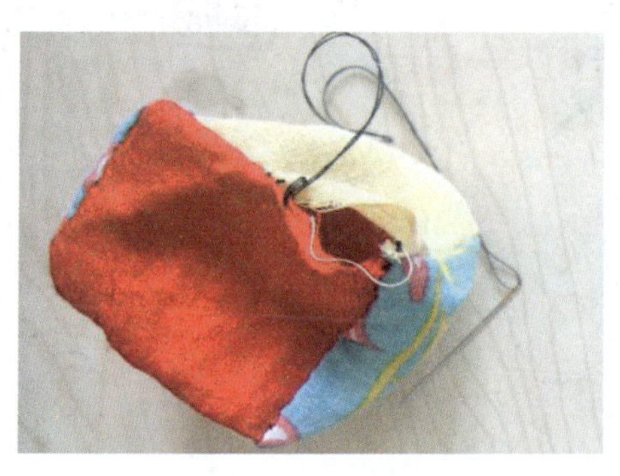

5. 把缝好的立方体从空隙处翻过来，这样就把毛边部分翻到里面。

6. 从没缝上的地方向翻过来的沙包里填进豆子、小米等。

7. 把填好的沙包剩下留口的地方缝好，沙包就成型了。

技能 39　小风车制作图解

1. 准备剪刀、方形彩纸、双面胶、吸管、大头针或装饰针。

2. 分别从 4 个角沿对角线剪至一半位置。

3. 沿4个对角线在未剪开的位置贴上双面胶。

4. 撕开双面胶，按逆时针方向将其中四个小角向中心弯折。

5. 用大头针或装饰针，钉向四个小角的中心点。

6. 把大头针或装饰针连同风车一起钉在吸管上。

技能 40　彩纸飞机折叠图解

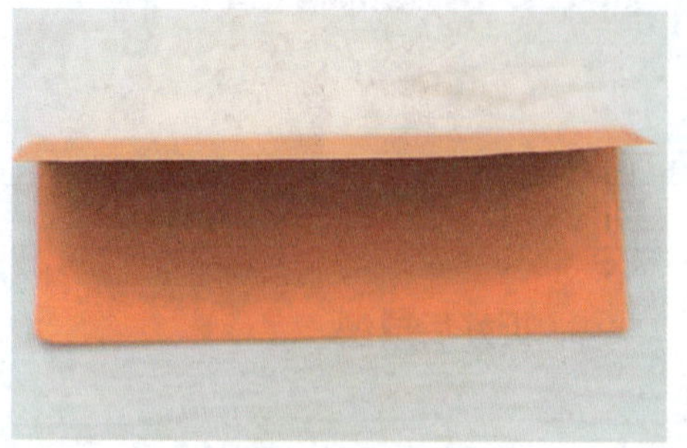

1. 将长方形纸对折后展开。

2. 两个角对准中线折。

3. 把三角形折下来。

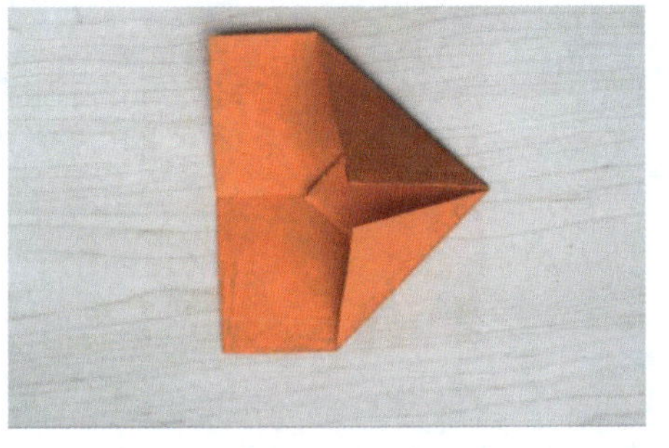

4. 两个角对准中线折。

5. 上下折出两个小三角。

6. 向反方向对折。

7. 斜折出两个翅膀。

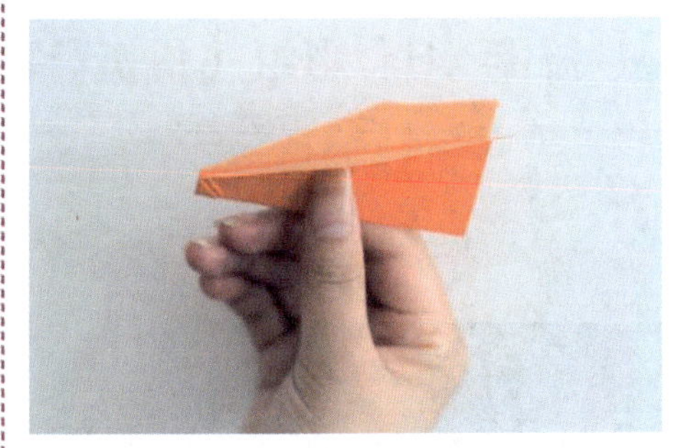

8. 折好后成型。

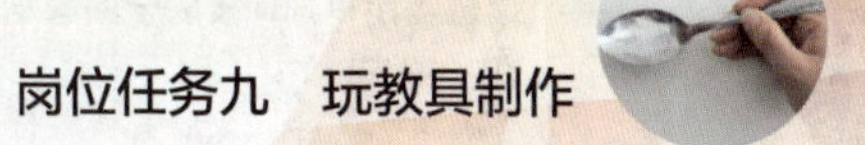

技能 41　小猴爬山折纸图解

1. 将方形纸沿中线对折。

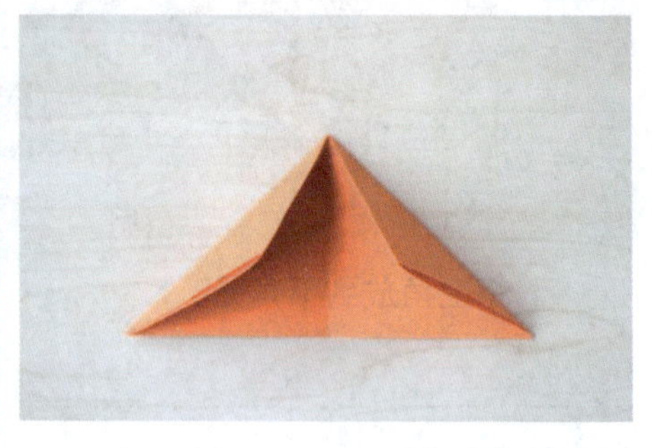

2. 对折后，两个角对准中线折。

3. 从内部翻折成菱形。

4. 将最上边的右角向左折叠。

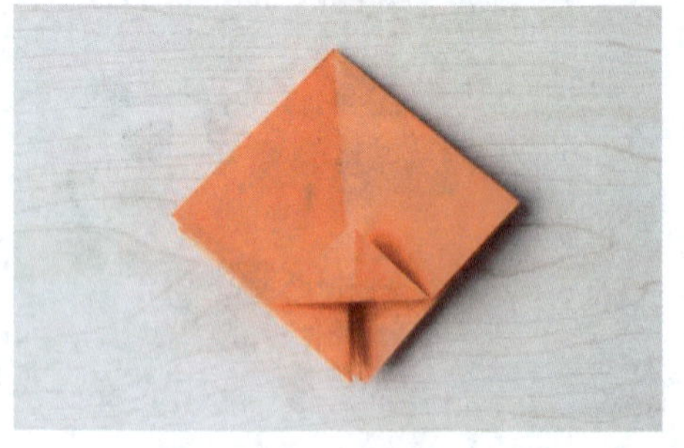

5. 将下角向上折叠。

6. 撕下上角。

7. 将上角放到下角处。

8. 左右拉动下角的两边，小猴即可呈爬山状。

技能 42　会动的纸偶制作图解

1. 把纸偶的身体和四肢分开制版。

2. 在四肢上端各扎两个小孔，在躯干的四角各扎一个小孔，以备连接。

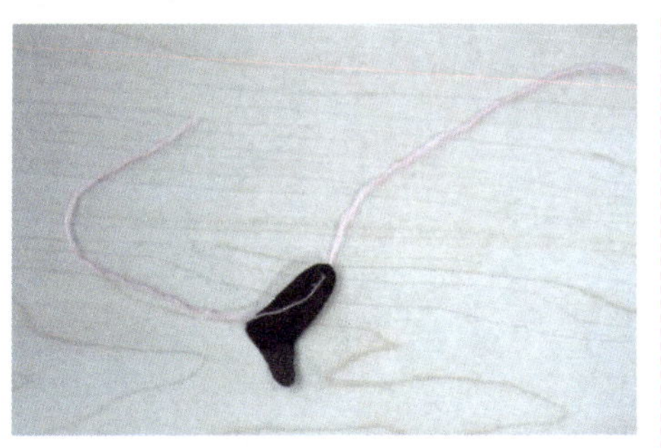

3. 在四肢上侧的小孔中穿入一根细线，两端打结。

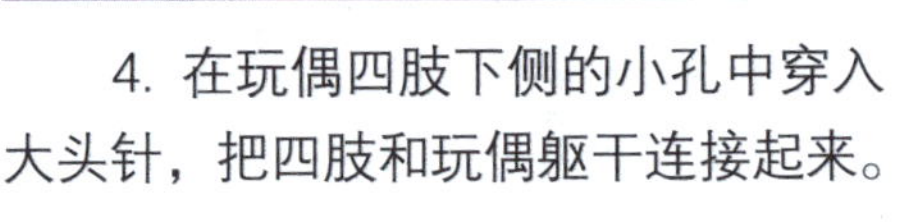

4. 在玩偶四肢下侧的小孔中穿入大头针，把四肢和玩偶躯干连接起来。

5. 拉动线，玩偶四肢会作出动作。

技能 43　蛋壳不倒翁制作图解

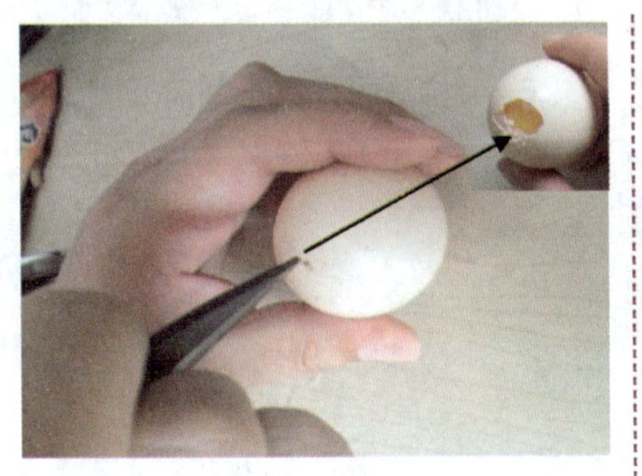

1. 把鸡蛋一端用剪刀等刀具打破一个小口。

2. 倒出蛋液。

3. 洗净晾干。

4. 鸡蛋壳中倒入沙粒或豆粒，使鸡蛋壳能竖立。

5. 用彩纸做小帽子，使其遮盖洞口。

6. 装饰成可爱的不倒翁形象。